# 基于核心素养
# 优秀生物学教学设计课例与评析

刁俊明　温茹淑　廖富林　潘　望　郑清梅◎编著

暨南大學出版社
JINAN UNIVERSITY PRESS

中国·广州

**图书在版编目（CIP）数据**

基于核心素养优秀生物学教学设计课例与评析/刁俊明，温茹淑，廖富林，潘望，郑清梅编著. —广州：暨南大学出版社，2022. 11
ISBN 978 - 7 - 5668 - 3550 - 5

Ⅰ. ①基…　Ⅱ. ①刁…②温…③廖…④潘…⑤郑…　Ⅲ. ①生物课—教学设计—高中
Ⅳ. ①G633. 912

中国版本图书馆 CIP 数据核字(2022)第 220208 号

**基于核心素养优秀生物学教学设计课例与评析**
JIYU HEXIN SUYANG YOUXIU SHENGWUXUE JIAOXUE SHEJI KELI YU PINGXI
**编著者：刁俊明　温茹淑　廖富林　潘　望　郑清梅**

---

**出 版 人：**张晋升
**策划编辑：**武艳飞
**责任编辑：**王辰月
**责任校对：**黄　斯　刘　蓓
**责任印制：**周一丹　郑玉婷

**出版发行：**暨南大学出版社（511443）
**电　　话：**总编室（8620）37332601
营销部（8620）37332680　37332681　37332682　37332683
**传　　真：**（8620）37332660（办公室）　37332684（营销部）
**网　　址：**http：//www. jnupress. com
**排　　版：**广州市天河星辰文化发展部照排中心
**印　　刷：**广州市友盛彩印有限公司
**开　　本：**787mm × 1092mm　1/16
**印　　张：**12
**字　　数：**270 千
**版　　次：**2022 年 11 月第 1 版
**印　　次：**2022 年 11 月第 1 次
**定　　价：**49. 80 元

# 前言

生物学学科核心素养的培养，不仅是帮助学生掌握生物学相关知识，更重要的是让学生学会运用生物学科思想整合学科知识，在学习知识的过程中，不断提升学生的学科核心素养。《普通高中生物学课程标准（2017 年版）》对生物学学科核心素养做出了明确的界定，核心素养的培育有利于学生树立正确的人生观、价值观，有利于培养学生科学思维能力和探究意识，有利于提升学生的社会责任意识。核心素养的培育不应局限于高中教学，对于初中教学来说也是不可或缺的。

新课程改革的核心环节是课程实施，课程实施的基本途径是课堂教学。课堂教学是改良学生学习方式的主阵地，也是教师教育理念发生转变的主要场所。在课堂教学中进行教学设计不仅是理论问题，更是实践问题，有许多理论问题需要我们在生物学课堂里进行研究和实践。那么，在新课程理念下应该如何进行教学设计呢?

本书以核心素养为宗旨，以创新生物学教学设计、培养创新型生物教师为目标，在多年的核心素养背景下生物学教学设计实践的基础上编写而成，充分反映了当前新课程理念下教学设计的教学改革和发展的新思路。

本书是一本综合性的训练教材，具有以下特点：

（1）以培养创新型生物教师为目标，创新生物学教学设计。本书上、下两编收录了原创优秀生物学教学设计课例与评析35 个，分别是上编24 个优秀高中生物学教学设计课例与评析，下编 11 个优秀初中生物学教学设计课例与评析。通过具体的课例来学习和掌握基于核心素养生物学教学设计的教学技能。使教师能根据教学任务和中学生的特点把生物学学科核心素养的要求落实在生物课堂教学实践中。

（2）本书体现了基于核心素养生物学教学设计的可操作性、实用性和针对性，注重为创新型生物教师的培养奠定良好的基础，并帮助生物教师提高课堂教学设计能力。

（3）简明阐述新课程改革下生物课堂教学设计的新理念和教学设计关注点。

本书可供师范院校生物科学（师范）专业学生、学科教学论专业研究生使用，也可供在职的中学生物教师参考。

本书的出版得到了暨南大学出版社、嘉应学院生命科学学院的领导和老师们的大力支持和帮助，谨此致以诚挚的谢意!

限于作者水平，书中难免出现错漏、不妥之处，敬请赐正。

作　者

2022 年 2 月

# 目　录

# 绪论　新课程改革下的生物学课堂教学设计

## 一、新课程改革下生物学课堂教学设计的新理念

《普通高中生物学课程标准（2017 年版）》明确指出："核心素养为宗旨、内容聚焦大概念、教学过程重实践是我们新课程改革下课堂教学的总指导。"

生物学科的核心素养包括：

（1）生命观念：局部与整体观、结构与功能观、进化与适应观、稳态与平衡观、物质与能量观。

（2）科学思维：比较与分类、归纳与概括、演绎与推理、模型与建模、批判性思维。

（3）科学探究：观察并提出问题、实验设计与实施、结果分析、表达交流。

（4）社会责任：关注生物学议题、生态环境保护、热爱生命健康、科学实践。

指向学科核心素养的教学设计是以育人为本的教学设计，要求着眼点从"教师的教"转变为"学生的学"，从"学科教学"转变为"学科教育"，为长效学习而教，为深度学习而教，为知识的创造性而教。

新课程改革的根本目标是培养学生应对现实情境中真实问题的挑战时所具备的关键能力、必备品格与价值观念。课堂教学实践的主旨是：以学习者的学习为中心，以解决现实问题为核心，以人的全面发展为重心。

从以上课堂教学设计的新理念我们可以看出，当今的课堂教学在教学目标、教学的时间维度、教学的纵深维度、教学的成果维度都发生了很大的改变。所以我们有必要了解新课程改革下的课堂教学设计的改变体现在哪些方面。

## 二、新课程改革理念下的课堂教学设计的转变

1. 教学目标的转变

（1）三维目标的起源：三维目标源于布鲁姆的教学目标分论理论、加涅的学习结果分类理论、罗恩特里对教学目标分类的综合考量。他们将学习分为知识、技能、情感态度与价值观三个维度，是从学生的认知、行为、情感角度出发进行设计的。

三维目标指导下的教学目标与新课程理念下的核心素养目标之间的变化，可以以具体的实例来说明——"物质跨膜运输"教学实例：

表 1　“物质跨膜运输”教学实例的三维目标

| | |
|---|---|
| 知识目标 | 1. 说出渗透现象发生的条件<br>2. 举例说明细胞发生吸水和失水的原理<br>3. 解释细胞对无机盐离子的吸收特点 |
| 技能目标 | 尝试进行植物细胞吸水和失水的实验设计与操作 |
| 情感态度与价值观目标 | 认同细胞是一个渗透系统，体验科学探究的一般过程 |

表 2　“物质跨膜运输”教学实例的核心素养目标

| |
|---|
| 1. 通过观察动物细胞吸水、失水现象，构建模型，得出结论：水通过细胞膜从低浓度溶液向高浓度溶液扩散（科学思维） |
| 2. 提供渗透作用、半透膜的概念和一些物质通过细胞膜，一些物质不通过细胞膜的现象，类比分析，推理得出渗透作用发生的两个条件（科学思维） |
| 3. 比较动物细胞与植物细胞的结构，提出“原生质层”概念，做出“原生质层相当于半透膜”的假设（科学思维），而后进行植物细胞吸水和失水的实验验证假设（科学探究） |
| 4. 小结归纳，认同细胞是一个渗透系统（生命观念） |

三维目标是从具体层面上定位的，它在一定程度上割裂了教学目标的整体性，忽视了知识、技能、情感三者的内在联系，从而导致学习目标不能很好地体现生物学学科体系的连续性与系统性，未能对学生最终能获得什么学科体系层面的内容进行整体系统的描述。

学科核心素养目标则从宏观层面上定位教学目标，体现了学科学习应达到的最终成就。学科核心素养融合了原有的三维目标（知识、技能、情感态度与价值观），是学科育人价值的集中体现，是学生通过学科学习而逐步形成的正确价值观念、必备品格和关键能力。核心素养目标需要教师在把握教材的基础上深入钻研新课程标准，切实从学生实际出发，满足学生发展的需求，培养学生成为符合时代要求的人才，这是对三维目标的内在超越。

（2）如何实现教学目标从三维目标向核心素养目标转变？

首先，我们要深入思考：

①什么是学科最核心的东西？

②什么是应该长时间保留在学生记忆中的东西？

③什么方式才能有效支持学生素养的发展及如何实现真正的发展？

其次，我们要以学生为中心，从四个方面考虑：

①学生现有的程度。

②学生需达到的程度。

③学生要怎样达到该程度？

④如何检测学生是否达到该程度？

新课程改革后核心素养目标的设定实现了从以往的“灌输知识”转变为“教学育人”，从“学科教学”转变为“学科教育”，为使学生成为教学过程主体提供了前提保障。

2. 教学方式的转变

我们以“伴性遗传”一节课的教学来具体说明：

以前大多数教师对“伴性遗传”的教学方式体现为：首先向学生展示伴性遗传的概念表述，然后引导学生通过红绿色盲的四种婚配形式来总结归纳伴 X 隐性遗传的特点，再依次总结伴 X 显性遗传和伴 Y 遗传的特点。这样的教学过程，对“伴性遗传”这一概念的学习是灌输式的，学生的能力难以得到提升。

新课改理念指导下的教学方式是这样的：将红绿色盲的四种婚配形式设计在一个家族的系谱图中，指导学生用已有知识解决如下问题：

①红绿色盲的基因最可能在什么染色体上？（引导学生应用假说——演绎）

②如何判断亲生与非亲生子女？

让学生在解决以上两个实际问题的活动中自发地通过四种婚配形式分析红绿色盲遗传的特点，并在此基础上归纳、总结红绿色盲遗传和常染色体遗传的本质共性与差异，从而构建“伴性遗传”的概念，同时发展学生的科学思维能力。

从以上新、旧两种教学方式的比较中我们不难发现：旧的教学方式是从概念到概念的灌输，学生即使将概念背出来，离应用也始终有一段距离；而新的教学方式是在具体的家族系谱情境中，引导学生探究式学习，让学生在真实的情境中演绎推理、归纳概括、分析比较，充分提炼、加工系谱信息，将学习的主动权交给学生，最终实现“伴性遗传”的概念建构及其特点的提炼。

3. 学习层次的转变

新课程改革理念下的学习要求是实现深度学习，以往我们的学生较多地停留在浅表学习。

（1）浅表学习：是一种以完成外在任务、避免惩罚为取向的学习行为，以机械记忆和反复操练为主，缺少深度思维加工，知其然不知其所以然，因此学习成果多以重复为主，难以迁移和深化。浅表学习主要体现出如下几个特点：

①没有价值的“连问”“碎问”及“追问”打破了课堂教学的整体性，阻断了学生思维的连贯性。

②教学缺乏主线贯穿，却有诸多细枝末节的“碎片化”知识，割裂了学生思维的整体性。

③无法界定的探究问题、无把握的探究内容造就了课堂“伪探究”，如在“减数分裂”的教学中让学生探究“染色体数目减半发生在哪一次分裂”，这是受学生认知能力所限而无法探究的内容。

（2）深度学习：强调知识的理解与整合，注重学习者的迁移与批判，关心沟通和协作能力；深度学习不是简单的知识搬运，而是倡导学习者将所接触到的新知识与原有认知结构建立实质性联系的过程。

## 三、新课程改革理念下的教学设计关注点

### （一）聚焦大概念教学设计

1. 聚焦大概念教学设计的依据

（1）《普通高中生物学课程标准（2017 年版）》要求教师在设计和组织教学活动时，应围绕大概念和重要概念开展教学活动，促进学生对生物学概念的建立、理解和

应用。即我们常说的“教学内容聚焦大概念”的教学新理念。

（2）《科学教育的原则与大概念》一书指出：针对大概念展开教学设计，才有可能有意义地学习，从而提高全体学生的科学素养。

2. 什么是大概念教学

（1）什么是大概念？大概念是处于学科核心位置的概念性知识（又称核心概念）。包括对概念、原理、理论的基本理解和解释，它是能够展现当代学科图景，具有超越课堂之外的持久价值和迁移价值的重要概念，它也可以是一种科学思维方式，能够引领教学，有效培养学生的思维品质，发展学科核心素养。

（2）什么是大概念教学？如果将知识体系比作一座“金字塔”，那塔尖就代表大概念，以下依次为重要概念、次位概念、基本概念以及位于最底层的事实证据。教师可以以大概念引领教学设计，精选事实证据支撑各个等级的概念，并以此由上往下统筹教学过程。学生则从分析各种具体的事实证据出发，在学习思考过程中，由下往上依次构建相关概念，最终形成对大概念的认识。

3. 大概念教学设计示例

**减数分裂与受精作用**

大概念：遗传信息控制生物性状，并代代相传。

重要概念：有性生殖过程中基因的分离和重组导致双亲后代的基因组合有多种可能。

次位概念：（1）减数分裂产生染色体数量减半的是精子和卵细胞；

（2）减数分裂产生的配子基因型有多种可能；

（3）有性生殖的生物体，其遗传信息通过配子传递给子代。

基本概念：减数分裂、染色体、同源染色体、非姐妹染色单体、四分体、基因分离、基因自由组合等。

从以上列举的实例中我们不难看出：当基本概念、次位概念、重要概念所涉及的各个知识点都以概念为基础相互联系时，就能在学生脑海中呈现出知识的亲缘关系图，而不再散乱无序。因此。大概念教学更能凸显主题，紧密串联各个教学环节，传授的知识更容易被学生吸收转化，真正达到“整体大于部分之和”的教学效果。大概念教学还能最大限度地升华学生的学习经历和感悟，让学生能够深刻理解和应用重要的生物学概念，发展学科核心素养。

**（二）聚焦真实情境下的教学设计**

生物学科核心素养每个维度较高水平的发展都离不开真实情境的支撑。

1. 关注真实情境下教学设计的依据

（1）实用主义教育家杜威主张：教学是基于行动，不应该直截了当地注入知识，而应引导学生在活动中获得经验而习得知识。

（2）认知科学的研究表明：情境在学习和思维中具有重要作用。去情境化的认知过程导致学生对概念的认识停留在文字识记而非理解。例如，在教师对“特异性免疫”的教学中，教师要求学生抓住“特定”这个关键词，强调特异性免疫是只能对特定的病原体或异物起作用的免疫方式。这种咬文嚼字的教学就缺乏情境的支持，学生因无法想象“抗原与抗体”的特异性结合而无法理解特异性免疫的实质，致使特异性免疫成为学习的难点。

2. 情境创设的途径

（1）源于社会生活。

（2）源于学生的认知冲突。

（3）源于生物科学史。

（4）源于当前生物前沿热点。

（5）源于问题串设疑。

3. 如何善于创设情境

（1）创设真实情境，使学生在该情境中主动建构知识。在生物学教学中创设真实情境，一方面可以将室外的自然界作为学习的场所，使学生在自然界中学习有关生物的形态结构，观察生物的各种生理现象，进行调查研究等；另一方面在室内以有关的实验、观察、演示、操作、游戏、模拟、故事、电子媒体，联系社会、生产生活、学生自身实际等方式创设真实情境。例如，通过角色扮演、多媒体演示，调查身边的生态系统，学习生态系统的内容，通过查阅我国植被分布情况，进行校园绿化设计来学习"爱护植被，绿化祖国"这部分内容。

（2）创设问题情境。问题不仅能够引起学生的学习兴趣，而且能引发学生进行积极思考，对于学生主动建构新的认知结构具有重要意义。

第一，利用自然现象、生产及生活中的实际，带领学生结合自身实际和社会实际进行思考，创设问题情境。例如，在讲"植物蒸腾作用"的意义时，教师可以设计以下几个问题让学生讨论：①俗话说，"人往高处走，水往低处流"，但植物体内的水为什么可以从根部到达树冠呢？②"大树底下好乘凉"这句话包含了什么科学道理？③家里养花为什么要把花盆放在有阳光的地方？④家里养鱼为什么要经常换水？⑤营养过剩为什么会发胖？等等。通过在情境中提出问题、研究问题、解决问题，调动了学生学习积极性，诱发了其思维动机和探究的欲望。

第二，通过实验现象，创设问题情境。让学生通过对探索性实验的观察和分析，从中发现问题、产生疑问，并进一步去解决问题。例如，在探究植物的蒸腾作用发生的主要场所中，学生将植物的叶片用小塑料包起来，然后在整个植物的外面套上一个大塑料袋，过一段时间观察，并与叶片不包小塑料袋的植物进行比较，从实验现象中发现问题，创设问题情境。

（3）创设协作学习情境，使学生在该情境中进行知识意义的建构。学生在教师的组织和引导下一起讨论和交流，共同建立起学习群体并成为其中的一员。教师可以组织全班学生共同讨论一个问题，各抒己见，共同进行意义建构；也可以将不同的讨论题分配给各小组，首先在小组内进行协商、辩论，然后全班共同探讨和交流。按小组实验、调查等形式来学习。通过协作学习，学习者的思维与智慧可以被整个群体所共享，即整个学习群体共同完成对所学知识的意义建构。

比如，在"体液调节"的学习中，这部分内容与学生的生活实际联系较紧密，对此学生已有很多感性认识。而且有些知识与学生自身有关，学生很感兴趣。但教学中通过采用两种不同的教学方法获得的教学效果截然不同。其中一个班采用传统的以教师讲述为主、学生被动地听和记的方法进行授课，结果教师讲得吃力无比，学生则听得索然无味，教学失去了应有的有效性。在另一个班采用学生合作互动的方式进行学习：首先将学生分为4人一组；然后教师创设一种情境，准备了一些多角度的问题，按照动物激素的种类和生理作用、动物激素的分泌、相关激素间的作用、其他化学物质的调节作用等不同内容，把问题分为几个专题提供给学生。学生分组选择其中的任一专题，组内4人进一步分工细化，每人负责不同的内容，利用课余和自习时间，通过阅读教材、查阅资料、上网查询等方法收集资料，然后组内成员间合作互动，分析整理，建构本专题的知识和概念。由于每组只查阅了一个专题的内容，要想获得完整内容就必须进行组间的合作互动，因此利用课堂时间给学生提供展示的平台，分组相互交流各自的成果和心得，其间教师及时点评，最后学生获得本节完整全面的知识。在交流时，每组同学不仅认真倾听其他组的介绍，还及时提出问题进行咨询、讨论，促进了组间的互帮互学。交流中有些学生还提出了很多意想不到的新问题，激起了更多同学进一步寻求答案的欲望，结果学生的学习情绪高涨，提问和答疑的参与意识非常强，学习效果显著。通过这两种方法的对比教学，体会到这种教学方式不仅使学生获得了相关知识，还激发了学生对生物学的兴趣，同时也培养了他们收集、处理资料信息的能力，更重要的是使他们学会了与他人的合作互动、友情互助、分享合作，学生的成就感和自信心溢于言表，取得了有效的教学效果。如“细胞的分化、癌变和衰老”“新陈代谢的基本类型”“生殖的类型”“DNA是主要的遗传物质”“生物的变异”等内容的教学均可采用此种方式进行。

（4）创设探究性学习情境。新课程标准十分重视探究性学习，将“倡导探究性学习”列为课程的基本理念之一。科学探究是新课程标准的灵魂。科学探究能力和对科学探究的理解是在发现探究学习的过程中形成的，探究是以培养学生发现问题、重组知识的综合能力和运用知识解决问题的能力为着力点，重在培养学生的创新精神和实践能力，发展学生的逻辑思维和批判性思维能力，培养学生对科学知识的开放态度和创新精神。其中教师起到的是指导者、组织者的导师作用，学生是在开放的活动中自主地、探究性地获得知识和能力，以引导学生进行探究为主的创造性的学习策略构成了有效教学的有效行为。

# 上编　优秀高中生物学教学设计课例与评析

# 分泌蛋白的合成和运输

钟庭蕙

## 教学设计

| 姓　名 | 钟庭蕙 | 学　校 | 嘉应学院 |
|---|---|---|---|
| 指导教师 | 刁俊明、刁嘉程、温茹淑 | 重点展示技能类型 | 演示技能 |
| 片段题目 | 分泌蛋白的合成和运输 | | |
| 教材分析 | 本课选自人教版《高中生物》必修一第三章第二节，本课主要是对分泌蛋白的合成和运输的讲解，与前面学习的蛋白质、细胞器的结构与功能等知识密切相关，同时也可以为学生学习生物膜系统等知识奠定基础。因此，本课起着承上启下的作用。 | | |
| 学情分析 | 本次课的授课对象为高一学生，他们已经具备了一定的思考与分析问题的能力，也有一定的操作兴趣；同时，他们在前面已经学习了相关知识，这对本节课的学习也有一定的帮助。由于分泌蛋白合成和运输的知识较为抽象，本课采用设置问题情境的方式，逐步引导学生自主学习和探究学习。 | | |
| 学科内容学习目标 | 1. 生命观念目标（素养一）：<br>通过了解实验，能够阐明参与分泌蛋白合成和运输的细胞结构。<br>2. 科学思维和科学探究目标（素养二、素养三）：<br>（1）通过演示、讲解教具，能够分析分泌蛋白合成和运输的具体过程；<br>（2）通过绘制分泌蛋白合成和运输的流程图，提高学生动手实践、归纳推理的能力。<br>3. 社会责任目标（素养四）：<br>通过讲解分泌蛋白的合成和运输，学生体会细胞各结构之间的协调配合，认同细胞是局部与整体的统一体。<br>4. 演示技能训练目标：<br>（1）演示的过程要符合科学性的要求，并注重与讲解配合，做到演示过程直观生动，富有启发性和趣味性。<br>（2）演示要和讲解技能、提问技能配合得当，善于启发引导观察，调动学生学习积极性。<br>（3）能根据教学任务和中学生的特点把各种技能应用于教学实践。 | | |
| 教学方法 | 讲解法、提问法、演示法和探究学习法。 | | |
| 教学重点 | 阐明参与分泌蛋白合成和运输的细胞结构。 | | |
| 教学难点 | 分析分泌蛋白合成和运输的具体过程。 | | |

（续上表）

| 教学过程 | | | |
|---|---|---|---|
| 时　间 | 教师行为 | 预设学生行为 | 教学设计意图 |
| 45 秒 | **一、导入新课**<br>举例导入。<br>师：同学们，上课前，请大家先想一想我们生活中的这些饮料是怎样被大批量生产出来的呢？其实，工厂里有许多执行不同功能的器械，它们互相配合，形成了一条高效有序的生产线，完成复杂的生产活动。<br>那么，请问细胞——这座更为精密的“工厂”又是怎样实现其中复杂的生命活动呢？（提问学生）没错，细胞内也有自己的细胞器。那细胞器之间又是怎样分工合作、发挥作用的呢？请同学们带着这个疑问，进入今天的学习——“分泌蛋白的合成和运输”。 | 学生通过思考、讨论饮料生产流程，进而思考细胞是如何实现其中的生命活动的。 | 教师采用举例导入的方式导入新课，一方面可以通过将理论联系实际吸引学生的注意力，激发学生的思考；另一方面可以为学生学习新知识做好铺垫。 |
| 6 分钟 | **二、讲授新课**<br>环节一：了解相关实验。<br>师：为了探究分泌蛋白的合成和运输，科学家们做了一个实验。请大家阅读书本第 51 页，了解这个实验并思考以下几个问题：<br>（1）什么是分泌蛋白？<br>（2）科学家们用了什么实验方法？<br>（3）分泌蛋白的合成和运输依次经过了哪些细胞结构？<br>（4）囊泡运输是怎样进行的？<br>板书设计：<br><br>分泌蛋白的合成和运输<br>场所：<br>变化：<br><br>环节二：分泌蛋白合成和运输的场所。<br>师：首先，请大家在课本中标记出分泌蛋白的概念。在细胞内合成、分泌到细胞外起作用的蛋白质被称为“分泌蛋白”，大家可以举出哪些例子呢？（回答有唾液淀粉酶、胃蛋白酶等）<br>那么在探究分泌蛋白合成和运输的实验中，科学家运用了什么方法呢？<br>对的，他们运用了同位素标记法。在这个实验中，科学家们在豚鼠的胰腺腺泡细胞中注射了 3H 标记的亮氨酸，通过追踪亮氨酸的行动轨迹来探究分泌蛋白的合成和运输。 | 学生自主阅读。<br><br>学生举出分泌蛋白的例子。<br>学生回答：同位素标记法。<br><br>学生回答：高尔基体。 | 解释重点概念，同时以旧拓新，联系新旧知识，加深学生对知识的理解，促进学生进行科学思考。（素养一）<br><br>引导学生通过观察实验现象，进行归纳总结，自主发现结论。 |

（续上表）

| 教学过程 | | | |
|---|---|---|---|
| 时　间 | 教师行为 | 预设学生行为 | 教学设计意图 |
| | 那么，亮氨酸的行动轨迹是怎样的呢？大家一起来看一下吧。实验中，被标记的亮氨酸在 3 分钟后出现在附着有核糖体的内质网中，17 分钟后出现在高尔基体中，117 分钟后出现在细胞膜内侧的囊泡中，以及释放到细胞外的分泌物中。<br>如果你是科学家，通过这个现象，你可以总结出分泌蛋白合成和运输依次经过了哪些细胞结构吗？请大家一起回答：核糖体、内质网、高尔基体、细胞膜。 | 学生回答：核糖体、内质网、高尔基体、细胞膜。 | |
| | 好，问题又来了。分泌蛋白又是怎样依次经过这些结构的呢？对，它是通过囊泡进行运输的。那这里的囊泡运输是怎样进行的呢？还有疑问对吧？不着急，我们一起来看一个视频。<br>囊泡是内质网膜、高尔基体膜以出芽的形式产生的泡状结构，它的使命就像一艘潜水艇般，包裹着分泌蛋白依次运输到细胞中不同的结构去。 | 学生回答：通过囊泡进行运输。 | 通过演示视频，结合讲解，让知识点更加生动形象，让学生更加直观地理解知识，吸引学生的注意力。 |
| | 环节三：分泌蛋白合成和运输的具体过程。<br>师：现在，我们知道了分泌蛋白依次经过了哪些细胞结构，那么在这个过程中具体发生了哪些变化呢？<br>本课准备了教具，我们一起来探索其中的奥妙吧！（边展示教具边讲解）<br>最开始，被标记的亮氨酸在游离的核糖体中与其他氨基酸通过脱水缩合形成了一段肽链，然后这段肽链与核糖体一起转移到粗面内质网上继续其合成过程，并且边合成边转移到内质网腔内。在这里，肽链经过初步的加工、折叠，形成了有一定空间结构的蛋白质，也就是较成熟的蛋白质。这个时候，内质网出芽形成囊泡，较成熟的蛋白质被包裹在囊泡内，顺利抵达高尔基体处，此时囊泡膜和高尔基体膜融为一体，较成熟的蛋白质也在这里被进一步地修饰加工、包装与分类，成了成熟的蛋白质，最终高尔基体出芽形成囊泡，囊泡将成熟的蛋白质转运到了细胞膜处，最终囊泡膜与细胞膜融合（提问学生）。至此，囊泡完成了它的使命，蛋白质也被分泌到了细胞外。这就是分泌蛋白的合成和运输的具体过程，大家明白了吗？ | 学生观察教师的演示过程，并在教师的引导下，层层递进地理解分泌蛋白的合成和运输过程。 | 通过演示教具，化抽象为具体，强化学生对知识点的理解，突破重难点。 |

（续上表）

| 教学过程 | | | |
|---|---|---|---|
| 时　间 | 教师行为 | 预设学生行为 | 教学设计意图 |
| | 在这个过程中，分泌蛋白经过了那么多结构，又发生了不同的变化，这个过程需要消耗能量吗？又是谁在为它提供能量呢？是线粒体。 | 学生回答：需要；线粒体。 | |
| 45 秒 | **三、学生合作设计流程图，归纳总结**<br>师：看来大家对本节课的知识点掌握得很不错。最后，老师再考一考大家，现在请同学们利用老师课前发下去的卡片，四人小组一起合作把分泌蛋白合成和运输的流程图完成好，看哪个小组完成得又快又正确。<br>好，大部分小组都已经完成好了，有没有哪个小组愿意展示一下你们组的成果？好，请第 X 小组派代表上台展示一下。大家觉得他们小组完成得怎么样呢？是的，第 X 小组的流程图完成得很正确。大家要注意，分泌蛋白依次经过了哪些结构，又分别发生了什么变化，都不可以弄混淆！那么，让我们掌声鼓励一下这个小组！ | 学生合作完成流程图，教师巡视指导，并让学生展示流程图。 | 通过组织学生合作设计流程图和小组代表上台展示成果的活动，一方面可以锻炼学生动手实践能力，另一方面可以有效地总结以上所学的知识，加深印象。 |
| 20 秒 | **四、课后习题**<br>师：通过学习分泌蛋白的合成与运输，大家了解了细胞各结构之间协调配合的奥妙。而这个过程中，囊泡与内质网膜、高尔基体膜、细胞膜息息相关，那这几个膜的膜面积有怎样的变化呢？请同学们在课后认真思考。<br>**五、板书设计**<br>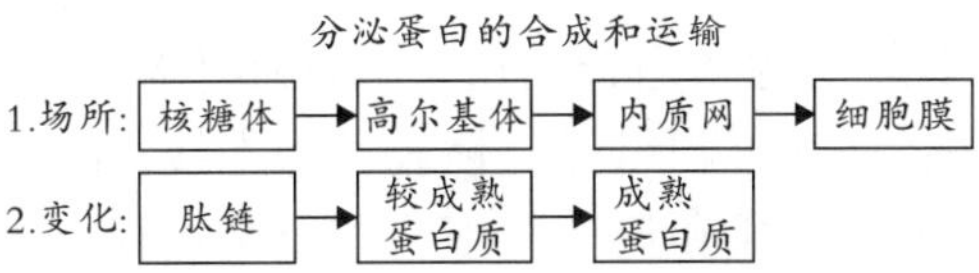 | 学生思考。 | 提出问题，引发学生思考，激发学习兴趣，做出科学解释。（素养四）<br>设计板书，图文并茂、简洁明了、过程清晰、重点突出，体现教学重难点。 |

（续上表）

| | |
|---|---|
| 设计思路说明 | 本课教学设计围绕生物学学科核心素养目标，基于以学生为主和启发引导的教学理念，以探究式教学为主线，采用演示法、提问法和讲解法等教学方法开展教学。学生在前面学习“细胞器的结构与功能”时，已经对细胞膜、核糖体、内质网、高尔基体几种细胞器有了基本的了解，但他们仍未将各种细胞器作为一个系统整体来看待，学习本节内容仍然具有一定的挑战性。因此本节课注重通过自主阅读、观看视频、演示教具来让学生更加直观地学习这个过程。同时，本教学设置了让学生合作完成流程图的环节来巩固知识点，进一步让学生对知识点有更加透彻的理解，让学生更易自主投入知识的学习中。<br>本教学设计合理、完整，有讲有做，有师生互动，演示与讲解形象直观、逻辑性强，能较好地实现核心素养教学目标。 |

## 课例评析

本课教学设计围绕生物学学科核心素养目标，以探究式教学为主线，采用演示法、提问法和讲解法等教学方法开展教学。首先采用实例情境导入新课，情境设疑，导课新颖。接下来的课堂教学通过自主阅读、观看视频、演示教具来让学生更加直观地学习分泌蛋白合成和运输的过程，采用自制教具和多媒体进行优化组合的教学手段，将抽象的分泌蛋白合成和运输的过程具体化、形象化和动态化，较好地突出和突破了教学重难点。新课讲授生动形象，板书设计简明扼要，重点突出，图文并茂。采用小组合作完成流程图的方式对本节课学习的知识点进行归纳总结，同时让学生展示自己的成果，培养学生团结协作的精神和动手实践的能力。最后布置课后思考题，引发学生思考，激发学习兴趣。这样一节课既合理又耐人寻味，较好地实现了社会责任目标。

整个教学过程做到了：演示与讲解直观生动，教学提问环环相扣，重点突出，难点突破，较好地完成了教学目标。

（1）创新性。教学方法具有创新性。通过设置问题情境，引导学生开展探究活动，通过自主阅读、观看视频、演示教具来让学生更加直观地学习分泌蛋白合成和运输的过程，板书设计图文并茂，较好地突出和突破了教学重难点。自制教具具有创新性。能够自制直观形象的彩色磁性贴板，说明分泌蛋白合成和运输的细胞器及其过程。

（2）亮点。本教学的最大亮点是：教学过程以探究性教学为主线，能够用自制的彩色磁性贴板来直观形象地说明分泌蛋白合成和运输的细胞器及其过程，体现了以学生为主的探究性教学理念。还有一个亮点是采用图文并茂的板书设计。

（本教学设计荣获2021年第九届广东省本科高校师范生教学技能大赛二等奖）

# 血糖平衡的调节

林燕青

## 教学设计

| 姓　名 | 林燕青 | 学　校 | 嘉应学院 |
| --- | --- | --- | --- |
| 指导教师 | 廖富林、王联新 | 重点展示技能类型 | 演示技能 |
| 片段题目 | 血糖平衡的调节 | | |
| 教材分析 | 本课选自2019年人教版《高中生物》选修一第三章第二节。血糖平衡的调节是生命活动调节的一类重要调节形式，是维持内环境稳态的重要机制，对帮助学生形成稳态与平衡的生命观念至关重要。 | | |
| 学情分析 | 高二的学生思维活跃，具备一定探究问题的能力。通过之前的学习，学生能说明血糖的来源与去路以及胰岛素和胰高血糖素的来源与作用，但对激素如何调节血糖的认识还不深入，难以理解血糖调节这一微观抽象的过程；对血糖调节模型的构建存在一定的困难。据此，确立教学重点：血糖平衡调节的过程；教学难点：血糖平衡调节模型的构建。 | | |
| 学科内容学习目标 | （1）生命观念目标（素养一）：<br>说明血糖平衡调节的机制，认同血糖平衡调节对内环境稳态的维持具有重要意义，形成稳态与平衡的生命观。<br>（2）科学思维目标（素养二）：<br>通过分析“健康人某一时段内血糖浓度变化曲线图”，阐明血糖浓度变化的一般规律；通过物理模型和概念模型的构建，概述血糖平衡调节的主要过程。<br>（3）科学探究目标（素养三）：<br>通过小组探究活动，共同探讨、分析“进食后血糖调节的过程”，并展示交流结果。<br>（4）社会责任目标（素养四）：<br>主动关注稳态失调对健康的影响，养成并积极宣传健康的生活方式。 | | |
| 技能训练目标 | （1）能吸引学生的注意，提高学生的学习兴趣。<br>（2）能帮助学生突破重、难点知识，构建血糖平衡调节的物理模型。<br>（3）能在恰当的时候展现教具，活跃课堂气氛。<br>（4）能结合语言讲解进行演示，使演示过程更清晰明了。 | | |
| 教学方法 | 讲解法、提问法、演示法和探究学习法。 | | |
| 教学重点 | 血糖平衡调节的过程。 | | |
| 教学难点 | 血糖平衡调节模型的构建。 | | |

（续上表）

| 教学过程 | | | |
|---|---|---|---|
| 时　间 | 教师行为 | 预设学生行为 | 教学设计意图 |
| 35 秒 | **一、创设情境，激发兴趣**<br>（1）联系实际。<br>创设高中生芳芳空腹运动而引发运动性低血糖的真实情境。<br>（2）提出问题。<br>①芳芳在运动时机体内的血糖是如何变化和调节的？<br>②她为什么会发生低血糖？ | 联系起自己或他人日常生活中发生低血糖时的情况，思考运动时机体内的血糖变化和调节情况，以及低血糖发生的原因。 | 选择日常生活中常见的低血糖症状并创设情境，贴近生活，易引起学生的学习兴趣，引发学生关注和思考。 |
| 50 秒 | **二、探究情境，解决问题**<br>（1）探索规律。<br>展示“健康人某一时间段内血糖浓度变化曲线图”，引导学生说出血糖浓度变化的一般规律。<br>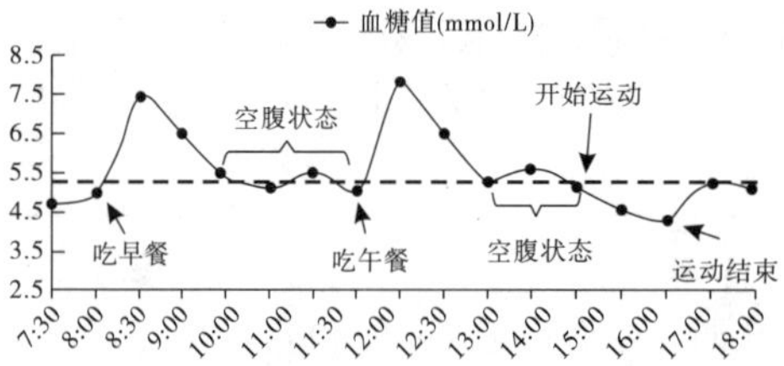<br><br>**图 1　健康人某一时间段内血糖浓度变化曲线图**<br>推断：芳芳在运动时血糖的变化情况是“先降后升”的。 | 分析图 1，说出血糖浓度变化的一般规律：进食后血糖浓度先升后降，运动时血糖浓度先降后升；空腹时血糖维持在动态平衡的状态中。 | 引导学生分析图表，发现正常人血糖浓度变化的一般规律；在分析过程中启发学生思考，培养学生的科学思维能力。 |
| 45 秒 | （2）回顾旧知。<br>简单回顾血糖来源与去路的主要途径，以及胰岛素和胰高血糖素的来源与作用。<br>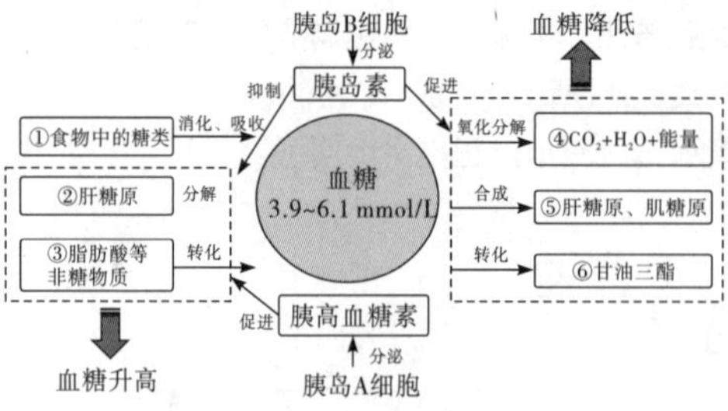<br><br>**图 2　血糖的来源与去路** | 回顾旧知。能说出血糖的来源与去路分别主要有三条途径，以及胰高血糖素是由胰岛 A 细胞分泌的，具有升糖的作用；胰岛素是由胰岛 B 细胞分泌的，具有降糖的作用。 | 让学生回顾上节课所学知识，为之后构建血糖平衡调节的物理模型做好知识铺垫。 |

（续上表）

<table>
<tr><th colspan="4">教学过程</th></tr>
<tr><th>时　间</th><th>教师行为</th><th>预设学生行为</th><th>教学设计意图</th></tr>
<tr><td>55 秒</td><td>（3）模型演示。<br>展示自制的“血糖平衡调节”动态教具模型，并结合讲解，模拟演示正常人在运动时血糖调节的过程。解决问题①。<br>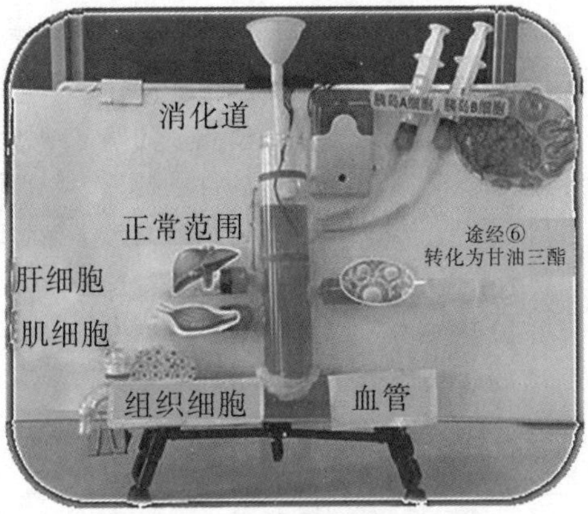<br><br>图 3　血糖平衡调节</td><td>认真观看教师的演示。能在教师的引导下阐明正常人运动时血糖调节的过程。</td><td>运用教具模型模拟演示微观抽象的血糖调节过程，能吸引学生的注意，使抽象问题形象化，加深学生的印象，以帮助学生建构“正常人运动时血糖调节过程”的物理模型。</td></tr>
<tr><td>30 秒</td><td>（4）解释情境。<br>紧接着说明芳芳是由于节食减肥而长时间空腹，使得体内储存的糖原已被大量消耗，所剩无几，而非糖物质的转化过程又较慢，因此当她剧烈运动时，血糖被组织细胞大量消耗以供能，却得不到及时的补充，从而导致了运动性低血糖的发生。</td><td>学生从教师的讲解中明白了芳芳发生低血糖的原因，解决了课前的困惑。</td><td>呼应开头情境中的问题，解决学生的困惑。</td></tr>
<tr><td>45 秒</td><td>三、深入情境，合作探究。<br>（1）提出问题。<br>如何能缓解低血糖症状呢？请提出几点建议。<br>（2）合作探究。<br>引导学生思考：若芳芳通过进食来缓解低血糖症状，她体内的血糖会如何变化和调节？<br>组织学生小组合作，共同探讨以解决问题，并完成导学案中“活动二”的内容。</td><td>学生能说出给患者补充糖分、食用含糖的食物或者饮料，并让患者充分休息等建议。<br><br>结合“正常人运动时血糖调节的过程”思考问题，小组合作讨论分析进食后血糖的来源与去向及相关激素的调节过程。完成导学案的内容。</td><td>深入情境，提出新的问题，培养学生应对突发状况时解决问题的能力，并形成关爱他人的社会责任感。<br>通过探究性学习活动任务，使学生主动参与学习过程，锻炼学生的合作交流和分析推理能力，有效提升科学思维和科学探究能力。</td></tr>
</table>

（续上表）

| 教学过程 | | | |
|---|---|---|---|
| 时　间 | 教师行为 | 预设学生行为 | 教学设计意图 |
| 1 分<br>20 秒 | （3）展示交流。<br>请小组代表分享讨论结果，并结合教具演示，带领学生构建“正常人进食后血糖调节过程”的物理模型。 | 展示与交流讨论结果，构建“正常人进食后血糖调节过程”的物理模型。 | 通过展示与交流，加深学生对生物学概念的理解，有利于学生完成模型的构建。 |
| 50 秒 | **四、总结归纳，知识内化**<br>（1）总结归纳。<br>引导学生归纳概括出血糖平衡的调节机制，从而构建出血糖平衡调节的概念模型。同时，说明血糖平衡调节的生理意义：使血糖水平相对恒定，从而保证机体能源物质的供给，是内环境稳态的重要组成。 | 使学生能阐述血糖平衡调节的基本过程，自主构建血糖平衡调节的概念模型。知道血糖平衡调节对内环境稳态维持的重要意义。 | 通过总结归纳，引导学生将物理模型转化为概念模型，从形象到抽象，培养学生的科学思维。 |
| 30 秒 | （2）知识内化。<br>说明节食减肥易导致低血糖的发生，长期如此会导致血糖调节失衡，引发各种相关疾病的产生，呼吁学生选择健康、有效的减肥方法，形成健康的生活方式。 | 使学生意识到机体维持血糖平衡的重要性，形成健康生活意识。 | 培养学生健康生活的意识，形成社会责任感。 |
| 板书设计 | 血糖平衡的调节<br>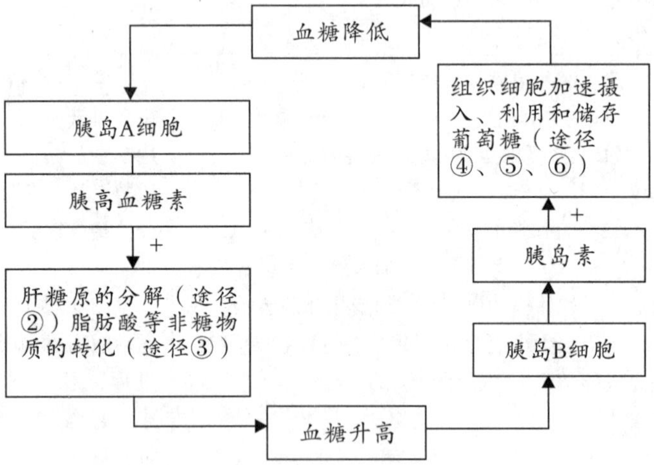 | | |

（续上表）

| | |
|---|---|
| 设计思路说明 | 本教学设计围绕生物学学科核心素养目标，以探究式教学为主线，创设高中生芳芳突发运动性低血糖的真实情境，以分析运动时和进食后血糖浓度的变化和调节为教学主线，引领学生阐明血糖平衡调节的机制。通过图表分析、模型演示、合作探究等方式，逐步引导学生构建血糖调节的物理模型和概念模型，发展学生的科学思维和科学探究能力。在此基础上，阐明血糖调节的正常运行是血糖水平保持相对稳定的前提，是细胞完成各项生命活动的重要保证，对维持内环境的稳态有着极其重要的作用，帮助学生形成“稳态与平衡”的生命观念。最后呼吁学生选择健康、有效的减肥方法，养成良好的生活习惯，向他人积极宣传健康的生活方式，形成社会责任感。 |

## 课例评析

本教学设计围绕生物学学科核心素养目标，以探究式教学为主线，创设高中生芳芳空腹运动而引发运动性低血糖的真实情境，贴近生活，易引起学生的学习兴趣，导课新颖。课堂教学通过图表分析、自制模型演示、合作探究等方式，逐步引导学生构建血糖调节的物理模型和概念模型，发展学生的科学思维和科学探究能力。板书设计图文并茂，简洁明了，重点突出。新课讲授形象生动，采用总结归纳、知识内化的方法进行合理的结课，呼吁学生选择健康、有效的减肥方法，养成良好的生活习惯，向他人积极宣传健康的生活方式，培养社会责任感，较好地实现了社会责任目标。

整个教学过程做到：演示与讲解直观生动，教学提问环环相扣，重点突出，难点突破，较好地完成了教学目标。

（1）创新性。教学方法具有创新性。通过设置生活真实情境，引导学生开展探究活动，通过图表分析、自制模型演示、合作探究等方式，逐步引导学生构建血糖调节的物理模型和概念模型，发展学生的科学思维和科学探究能力。板书设计图文并茂，较好地突出和突破了教学重难点。

自制教具具有创新性。能够自制“血糖平衡调节”动态教具模型，模拟演示正常人在运动时血糖调节的过程。

（2）亮点。本教学的最大亮点是：采用自制的“血糖平衡调节”动态教具模型，并结合生动讲解，模拟演示了“正常人在运动时血糖调节的过程”，化抽象问题为具体，加深学生的印象。帮助学生建构“正常人运动时血糖调节过程”的物理模型。另一个亮点是图文并茂的板书设计和较好地实现了社会责任目标。

（本教学设计荣获2021年第九届广东省本科高校师范生教学技能大赛二等奖）

# 兴奋在神经元之间的传递

林逸冰

## 教学设计

| 姓　名 | 林逸冰 | 学　校 | 嘉应学院 |
|---|---|---|---|
| 指导教师 | 刁俊明、谭剑峰、温茹淑 | 重点展示技能类型 | 讲解技能 |
| 片段题目 | 兴奋在神经元之间的传递 | | |
| 教材分析 | 本课选自人教版《高中生物》选修一第二章第三节，主要讲述兴奋在神经元之间的传递过程、信号形式及特点，承接了前面学习的“兴奋在神经纤维上的传导”，又是以后学习“人脑的高级功能”必不可少的内容，在知识结构上起到承上启下的作用。 | | |
| 学情分析 | 对于高二学生来说，他们具备思维的逻辑性和系统性，并具有一定协作、探究、分析和总结的能力。但是本课内容比较抽象，学生需要教师加以启发性引导。我将采用讲解法、提问法以及演示法相结合，逐步引导学生进行自主学习和探究学习，从而突出重点，突破难点。 | | |
| 学科内容学习目标 | （1）生命观念目标（素养一）：<br>通过探究兴奋在神经元之间的传递过程，学生认同生物体结构与功能相适应的观点。<br>（2）科学思维和科学探究目标（素养二、素养三）：<br>通过自主学习和探究学习，学生能够描述兴奋在神经元之间的传递过程及信号形式，能够分析兴奋在神经元之间单向传递的原因。<br>（3）社会责任目标（素养四）：<br>学生增强珍爱生命、远离毒品的意识，提高社会责任感。 | | |
| 技能训练目标 | （1）讲解要符合科学性的要求，讲解时做到直观生动，富有启发性和趣味性。<br>（2）讲解技能要与提问技能相结合，善于启发学生思维，调动学生学习的积极性。<br>（3）讲解要做到连贯、清楚，应具有较强的系统性和逻辑性。 | | |
| 教学方法 | 讲解法、提问法、演示法和探究学习法。 | | |
| 教学重点 | 兴奋在神经元之间的传递过程、信号形式及特点。 | | |
| 教学难点 | 兴奋在神经元之间的传递过程。 | | |

（续上表）

| 教学过程 | | | |
|---|---|---|---|
| 时　间 | 教师行为 | 预设学生行为 | 教学设计意图 |
| 40 秒 | **一、导入新课**<br>师：上节课我们学习了相邻两个神经元之间存在一种特殊的结构，我们称之为突触。突触是由突触前膜、突触间隙以及突触后膜组成的。<br>都说结构与功能是相适应的，那兴奋是如何在这种结构间进行传递的呢？下面我们一起来学习兴奋在神经元之间的传递。 | 学生回答：突触前膜、突触间隙、突触后膜。 | 教师采用复习提问的方法导入新课，一方面有针对性地复习旧知识，做好新旧知识间的衔接，为即将学习的内容做铺垫；另一方面有利于调动学生学习的积极性和主动性，使学生更快进入学习状态。 |
| 6 分钟 | **二、讲授新课**<br>环节一：兴奋在神经元之间的传递过程。<br>问题 1：请同学们观察两个神经元之间如何联系，并思考，兴奋在神经元之间，是否与在神经纤维上一样，是以电信号的形式进行传递的呢？<br>板书：<br>兴奋在神经元之间的传递<br>师：同学们思考得怎么样了？我们来看这两张图片，可以明显地看到，相邻两个神经元之间存在间隙，所以无法以电信号的形式传递。间隙的产生是因为存在突触这一结构。<br>教师展示了自制的突触结构平面图，由于两个神经元之间没有直接接触，意味着需要一种媒介来传递信息。这种传递信息的媒介叫作神经递质，存在于突触小泡里面，用红色的磁吸来代表。(贴上准备好的突触结构平面图并标注清楚各结构)<br>那神经递质究竟是一种什么物质呢？（PPT 展示神经递质的概念）神经递质是神经细胞产生的能传递信息的化学物质，能使有相应受体的细胞产生兴奋或者抑制。<br>由于神经递质是在突触小泡里面的，小泡会与前膜融合，以胞吐的形式释放出神经递质。<br>讲解完神经递质相关知识，顺势引出第一个 | 引导学生仔细观察 PPT 上呈现的图片，认真思考。<br>学生认真听讲，对神经递质这一化学物质有了初步的认识。 | 新旧知识联结，不断设疑，层层递进，采用问题串启发式提问，激发学生的科学思维和学习兴趣。在问题解决过程中，培养学生分析问题和总结知识的能力。 |

（续上表）

| 教学过程 | | | |
|---|---|---|---|
| 时　间 | 教师行为 | 预设学生行为 | 教学设计意图 |
| | 探究问题。<br>提问：神经递质被释放出来后，是如何作用于突触后膜的呢？<br>突触后膜上有蛋白质，是一种离子通道型受体。它需要一把“钥匙”来控制开关。这把“钥匙”就是我们刚才所介绍的神经递质。<br>活动：学生合作探究兴奋在神经元之间的传递过程。<br>学生前后桌为一组，结合课前分发的资料和突触平面模型，探究兴奋如何在突触处进行传递并请同学上台演示。（学生探究过程中，教师巡视并指出错误）<br>板书：<br>过程<br>特点：<br>信号变化：<br>师：老师看有的小组已经讨论出结果了，现在请一位同学上台演示。<br>教师请学生上台展示，并指导学生演示。（在演示过程中，PPT 上呈现演示步骤）<br>①当神经冲动传导至第一个神经元的轴突末梢时，突触小泡会怎么样呢？<br>②突触间隙里面是充满着组织液的，所以神经递质会怎样呢？<br>神经递质会通过扩散与后膜上的特异性受体结合，引发后膜电位变化。这样兴奋就从一个神经元传递到下一个神经元了，使下一个神经元兴奋或者抑制。随后，神经递质会与受体分开，并迅速被降解或回收进细胞，以免持续发挥作用。<br>环节二：兴奋在神经元之间的传递特点。<br>师：从刚才这个过程中，我们可以明显地看到，神经递质是从前膜释放作用于后膜的，那能不能反过来呢？<br>对，是不能的。因为神经递质存在突触小泡里面，只能由前膜释放作用于后膜，这个过程不可逆转。<br>问题 2：兴奋在突触处传递有一个非常明显的特点，同学们说说是什么呢？<br>没错，那就是单向传递。<br>板书：<br>单向传递 | 学生认真听讲，知道了神经递质要与后膜上的特异性受体结合才能发挥作用。<br>学生小组合作探究兴奋在神经元之间的传递过程。<br>学生在教师的指导下进行演示。<br>学生回答：不能。 | 学生通过小组合作探究，利用教具演示兴奋在神经元之间的传递过程，将抽象的知识具体化、生动化，从而落实兴奋在两个神经元之间传递过程的重要概念。 |

（续上表）

| 教学过程 | | | |
|---|---|---|---|
| 时　间 | 教师行为 | 预设学生行为 | 教学设计意图 |
| | 播放突触处兴奋传递的动画，讲解由于突触处的兴奋传递需要通过化学信号的转换，因此兴奋传递的速度比在神经纤维上要慢得多。<br><br>环节三：兴奋在神经元之间传递的信号形式。<br>问题3：这个过程中，信号形式如何变化呢？我们一起来看一下。<br>师：从第一个神经元的轴突到轴突末梢是什么信号呀？没错，是电信号，因为兴奋在神经纤维上是以电信号的形式进行传导的。那从突触前膜释放神经递质到作用于突触后膜上的受体是什么信号呀？没错，是化学信号，因为神经递质是一种化学物质。而到了下一个神经元又变成了电信号，回到神经纤维上的传导。<br>所以信号变化是由电信号变为化学信号再变回电信号。<br>板书：<br>电信号⟶化学信号⟶电信号 | 学生回答：单向传递。<br><br>学生回答：电信号、化学信号、电信号。 | 兴奋在神经元之间的传递不同于在神经纤维上的传导，要让学生明确信号形式的变化过程和单向传递这一特点，避免受到思维定式的影响。动画的播放体现传递过程的连续性，更加直观生动。 |
| 1分钟 | **三、学以致用**<br>师：学完本节课的知识，我们回到生活当中来。同学们，你们知道可卡因是一种什么东西吗？服用可卡因为什么会使人上瘾？<br>可卡因既是一种兴奋剂，也是一种毒品。在正常情况下，一种叫作多巴胺的神经递质会使大脑产生愉悦感。多巴胺发挥作用后，会被突触前膜上的多巴胺转运蛋白从突触间隙回收。服用可卡因后，可卡因会使多巴胺转运蛋白失去回收多巴胺的功能，于是多巴胺就留在突触间隙持续发挥作用，人体就会不断产生兴奋感。当可卡因药效失去后，机体正常的神经活动受到影响，服药者就必须服用可卡因来维持神经活动，于是形成恶性循环，毒瘾难戒。<br>所以，为了我们的身体健康，同学们一定要做到珍爱生命、拒绝毒品，并且呼吁周围的人都树立起健康生活的观念。<br>好的，这节课我们就上到这里，下课。 | 学生对毒品的作用机理产生兴趣，认真听讲。 | 通过介绍毒品的危害，帮助学生树立健康生活的观念，增强学生的社会责任意识。 |

（续上表）

| | |
|---|---|
| 板书设计 | 兴奋在神经元之间的传递<br><br>一、过程<br>二、特点：单向传递<br>信号变化：电信号→化学信号→电信号<br><br>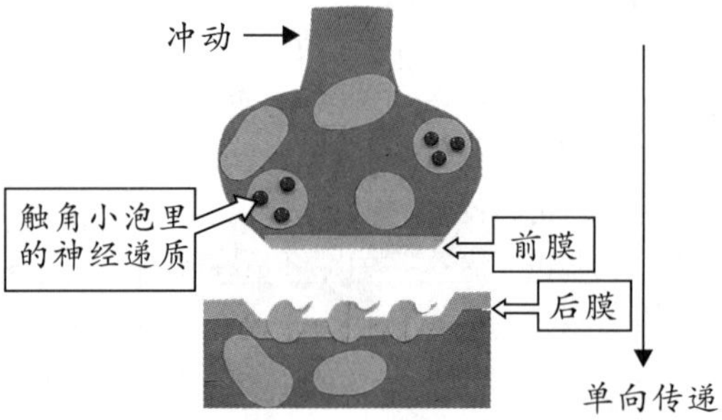 |
| 设计思路说明 | 本教学设计围绕生物学学科核心素养目标，基于“以学生为主”和“启发引导”的教学理念，采用讲解法、提问法和演示法等教学方法开展教学。兴奋在神经元之间的传递这一部分内容比较抽象，知识点记起来容易，但是理解起来不容易，需要教师的启发性引导和多媒体直观教学辅助。为了突出教学重点，我主要采用讲解法与提问法相结合，通过不断设疑、层层递进、问题串式的启发式提问激发学生的科学思维和学习兴趣，使学生更好地理解兴奋在神经元之间的传递过程、信号形式和特点。为了突破教学难点，我组织学生进行小组合作探究。学生结合导学案，利用教具演示兴奋在神经元之间的传递过程，将抽象的知识具体化、生动化，从而落实兴奋在两个神经元之间传递过程的重要概念。课堂最后联系现实生活，向学生介绍毒品的危害，增强学生珍爱生命、远离毒品的意识，提高社会责任感。<br>整个教学过程采用启发式引导，做到教学提问环环相扣，注重学生的学习体验，讲解科学，演示生动，重点突出，难点突破，较好地完成了教学目标。本教学设计合理、完整，能较好地实现核心素养教学目标。 |

## 课例评析

本教学设计围绕生物学学科核心素养目标，以探究式教学为主线，采用讲解法、提问法和演示法等教学方法开展教学。为了突破教学难点，教师组织学生进行小组合作探究。同时，教师采用自制教具和多媒体进行优化组合的教学手段，演示讲解兴奋在神经元之间的传递过程，将抽象的知识具体化、生动化，从而阐明兴奋在两个神经元之间传递过程的重要概念。板书设计图文并茂，新课讲授形象生动。课堂最后联系现实生活，介绍毒品的危害，增强学生珍爱生命、远离毒品的意识，提高社会责任感，较好地落实了社会责任目标。

整个教学过程做到：采用启发式引导，教学提问环环相扣，注重学生的学习体验，讲解科学，演示生动，重点突出，难点突破，较好地完成了教学目标。

（1）创新性。教学方法具有创新性。教师组织学生进行小组合作探究。教师采用自制教具和多媒体进行优化组合的教学手段，演示讲解兴奋在神经元之间的传递过程，将抽象的知识具体化、生动化。板书设计图文并茂，较好地突出和突破了教学重难点。

自制教具具有创新性。能够自制直观形象的彩色磁性贴板，演示讲解兴奋在神经元之间的传递过程。

（2）亮点。本教学的最大亮点是：教学过程以探究性教学为主线，能够用自制的彩色磁性贴板来直观形象阐明兴奋在两个神经元之间的传递过程，体现了以学生为主的探究性教学理念。另一个亮点是板书设计图文并茂和较好地落实了社会责任目标。

（本教学设计荣获2021年第九届广东省本科高校师范生教学技能大赛三等奖）

# DNA 的复制

李晓菲

## 教学设计

| 姓　名 | 李晓菲 | 学　校 | 嘉应学院 |
|---|---|---|---|
| 指导教师 | 刁俊明、温茹淑、潘望 | 重点展示技能类型 | 提问技能 |
| 片段题目 | DNA 的复制 | | |
| 教材分析 | 本教学设计选人教版《高中生物》必修二第三章第三节。本节课的主要内容是学习 DNA 复制的过程。这一课时，在联系 DNA 结构的基础上，进一步阐明 DNA 通过复制传递遗传信息的功能。学好这一课时，有利于学生对前面学习的“有丝分裂”等知识的巩固；也有利于学生对后面“基因突变”等内容的理解和掌握。 | | |
| 学情分析 | 本次课的授课对象为高一的学生，他们具备一定的思考与分析问题的能力，但是由于本 课时内容具有较高的抽象性，学生会感到困难，因此在教学中，我会通过启发式教学，设置相应的问题情境来激发学生的学习兴趣和进一步培养他们分析、归纳、概括能力。 | | |
| 学科内容学习目标 | （1）生命观念目标（素养一）：<br>学生通过小组合作探究，运用 DNA 平面结构模型教具完成 DNA 的复制，说明 DNA 复制的过程、场所和 DNA 复制的生物学意义。<br>（2）科学思维和科学探究目标（素养二、素养三）：<br>通过小组合作探究 DNA 复制的过程，引导学生分析、比较、推理、归纳，培养学生的科学思维和科学探究能力。<br>（3）社会责任目标（素养四）：<br>培养学生以科学的态度认识 DNA 复制的过程，形成尊重科学、热爱探究的科学观、价值观。 | | |
| 技能训练目标 | （1）提问的过程要符合科学性的要求，提问讲解时做到直观生动，要富有启发性和趣味性。<br>（2）提问要和讲解技能配合得当，善于启发引导观察，调动学生学习积极性。<br>（3）能根据教学任务和中学生的特点把各种技能应用于教学实践。 | | |
| 教学方法 | 讲解法、提问法、演示法和探究学习法。 | | |
| 教学重点 | DNA 复制的过程、条件和特点。 | | |
| 教学难点 | DNA 复制的过程。 | | |

（续上表）

<table>
<tr><th colspan="4">教学过程</th></tr>
<tr><th>时　间</th><th>教师行为</th><th>预设学生行为</th><th>教学设计意图</th></tr>
<tr><td>40 秒</td><td>一、导入新课<br>复习导入。<br>师：上节课我们主要讲述了关于 DNA 的复制的假说和实验证明，还一起制作了 DNA 双螺旋结构模型，大家还记得吗？那么：①在假说中 DNA 复制的方式是？②DNA 双螺旋解开的是什么？③DNA 复制的原则是？④那么科学家使用的技术方法除了密度梯度离心技术还有什么？<br>总结学生的回答之后，引出关于 DNA 复制的过程的课题。</td><td>学生回答：①半保留复制。②氢键。③碱基互补配对。④同位素标记法。</td><td>教师采用问题复习法提出上节课的内容，进行知识重点的复习，一方面，通过有针对性的复习为学生学习新知识做好铺垫；另一方面，在复习过程中提问，可激发学生的思维和学习积极性。</td></tr>
<tr><td>6 分钟</td><td>二、讲授新课<br>(1) 提出思考问题，引出 DNA 复制。<br>师：这节课我们就来学习 DNA 复制的具体内容，大家翻开课本第 55 页，阅读 DNA 复制的过程，并结合图 3 至图 10，思考一个问题：DNA 是如何进行复制的？<br>板书：<br><br>第三节　DNA 的复制<br>一、时间：<br>二、主要场所：<br>三、过程：<br>四、特点：<br><br>通过阅读和思考，大家有没有发现 DNA 是如何进行复制的呢？大家跟着老师一起来学习相关的内容吧！<br><br>在阅读了课本之后，提问：<br>①DNA 复制的概念是以什么为模板合成什么的过程？<br>②DNA 的复制是在什么时候进行的呢？<br>③DNA 复制的主要场所是在哪里呢？<br>板书：</td><td></td><td>设置问题情境，激发学生的科学思维和学习兴趣，吸引学生的注意力，训练学生的科学思维。（素养一、素养二）通过自主学习，学生可以用获得的知识和回忆过去所学的知识来解决新的问题。锻炼学生整理归纳知识的能力，达到透彻理解和掌握。（素养二、素养三）</td></tr>
</table>

（续上表）

| 教学过程 | | | |
| --- | --- | --- | --- |
| 时　间 | 教师行为 | 预设学生行为 | 教学设计意图 |
| | 第三节　DNA的复制<br>一、时间：间期<br>二、主要场所：细胞核<br>三、过程：<br>四、特点：<br><br>（2）学习DNA复制的过程。<br>师：现在我们知道了DNA复制的有关概念，那么接下来我们一起来学习DNA复制的具体过程。<br>①PPT播放视频。<br>一边播放视频一边解说DNA复制的具体过程：首先，在细胞所提供的能量的驱动下，DNA双螺旋被解旋酶打开；其次，以这两条单链分别作为模板，以游离的四种脱氧核苷酸为原料，在DNA聚合酶等酶的作用下，按照碱基互补配对原则，由5′到3′方向，合成与模板互补的子链，DNA边解旋边复制，两条子链在不断延伸的同时，与各自对应的模板链，盘旋成双螺旋结构，最后，形成了两条完全相同的DNA分子。在这个过程中，DNA复制经历了解旋、自我复制两个过程。<br>板书：<br><br>第三节　DNA的复制<br>一、时间：间期<br>二、主要场所：细胞核<br>三、过程：解旋、自我复制<br>四、特点：<br><br>②学生小组合作探究，完成DNA复制的过程。<br>师：看了视频大家都了解DNA复制的过程了。接下来请小组之间进行讨论：如果给你们这样的模型，你们会如何来演示DNA复制的流程，等会请一位小组代表来演示一下这个DNA片段复制之后会形成怎样的片段。（引导学生演示教具，最后展示结果）<br>③教师点评，引导学生讨论回答问题。<br>师：这位同学演示得对不对啊？（学生回答：对）很好，看来大家都学习得很不错了。<br>DNA要复制就需要解旋，提问：①解旋需不需要细胞提供能量啊？②解旋的话，DNA没有办法自己解旋，那么需要什么的作用呢？③在合 | 学生回答:①亲代DNA；子代DNA。②间期；间期。③细胞核。<br><br>学生认真观看视频并且听教师的讲解，从中获得DNA复制过程的模糊概念。<br><br>学生小组合作探究，完成DNA复制的过程。 | 首先通过一边播放视频一边解说DNA复制的具体过程，让学生了解DNA复制过程。<br><br>然后组织学生小组合作探究，如何运用DNA平面结构模型教具完成DNA的复制。<br>接着小组代表上台演示探究成果。<br>最后教师点评学生活动成果，启发引导学生讨论，归纳总结出DNA复制的过程和特点，使整个DNA复制的过程直观清晰，让学生能够更加直观、形象地认识DNA复制的过程，得出结论。 |

（续上表）

| 教学过程 | | | |
|---|---|---|---|
| 时　间 | 教师行为 | 预设学生行为 | 教学设计意图 |
| | 成子链中，需要什么作为原料呢？④这一步所需要的酶是什么呢？⑤每条新链与其对应的模板链盘绕成什么结构呢？<br>DNA 复制的结果就是形成两个完全一样的 DNA 分子。再来看一下 DNA 复制的特点，我们这节课学习了边解旋边复制，边解旋边复制可以使复制过程明显加快。<br>上节课我们学习了半保留复制，半保留复制的意义是使 DNA 复制准确完成。<br>板书：<br>第三节　DNA 的复制<br>一、时间：间期<br>二、主要场所：细胞核<br>三、过程：解旋、自我复制<br>四、特点：边解旋边复制、半保留复制<br>师：我们前面学习过，DNA 上含有遗传信息，那么 DNA 的复制就可以将遗传信息从亲代细胞传给子代细胞，保持了遗传信息的连续性。 | 学生讨论回答问题：①需要。②解旋酶。③四种脱氧核苷酸。④DNA 聚合酶。⑤双螺旋结构。 | |
| 50 秒 | **三、归纳总结**<br>将整节课学习的内容总结为“2234”，帮助学习理解和记忆本节课所学的内容。 | | 采用巧记内容，总结以上所学的知识，加深印象，得出结论。（素养一）<br>布置课后作业，传统的作业帮助学生巩固知识点，再用思考题的方式发散学生的思维，起到巩固本节课知识，为下节课做铺垫。 |

（续上表）

<table>
<tr><th colspan="4">教学过程</th></tr>
<tr><th>时　间</th><th>教师行为</th><th>预设学生行为</th><th>教学设计意图</th></tr>
<tr><td>10 秒</td><td>**四、课后习题**<br>师：我们今天学习了 DNA 复制的相关内容，请同学们在课后完成第 56 页的概念检测，再思考一个问题：DNA 和基因有什么关系？请同学们在课后认真练习，我们下节课再一起进行探讨，同学们下课，谢谢。<br>板书设计：<br><br>第三节　DNA 的复制<br>一、时间：间期<br>二、主要场所：细胞核<br>三、过程：解旋、自我复制<br>四、特点：边解旋边复制、半保留复制</td><td></td><td>设计板书，简洁明了、过程清晰、重点突出，体现教学重难点。</td></tr>
<tr><td>设计思路说明</td><td colspan="3">本教学设计围绕生物学学科核心素养目标，基于“以学生为主”和“启发引导”的教学理念，采用提问法和讲解法等教学方法开展教学。本节课最大的亮点是将课堂教学和书本知识有机地结合起来，在“探究 DNA 复制过程”这部分教学内容处理上。首先让学生小组合作探究，运用 DNA 平面结构模型教具思考如何进行 DNA 复制。接着小组代表上台演示完成 DNA 的复制。最后教师点评学生活动成果，启发引导学生讨论，以归纳总结出 DNA 复制的过程和特点的方式进行。这种直观的方式化难为易，化繁为简，变抽象为具体，更好地突出和突破了本节课的教学重难点“DNA 复制过程”，学生通过科学探究的过程，享受了科学探究的乐趣。同时，借助多媒体素材，有利于学生对 DNA 分子复制过程的特点有更直观形象的认识，并对 DNA 复制的过程有了更深刻的理解。<br>本教学设计合理、完整，能较好地实现核心素养教学目标。整个教学过程做到：以学生为主，教学提问环环相扣，问题讲解直观生动，重点突出，难点突破，较好地完成了教学目标。</td></tr>
</table>

## 课例评析

本教学设计围绕生物学学科核心素养目标，以探究式教学为主线，采用提问法和讲解法等教学方法开展教学。为了突破教学重难点，教师首先组织学生小组合作探究，运用 DNA 平面结构模型教具思考如何进行 DNA 复制。接着小组代表上台演示完成 DNA 的复制。最后教师点评学生活动成果，启发引导学生讨论，归纳总结出 DNA 复制的过程和特点。教师采用自制教具和多媒体进行优化组合的教学手段，将抽象的知识具体化、生动化，使学生对 DNA 分子复制的过程和特点有更直观形象的认识。新课讲授形象生动。在课堂的总结环节采用巧记方式，将学习的内容总结为“2234”，帮助学生理解和记忆本节课所学的内容。整个教学过程做到：以学生为主，教学提问环环相扣，问题讲解直观生动，重点突出，难点突破，较好地完成了教学目标。

（1）创新性。教学方法具有创新性。以探究式教学为主线，采用提问法和讲解法等教学方法开展教学。教师采用自制教具和多媒体进行优化组合的教学手段，将抽象的 DNA 分子复制的过程和特点具体化、生动化，较好地突出和突破了教学重难点。

自制教具具有创新性。能够自制直观形象的 DNA 平面结构模型贴板，演示讲解 DNA 分子复制的过程。

（2）亮点。本教学的最大亮点是：教师首先组织学生小组合作探究，运用 DNA 平面结构模型教具思考如何进行 DNA 复制。接着小组代表上台演示完成 DNA 的复制。最后教师点评学生活动成果，启发引导学生讨论，归纳总结出 DNA 复制的过程和特点。这体现了以学生为主体的新教育教学理念。还有一个亮点是在课堂的总结环节采用巧记方式，将学习的内容总结为“2234”，帮助学生理解和记忆本节课所学的内容。

（本教学设计荣获 2021 年第九届广东省本科高校师范生教学技能大赛三等奖）

# 温度对酶活性的影响

谭剑峰

## 教学设计

| 姓　名 | 谭剑峰 | 学　校 | 嘉应学院 |
|---|---|---|---|
| 指导教师 | 刁俊明、刁嘉程、温茹淑 | 重点展示技能类型 | 演示技能 |
| 片段题目 | 探究温度对酶活性的影响 | | |
| 教材分析 | 本课例选自人教版《高中生物》必修一第五章第一节“降低化学反应的活化能”，通过探究温度对酶活性的影响实验，对刚学过的“酶的作用和本质”知识做延续和进一步理解，也是学生以后学习影响光合作用和呼吸作用因素的基础，起到了承上启下的作用。 | | |
| 学情分析 | 高一的学生求知欲比较强。他们在前面已经学习了酶在细胞代谢中的作用，酶的化学本质、高效性和专一性，并且做过“检测生物组织中的糖类、脂肪、蛋白质”和“比较过氧化氢在不同的条件下的分解”两个实验，对操作探究实验有一定的基础，但是自主探究能力还比较弱，需要教师进行有效的指导和帮助。 | | |
| 学科内容学习目标 | （1）生命观念目标：<br>通过学生自主参与探究实验，观察分析实验结果，说出不同温度对胃蛋白酶活性的影响。<br>（2）科学思维目标：<br>通过学生自主参与探究实验，养成实事求是的科学态度。<br>（3）科学探究目标：<br>通过设计实验，发展科学探究、观察分析的能力。<br>（4）社会责任目标：<br>通过学生自主参与探究实验，形成尊重科学成果的态度。 | | |
| 技能训练目标 | （1）课堂演示做到及时、准确，形象、直观。<br>（2）直观演示温度对酶活性的影响，突出教学重点和突破教学难点。<br>（3）演示与提问、讲解技能配合得当，运用提问技能创设实验，善于启发引导观察，调动学生积极思维，从而突破教学难点，达成教学目标。<br>（4）能根据教学任务和中学生的特点把各种技能应用于教学实践。 | | |
| 教学方法 | 讲解法、提问法、演示法和实验探究学习法。 | | |
| 教学重点 | 尝试探究温度对酶活性的影响。 | | |
| 教学难点 | 探究温度对酶活性的影响的实验设计和分析。 | | |

（续上表）

<table>
<tr><th colspan="4">教学过程</th></tr>
<tr><th>时　间</th><th>教师行为</th><th>预设学生行为</th><th>教学设计意图</th></tr>
<tr><td>30 秒</td><td>一、创设情境，导入新课<br>师：生活中，我们都有洗衣服的经历，你们知道用温水和冷水洗衣服有什么区别吗？为什么加酶洗衣粉用温水洗效果更好呢？今天我们来看一下这袋加酶洗衣粉的主要成分（展示加酶洗衣粉），发现里面有生物酶。经过查阅资料发现，这种生物酶含有一种叫“蛋白酶”的物质，它起了重要作用（展示蛋白酶图片）。本节课我们一起来学习：探究温度对酶活性的影响实验。请同学们认真思考这个问题。<br><br><br><br><br>图 1　洗衣粉　　　图 2　蛋白酶<br>提问：不同温度对酶的活性有什么影响？请学生说说他们的猜想是怎样的？</td><td>学生带着好奇心进入探究实验课堂。<br><br>学生认真思考并猜想：酶在温和的条件下活性最高。</td><td>运用熟悉的生活情境入手，引导学生思考可能影响生物酶活性的条件，从而激发学生进行探究实验的兴趣。<br>明确探究的课题。<br>鼓励学生大胆猜想，为后面引入探究实验做好充分的准备。</td></tr>
<tr><td>1 分<br>30 秒</td><td>二、实验前的启发性引导<br>师：为了更好地开展实验，我们从三个问题进行实验前的探讨：<br>问题一：下面选择哪一种作为探究实验的材料？（　　）<br>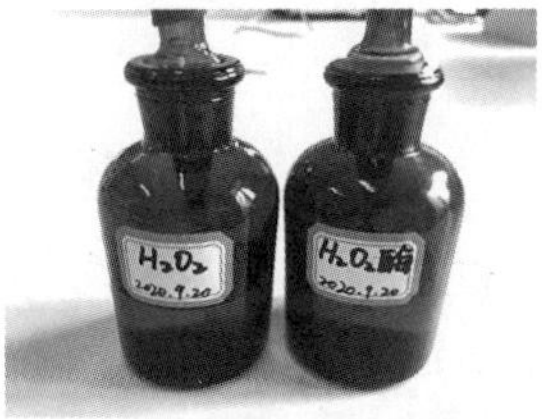<br>A. 过氧化氢酶溶液 + 过氧化氢溶液<br><br></td><td>学生回答：B。</td><td>明确实验材料，考察学生对理论知识的掌握。再次提高学生对实验探究的兴趣，并起铺垫的作用。</td></tr>
</table>

（续上表）

| 教学过程 | | | |
|---|---|---|---|
| 时　间 | 教师行为 | 预设学生行为 | 教学设计意图 |
| | B. 胃蛋白酶溶液＋浑浊的蛋白质溶液（浑浊的蛋白质溶液是用鸡蛋清在热水中提取的，里面乳白色的成分就是蛋白质。俗称鸡蛋花溶液）<br>（展示蛋白质溶液）<br>首先，确定实验材料。<br>板书：<br>1. 实验材料：胃蛋白酶溶液＋蛋白质溶液<br>问题二：你将设定哪几个温度值？怎样控制？（　　）<br>A. 0 ℃、约 95 ℃热水；酒精灯加热<br>B. 0 ℃、温水、约 95 ℃热水；水浴<br>提示：酒精灯加热难以把握温度，水浴容易掌控。<br><br>其次，明确实验条件。<br>板书：<br>2. 实验条件：温度设置：0 ℃、温水、约 95 ℃热水<br>问题三：设计这实验最关键的一步是什么？<br>胃蛋白酶与蛋白质溶液在反应前用相同________水浴处理，蛋白质在胃内进行初步消化，因此实验应在（酸、碱）性的条件下进行。<br>提示：控制自变量——温度。 | 学生学习兴趣十足。<br>学生回答：B。 | 不断设疑，引导学生减少对实验的盲目性，树立自信。<br>控制实验外其他不确定因素，培养学生严谨的科学思维。 |
| 5 分钟 | **三、动手设计，探究实验**<br>（1）小组讨论，设计方案。<br>师：看来同学们都预习得很好，请同学们根据实验材料，分小组讨论并设计实验方案。 | 学生小组讨论激烈，兴趣十足，纷纷想尝试探索。 | 激发学生动手设计和操作实验的兴趣。 |

（续上表）

| 教学过程 | | | |
|---|---|---|---|
| 时　间 | 教师行为 | 预设学生行为 | 教学设计意图 |
| | 实验用品材料：试管若干支、3个烧杯、标签、量筒、滴管、温度计、试管架、试管夹、0 ℃冰水、约37 ℃的温水、约95 ℃的热水、浑浊的蛋白质溶液、呈酸性的胃蛋白酶溶液。<br>（2）展开实验探究。<br>第一小组设计的实验方案：<br>步骤一：取6支试管，分别标号1、2、3、4、5、6。<br>步骤二：向1～3号试管加入2 mL的呈酸性的胃蛋白酶溶液，向4～6号试管加入4 mL浑浊的蛋白质溶液。<br>步骤一和二，教师已经提前准备，请第一组派两个学生代表上台和老师共同操作演示。<br>步骤三：将1号和4号试管放入0 ℃冰水中，2号和5号试管放入约37 ℃温水中，3号和6号试管放入约95 ℃的热水中，同时水浴约1分钟。<br>师：听老师指令，当老师喊“一二三，放”大家同时将试管放进对应的烧杯里进行水浴。 | 两位学生上台动手操作并演示实验步骤三和步骤四。 | 学生通过体验实验过程，加强实验操作能力，培养学生自主探索实验，促进学生学科核心素养的发展。 |
| | 关于水浴时间的长短，学生提出疑问：我们知道这次探究实验的自变量是温度，因变量是什么呢？蛋白质在具有活性胃蛋白酶作用下，由不溶于水的大分子肽类物质分解成可溶于水的小分子氨基酸，蛋白质水解速度越快，溶液变澄清就越明显。所以，因变量是蛋白质溶液的浓度变化。<br>步骤四：将蛋白质溶液分别转移到对应的酸性胃蛋白酶溶液中，并且要在水浴的条件下进行，稍后取出试管观察并记录变化。 | 学生思考。 | 引导学生分析问题，明确自变量和因变量。 |
| | 继续水浴，提出猜想：这些蛋白质溶液会不会被分解变澄清了呢？<br>提问：请同学们认真观察，哪一支试管溶液变澄清最明显？哪一支试管依然浑浊？ | 学生回答：有的会，有的不会。 | 胃蛋白酶继续在水浴中进行，培养学生对实验操作的严谨科学态度。 |

（续上表）

| 教学过程 | | | |
|---|---|---|---|
| 时　间 | 教师行为 | 预设学生行为 | 教学设计意图 |
| | 板书：<br>③实验结果。<br><br>0 ℃浑浊　温水澄清　约95 ℃浑浊<br>师：由1号和3号试管得知，在高温和低温的条件下，胃蛋白酶活性受到抑制，蛋白质不被分解，溶液依然浑浊。2号试管在温水的条件下，蛋白质水解速度最快，溶液变澄清最明显，胃蛋白酶的活性最高。因此，我们的猜想——酶在温和的条件下活性最高——是正确的。 | 学生认真观察并说出，2号试管溶液变澄清最明显，1号和3号试管依然浑浊。 | 通过实验结果的观察和分析，发展学生观察现象和分析处理问题的能力，同时验证猜想。 |
| 30 秒 | **四、实验总结**<br>酶在高温或者低温的条件下，其活性受到抑制；在温和的条件下，活性最高。<br>板书：<br>4. 实验结论：酶在温和的条件下活性最高<br>**随堂练习：填空题**<br>在这次探究温度对酶活性的影响的实验中，自变量是______，因变量是____________。<br>**五、布置课后任务**<br>将1号和3号试管重新放回温水中，会出现什么现象，说明了什么？ | 学生齐读实验结论。<br>学生回答：温度；蛋白质溶液的浓度变化。<br>学生思考，希望进一步探索。 | 归纳总结本节课的学习内容，通过学生齐读实验结论来加深学生的记忆。<br>采用填空练习的方式，由实践再回到理论，提高学生解决问题的能力。提出继续探索的问题作为课后任务，培养学生探索不息的科学态度。 |

（续上表）

| | |
|---|---|
| 板书设计 | 探究温度对酶活性的影响<br>1. 实验材料：胃蛋白酶溶液＋蛋白质溶液<br>2. 实验条件：温度设置：0 ℃、温水、约 95 ℃ 热水<br>3. 实验结果：<br><br>0 ℃ 浑浊　温水澄清　约 95 ℃ 浑浊<br>4. 实验结论：酶在温和条件下活性最高 |
| 设计思路说明 | 本教学设计围绕生物学学科核心素养目标，以探究式教学为主线，为了突出重点、突破难点，完成教学目标，我采用启发式教学和问题引导等方式，启发学生设计实验，合作动手参与探究，直观演示温度对酶活性的影响。<br>首先创设导入情境，利用实物加酶洗衣粉和蛋白酶引出本次课题：不同的温度对酶的活性有什么影响。接着设置三个实验前的探究问题，展示创新所用的实验材料、控制反应条件以及影响实验最关键的一步。学生经过思考，就能了解实验设计的大致框架。演示结合提问和讲解技能，使教学难点实验设计得到突破。在动手探究的过程中，请两位学生代表上台和教师一起操作演示实验，并提出两个疑问。在此过程中，除了要有指导性的语言配合，还要注意操作的精确性和教育性，演示与提问、讲解技能配合得当，展示实验结果也要面向全班，善于启发引导学生，直观演示实验现象并用分析来验证猜想，从而突出重点和突破难点，达成教学目标。探索完本次实验后，完成一道填空题，并提出在实验中需要继续探索的问题作为课后思考题，鼓励学生课后积极思考，养成探索不息的科学态度。 |



## 课例评析

本教学设计围绕生物学学科核心素养目标，以探究式教学为主线，采用演示法、提问法以及小组讨论法的形式，逐步引导学生自主学习和探究学习。首先创设生活情境，激发学生探究实验的兴趣，明确探究问题，导课新颖。在实验之前，通过设置三个引导性问题，减少学生在探究实验过程中的盲目性。然后，分小组讨论并设计方案，接着根据实验设计，学生动手展开实验探究，观察实验现象并分析得出结论。引导学生自主地去发现知识、获得知识、掌握知识，体现了以学生为主的新教育教学理念，培养了学生的科学思维和科学探究能力。板书设计图文并茂，简洁明了，重点突出。新课讲授形象生动。采用随堂练习检测和提出在实验中需要继续探索的问题作为课后思考题，进一步提高学生的学习兴趣，培养学生的创新精神以及探索不息的科学态度。这样的结课既合理又有回味，较好地实现了社会责任目标。

整个教学过程做到：采用启发式引导，注重学生动手展开实验探究，讲解科学，演示生动，重点突出，难点突破，较好地完成了教学目标。

（1）创新性。教学方法具有创新性。教师组织学生进行小组合作探究。学生在教师的引导下动手参与探究实验，观察分析实验结果，得出结论，有利于促进学生学科核心素养的发展。板书设计图文并茂，较好地突出和突破了教学重难点。

选用实验材料具有创新性。在选用实验材料上大胆创新，更换教材原实验材料。原教材使用淀粉与淀粉酶溶液，所需的反应时间比较长。而从鸡蛋清中提取的蛋白质溶液在胃蛋白酶的作用下，实验时间大大缩短，现象更明显、直观。

（2）亮点。本教学的最大亮点是：教学过程以探究性教学为主线，学生在教师的引导下动手参与探究实验，观察分析实验结果，得出结论。选用实验材料具有创新性。实验时间大大缩短，现象更明显、直观。教学设计体现了以学生为主的探究性教学理念。另一个亮点是板书设计图文并茂，较好地突出和突破了教学重难点。

（本教学设计荣获2020年第八届广东省本科高校师范生教学技能大赛二等奖）

# 生长素作用的两重性

吴彩燕

## 教学设计

| 姓　名 | 吴彩燕 | 学　校 | 嘉应学院 |
| --- | --- | --- | --- |
| 指导教师 | 刁俊明、刘惠娜 | 重点展示技能类型 | 提问技能 |
| 片段题目 | 生长素作用的两重性 | | |
| 教材分析 | 本课例选自人教版《高中生物》必修三第三章第二节，是继“生长素的发现”之后阐述生长素作用以及应用的关键一节，与生活实际联系密切，且在高考试题中多次出现，所以在教材中占据十分重要的地位。 | | |
| 学情分析 | 本课例针对的是高中阶段的学生，他们具备一定的自学能力、观察能力及逻辑思维能力，且在学习本片段之前，学生已经知道什么是植物激素，理解了植物产生向光性的原因以及生长素的产生、极性运输和分布的特点，为本节课的学习奠定了基础。 | | |
| 学科内容学习目标 | （1）生命观念目标（素养一）：<br>学生通过对图的分析，得出生长素作用具有两重性的结论。描述植物顶端优势的现象、原因和解除方法。<br>（2）科学思维和科学探究目标（素养二、素养三）：<br>学生通过讨论问题探讨，相互交流，得出生长素生理作用的特点——两重性。学生通过观察枝条，小组讨论得出顶端优势产生的原因。培养学生观察分析和科学探究的能力。<br>（3）社会责任目标（素养四）：<br>通过对本节课的学习，联想生长素作用的两重性在生活中的实际应用。 | | |
| 技能训练目标 | （1）提问的主题明确，与课题内容联系密切。<br>（2）提问有层次，循序渐进，问题难度适合学生认知水平，有利于学生发展思维。<br>（3）提问能把握时机，促使学生思考，对学生的回答善于应变及引导。<br>（4）提问后稍有停顿，给予思考时间。 | | |
| 教学方法 | 讲解法、提问法、演示法和探究学习法。 | | |
| 教学重点 | 生长素作用的两重性。 | | |
| 教学难点 | 植物顶端优势产生的原因。 | | |

（续上表）

| 教学过程 | | | |
|---|---|---|---|
| 时　间 | 教师行为 | 预设学生行为 | 教学设计意图 |
| 50 秒 | **一、导入新课**<br>本节课采用“原有知识导入法”和“情境导入法”导入新课。<br>师：上节课我们主要讲述了植物的向光性，导致这一现象的原因是什么？在达尔文的胚芽鞘实验中，我们可以看出生长素对植物的生长具有什么作用？<br>提问：运用引导式语言带领学生进行概括性复习。通过生长素具有促进生长作用提出“生长素一定能促进生长吗”这一问题，导入新课。 | 学生回顾旧知识，在教师的引导下进行思考、回答、总结原有知识。<br>学生回答：生长素分布不均匀；促进。 | 复习旧知，导入新课，设置问题情境，吸引学生注意力。 |
| 5 分<br>30 秒 | **二、讲授新课**<br>环节一：引出生长素作用的两重性。<br>师：生长素一定能促进生长吗？请同学们翻开教材第 50 页，花 30 秒时间思考“问题探讨”中的两个问题。<br>（1）对于不同的器官来说，生长素促进生长的最适浓度相同吗？<br>（2）对于同一器官来说，生长素的作用与浓度有什么关系？<br>学生经过思考分析第一个问题，得出对于不同的器官来说，生长素促进生长的最适浓度不同的结论。<br>针对第二个问题，学生认为对于同一个器官来说，生长素的作用与浓度有促进关系。为了便于分析，教师单独把这条曲线分离出来，并标上了字母，请学生认真观察这个新的坐标图，思考右边的问题，随着生长素浓度的改变，各个曲线段各代表了对根具有怎样的生长效应呢？（PPT 展示根与生长素浓度所起作用的关系坐标图）<br>师：首先第 1 个问题，曲线 *AB* 段表示随着生长素浓度的升高，对根生长的<u>促进</u>作用加强。第 2 个问题，*B* 点的生长素浓度表示<u>促进根生长的最适浓度</u>。第 3 个问题，这位同学你来。很好，第 4 个问题，哪位同学想好了？*BC* 段表示<u>随生长素浓度升高</u>，对根生长的<u>促进作用减弱</u>。好的，你来。我们一起来回答最后一个问题，*CD* 段表示<u>随生长素浓度升高</u>，对根生长的<u>抑制作用增强</u>。 | 带着问题，认真阅读，分析图表，思考问题。<br>回答问题：不同。 | 组织学生阅读课本并讨论其中的问题。学生通过讨论问题，相互交流，得出生长素生理作用具有两重性的结论。培养学生观察分析和科学探究的能力。（素养二、素养三）<br><br>引出生长素生理作用的两重性。（素养一） |

（续上表）

| 教学过程 | | | |
|---|---|---|---|
| 时　间 | 教师行为 | 预设学生行为 | 教学设计意图 |
| 5分<br>30秒 | 师：通过以上分析，可以发现生长素对同一器官的影响在一定范围内是促进生长的，超过这个范围则抑制生长。在生物学中，这种现象叫做生长素作用的两重性。下面请同学们大声地朗读生长素两重性的表现。<br>板书：<br>1. 表现：促进，抑制<br>PPT展示：生长素作用两重性的表现：既能促进生长，也能抑制生长；既能促进发芽，也能抑制发芽；既能防止落花落果，也能疏花疏果。<br>环节二：实例分析：顶端优势。<br>师：在生活中有何生理现象能证明生长素既能促进生长又能抑制生长吗？请同学们认真观察PPT中校园一角图以及老师所提供的实物枝条（每组一根），它们有什么共同特点吗？<br>PPT展示宝塔形树冠图和给出枝条实物。<br>师：从整体外形来看它们并不都是一直往上生长的，我们可以看到顶芽、侧芽。我们可以发现植物的顶芽优先生长，而侧芽生长受抑制，这种现象叫作顶端优势。<br>根据上节课学习的生长素的运输方向以及刚才的知识点，让学生在小组间讨论顶端优势产生的原因，并请小组代表回答。<br>师：哪个小组讨论出结果了？好的，你来。这位同学回答得正不正确，一起来分析看看。首先，我们的生长素产生在顶芽，顶芽产生的生长素通过运输，形态学上端运输到形态学下端，结果枝条上部的侧芽附近生长素浓度较高，侧芽的发育受到抑制，顶芽优先生长，植株因而表现出顶端优势。<br>提问：有什么方法能解除顶端优势吗？去掉顶芽。 | 学生朗读。<br>学生思考，观察。<br>小组根据植物枝条讨论顶端优势产生的原因：顶芽产生的生长素向下运输，大量累积在侧芽部位，使侧芽的生长受到抑制。<br>学生回答：顶芽，侧芽；极性运输；去掉顶芽。 | 与生活联系，结合直观实物，引出顶端优势。引导学生分析顶端优势产生的原因，突破教学难点。 |
| 30秒 | **三、课堂练习**<br>（1）可以证明生长素两重性的实例是（　　）。<br>A. 植物的向光性 | 学生思考，进行选择练习。<br>学生回答：B。 | 采用练习法，巩固本节课的知识点。 |

（续上表）

| 教学过程 | | | |
|---|---|---|---|
| 时　间 | 教师行为 | 预设学生行为 | 教学设计意图 |
| 30 秒 | B. 顶端优势<br>C. 生长素集中在生长旺盛的部位<br>D. 生长素促进扦插枝条生根<br>（2）关于生长素两重性，在我们的生活中有很多这样的例子，请同学们课后了解顶端优势在农业生产中的应用。 | 学生思考。 | 联系生产实际应用生物学知识。（素养四） |
| 板书设计 | 生长素作用的两重性<br>1. 表现：促进，抑制<br>2. 实例：顶端优势 | | |
| 设计思路说明 | 本设计围绕生物学学科核心素养目标，基于“以学生为主”和“启发引导”的教学理念，采用提问法和启发式等教学方法。首先从解答思考题入手，回顾上节所学内容，得出相应的结论：植物生长素具有促进生长的作用。接着展示“问题探讨”的曲线图，对照曲线图解答教师给出的一系列问题，由此得出“生长素作用两重性的表现”，由此完成本课例的教学重点。紧接着通过 PPT 展示宝塔性树冠图和给出枝条实物，引导学生根据生长素的两重性分析其中的原理，以此来突破本课的教学难点。最后以一道简单的选择题，进行巩固和强化知识，同时鼓励学生关注生活，在课后尝试解释生产生活中的生物知识。本教学设计合理、完整，能较好地实现核心素养教学目标。整个教学过程重点突出，难点突破，较好地完成了教学目标。 | | |

## 课例评析

本教学设计围绕生物学学科核心素养目标，以探究式教学为主线，采用提问法和启发式等教学方法展开教学。首先采用“原有知识导入法”和“情境导入法”导入新课，导课新颖。接着组织学生阅读课本并讨论其中的问题。学生通过讨论问题，相互交流，得出“生长素生理作用两重性的表现”，培养学生观察分析和科学探究的能力，紧接着通过 PPT 展示宝塔性树冠图和给出枝条实物，引导学生根据生长素的两重性分析其中的原理，以此来突破本片段的教学难点。板书设计简洁明了，重点突出，新课讲授形象生动。布置课后习题，巩固和强化知识，同时鼓励学生关注生活，在课后尝试解释生产生活中的生物知识。这样的结课既合理又耐人寻味，较好地实现了社会责任目标。

整个教学过程做到了采用启发式引导，组织学生开展讨论问题，观察分析图、表和枝条实物的探究性学习，讲解科学，演示直观生动，重点突出，难点突破，较好地完成了教学目标。

（1）创新性。教学方法具有创新性。教师组织学生开展讨论问题，观察分析图、表和枝条实物的探究性学习，得出生长素生理作用具有两重性的结论，较好地突出和突破了教学重难点。

教具具有创新性。能够通过 PPT 展示宝塔性树冠图和给出枝条实物，直观形象，有助于学生理解生长素生理作用的两重性。

（2）亮点。本教学的最大亮点是：组织学生开展讨论问题，观察分析图、表和枝条实物的探究性学习，讲解科学，演示直观生动，体现了以学生为主的探究性教学理念。

（本教学设计荣获 2019 年第七届广东省本科高校师范生教学技能大赛三等奖和 2019 年“华文杯”全国生物教学技能大赛二等奖）

# 血糖平衡的调节

戴慧玲　周颖娉

## 教学设计

| 姓　名 | 戴慧玲、周颖娉 | 学　校 | 嘉应学院 |
|---|---|---|---|
| 指导教师 | 温茹淑、刁俊明、刘惠娜 | 重点展示技能类型 | 讲解技能、提问技能 |
| 片段题目 | 血糖平衡的调节 | | |
| 教材分析 | 本课选自人教版《高中生物》选修一第三章第一节。血糖平衡的调节是生命活动的一类重要调节形式，是维持内环境稳态的重要机制，内容较为抽象。 | | |
| 学情分析 | 高二学生具备一定的分析和总结能力。但是人体内血糖调节的过程十分复杂。教材中的模型不能很好地体现激素调节的具体过程，因此我对教材上模型构建的材料和步骤进行了改进，引导学生开展构建血糖平衡的模型活动，将构建物理模型与概念模型相结合，化抽象为具体，帮助学生更加生动形象的了解血糖平衡的调节。 | | |
| 学科内容学习目标 | （1）生命观念目标（素养一）：<br>说出血糖的来源和去向，阐明血糖平衡的调节过程。<br>（2）科学思维和科学探究目标（素养二、素养三）：<br>对激素的实例分析，养成分析问题、解决问题的能力；通过模型构建，增强学生动手操作能力和合作学习的能力。<br>（3）社会责任目标（素养四）：<br>明白血糖平衡的重要性，关注糖尿病的病因和预防方法，养成良好的饮食习惯，形成健康的生命观念。 | | |
| 技能训练目标 | （1）结合生活中的例子，教师用准确和生动的教学语言引导学生推理得出血糖的来源和去处。注意语言技能的运用，如语速适当，语音清晰等。<br>（2）通过图形深入浅出的讲解胰岛素和胰高血糖素的作用，在讲解中要对难点和重点加以提示和停顿。<br>（3）应用启发性的语言引导学生动手构建模型，提高学生的主观能动性。<br>（4）提问有层次，循序渐进，问题难度适合学生认知水平，有利于学生发展思维。 | | |
| 教学方法 | 讲解法、提问法、演示法和探究学习法。 | | |
| 教学重点 | 血糖平衡的调节。 | | |
| 教学难点 | 血糖平衡调节的过程及模型构建。 | | |

（续上表）

| 教学过程 | | | |
|---|---|---|---|
| 时　间 | 教师行为 | 预设学生行为 | 教学设计意图 |
| 1 分钟 | **一、导入新课**<br>联系生活，用多媒体播放《新闻大求真——糖尿病》，总结出糖尿病的症状，提出以下问题：哪些激素与糖尿病的形成有关？导入胰岛素和胰高血糖素。 | 学生带着问题观看视频，并回答出糖尿病的病症和有关激素。 | 创设问题情境，激发学生的探究欲望，自然导入新课。 |
| 6 分钟 | **二、讲授新课**<br>问题导学。<br>环节一：启发式讲解胰岛素和胰高血糖素存在的位置及功能。<br>PPT 展示图片：胰岛 A 细胞和 B 细胞以及它们分泌的激素。<br>引导学生观察图片，并提问：根据生活经验，胰高血糖素的作用是什么呀？<br>你能猜测胰岛素的作用是什么吗？<br>环节二：建立血糖平衡的模型。<br>（1）构建餐后血糖来源和去路的概念模型。<br>提问：餐后血糖为什么会升高（来源）？机体如何使升高的血糖下降到正常水平（去路）？<br>启发式讲解此时胰岛素和胰高血糖素的含量发生怎样的变化。<br>师生共同完善餐后血糖的来源和去向的概念图。<br>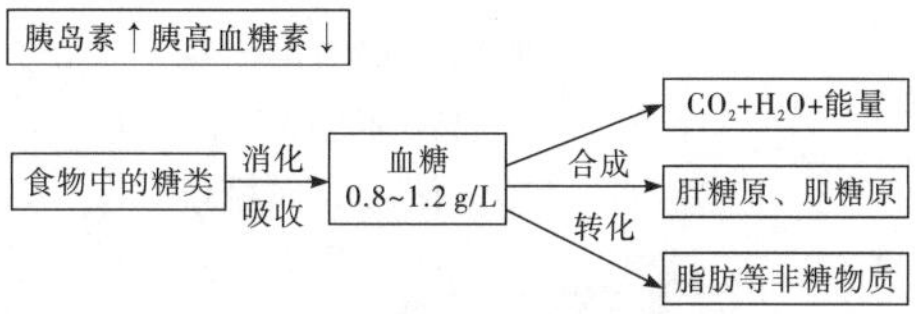<br>**图 1　餐后血糖的来源和去向图** | 学生观看图片，根据课前预习和生活经验回答问题。升高血糖，降低血糖。<br>学生根据教师的问题引导积极思考，并结合前面所学的知识完成餐后血糖的来源和去路图。<br>学生动手模拟餐后血糖平衡的动态过程，并上台展示。<br>师：稳态的时候，人体血糖含量维持在 0.9 g/L 左右。胰岛素含量在 120 ng/L 左右，胰高血糖素的含量维持在 90 ng/L 左右。<br>生：将一张大糖卡放在“血糖”处，模拟血糖含量在正常范围内。一张大胰岛卡和三张胰高血糖卡分别放 | 通过图文并茂的知识讲解学习，学生对胰岛素和胰高血糖素有了初步了解。<br>学生动手初步构建餐后血糖的来源和去向的概念图，深刻理解血糖的来源和去路为接下来构建血糖平衡的调节过程奠定了坚实的基础，培养学生动手操作能力的同时，充分发挥了学生的主体地位。 |

（续上表）

| 教学过程 | | | |
| --- | --- | --- | --- |
| 时　间 | 教师行为 | 预设学生行为 | 教学设计意图 |
| 6分钟 | （2）构建餐后血糖调节的动态物理模型图。<br>教具准备：大糖卡一张（0.9 g/L的葡萄糖），小糖卡三张（0.1 g/L的葡萄糖），大胰岛素卡一张（120 ng/L的胰岛素），小胰岛卡（30 ng/L的胰岛素），胰高血糖素卡三张（30 ng/L的胰高血糖素），糖原一张，脂肪一张。<br>介绍构建模型的材料并请学生根据资料分析，小组讨论，动手模拟餐后糖变化的动态过程。最后请一位学生在黑板上的概念图中的模型模拟演示调节过程。<br>（3）构建运动时血糖来源和去路的概念模型。<br>提问：运动时血糖为什么会下降（去路）？机体如何使下降的血糖回到正常水平（来源）？<br>启发式讲解：此时，胰岛素和胰高血糖素的含量应发生怎样的变化？<br>师生共同完善运动时血糖来源和去路的概念模型。<br>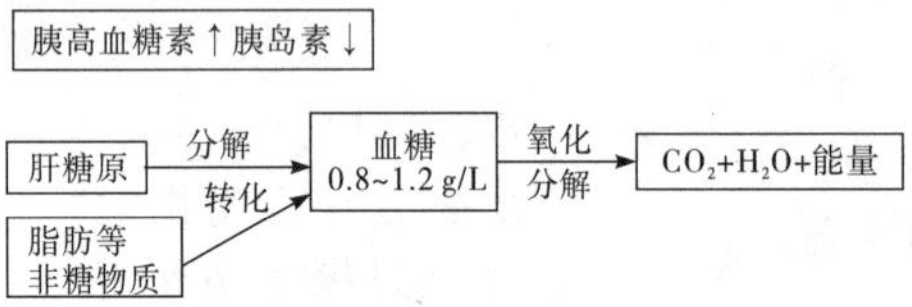<br><br>**图2　运动时血糖的来源和去路图**<br>教师以启发式讲解马拉松运动员的血糖平衡变化。 | 在“胰岛素”和“胰高血糖素”处，模拟激素处于正常水平（胰岛素的含量比胰高血糖素的含量略高）。<br>师：人体进食后，食物中的糖类经消化吸收后，大量葡萄糖被吸收到血液中，血糖升高，超出正常值。<br>生：将三张小糖卡放在“食物中的糖类”处，用以模拟食物中糖类消化产生葡萄糖；接着又顺着消化吸收的箭头转移至“血糖”处，模拟食物中的糖类被消化吸收后使血糖升高到1.2 g/L。<br>师：血糖升高后，刺激胰岛B细胞增加胰岛素分泌，同时抑制胰岛A细胞分泌胰高血糖素。<br>生：增加一张胰岛卡至“胰岛素”处，模拟胰岛素分泌增加；从“胰高血糖素”处拿走一张胰高血糖卡，模拟胰高血糖素含量减少。<br>师：在胰岛素的作用下，促进血糖大量氧化分解，其次合成糖原和转化成非糖物质，从而降低血糖。 | 师生共同构建餐后血糖调节的动态物理模型图，增强学生动手操作能力和合作学习的能力。<br>培养学生的科学思维和科学探究能力。（素养二、素养三）<br>师生共同完成运动时血糖来源和去路的概念模型，增强学生动手操作能力和合作学习的能力。<br>通过知识图解辅助学生对知识进行归纳总结，步步推理，启发到位。归纳总结，化零为整，形成血糖调节完整过程的概念模型。（素养一） |

（续上表）

| 教学过程 | | | |
|---|---|---|---|
| 时　间 | 教师行为 | 预设学生行为 | 教学设计意图 |
| | | 生：将“血糖”处的一张糖卡转移至“$CO_2+H_2O$+能量”处，一张转移至“肝糖原”处，一张转移至“脂肪等非糖物质”处。模拟血糖的去路增加。将“肝糖原”处的糖卡换成1个糖原，模拟糖原的合成。将“脂肪等非糖物质”处的糖卡换成1个脂肪，模拟转化成脂肪。 | |
| 45秒 | **三、总结归纳**<br>引导学生构建血糖调节的概念模型。<br>通过对血糖调节的过程进行动态模拟后，学生已基本掌握血糖调节的主要途径——激素调节的过程，并构建血糖调节完整过程的概念模型。 | 学生思考并试着构建运动时血糖来源和去路的概念模型。<br>胰高血糖素的含量增加，但胰岛素含量不会大量减少甚至还略有增加，即胰高血糖素会促进胰岛素的分泌（升血糖是为了用血糖）。<br>师生一起完成血糖平衡调节的完整概念图。 | 结束技能：巩固提高，联系实际，呼应课前导入，明确血糖平衡的重要性，培养学生健康生活的观念。（素养四） |
| 15秒 | **四、课后习题**<br>（1）学生运用所学知识小试身手，巩固提升。<br>（2）学生课后以6人为一个小组，围绕尿糖的检验方法、糖尿病产生的原因以及预防措施收集资料。下节课小组间分享。 | 师生一起回忆本节课的知识点，构建血糖平衡的模型。积极思考，积极举手回答问题；课后认真查阅资料，与同伴交流，养成良好的生活习惯，形成健康积极的生活观念。 | |

（续上表）

| 教学过程 | | | |
|---|---|---|---|
| 时　间 | 教师行为 | 预设学生行为 | 教学设计意图 |
| 板书设计 | 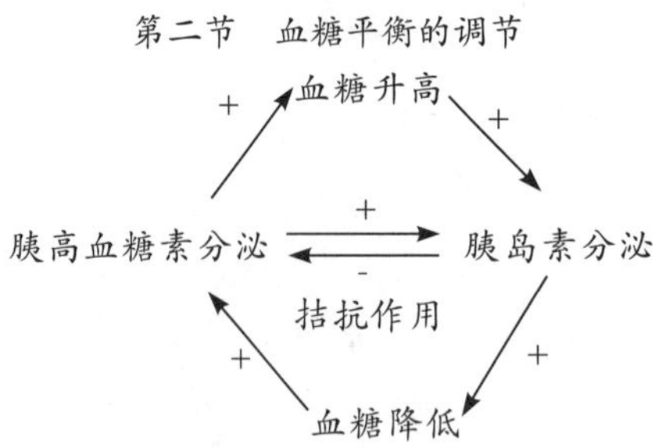 | | 板书技能：清楚明了地展示本节教学重点，有利于学生掌握重点内容。 |
| 设计思路说明 | 本节课紧紧围绕落实生物学学科核心素养目标，秉承高中生物新课程标准倡导的“以学生为主”和“启发引导”的教学理念，整个教学过程根据教学内容和高中学生的知识结构，通过设置问题情境，联系生活实际，激发学生兴趣，自然导入新课。然后通过模型构建完成本节课的知识学习和能力培养，最后回到生活实际，用所学知识解释生活中的问题，落实本节课的社会责任核心素养目标。<br>人体内血糖调节的过程十分复杂，内容较为抽象，是本节课的难点。教材采用模型构建的方法，由学生主动探究有关血糖平衡调节的知识。但教材中的模型不能很好地体现激素调节的具体过程，为此我对教材上模型构建的材料和步骤进行了改进，引导学生开展构建血糖平衡的模型活动，发挥学生的主观能动性，将构建物理模型与概念模型相结合，化抽象为具体，帮助学生更加生动形象地了解血糖平衡的调节过程，从而很好地突破教学难点。<br>本教学设计合理、完整，能较好地实现核心素养教学目标。 | | |

## 课例评析

本教学设计围绕生物学学科核心素养目标，以探究式教学为主线，采用讲授法和提问法等教学方法展开教学。联系生活，总结出糖尿病的症状，创设问题情境，激发学生的探究欲望，自然导入新课。教师对教材上模型构建的材料和步骤进行了改进，课堂教学通过自制模型演示、合作探究等方式，采用问题式引导学生开展构建血糖平衡的模型活动，发挥学生的主观能动性，发展学生的科学思维和科学探究能力。将构建物理模型与概念模型相结合，化抽象为具体，帮助学生更加生动形象地了解血糖平衡的调节过程，从而很好地突破教学难点。板书设计图文并茂，简洁明了，重点突出。新课讲授形象生动。采用知识图解辅助学生对知识进行归纳总结，步步推理，启发到位。课堂的尾声进行巩固提高，联系实际，呼应课前导入的问题，明确血糖平衡的重要性，培养学生健康生活的观念，形成社会责任感，较好地实现了社会责任目标。

整个教学过程做到：演示与讲解直观生动，教学提问环环相扣，重点突出，难点突破，较好地完成了教学目标。

（1）创新性。教学方法具有创新性。通过设置生活真实情境，应用自制模型，采用问题式引导学生开展构建血糖平衡的模型活动，发挥学生的主观能动性，发展学生的科学思维和科学探究能力。将构建物理模型与概念模型相结合，化抽象为具体，帮助学生更加生动形象地了解血糖平衡的调节过程，从而很好地突破教学难点。板书设计图文并茂，简洁明了，重点突出。

自制教具具有创新性。自制“血糖平衡调节”动态教具卡片模型，模拟演示餐后血糖平衡的动态过程。

（2）亮点。本教学的最大亮点是：采用自制“血糖平衡调节”动态教具卡片模型，模拟演示餐后血糖平衡的动态过程。化抽象为具体，帮助学生建构“正常人运动时血糖调节过程”的物理模型。另一个亮点是图文并茂的板书设计和较好地实现了社会责任目标。

（本教学设计荣获2013年第一届广东省本科高校师范生教学技能大赛三等奖、2019年第七届广东省本科高校师范生教学技能大赛三等奖和2019年“华文杯”全国生物教学技能大赛二等奖）

# 细胞核的遗传功能

周　婷

## 教学设计

| 姓　名 | 周婷 | 学　校 | 嘉应学院 |
|---|---|---|---|
| 指导教师 | 刁俊明、温茹淑、朱远平 | 重点展示技能类型 | 讲解技能 |
| 片段题目 | 细胞核的遗传功能 | | |
| 教材分析 | 本课例人教版《高中生物》必修一第三章第三节“分子与细胞”的教学内容。学生在前面已经学习了系统的边界细胞膜和分工合作的细胞器的内容。本节课的学习为以后第六章第一节“细胞增殖”以及必修二《遗传与进化》奠定了基础，总的来说起到了承上启下的作用。 | | |
| 学情分析 | 高一学生的特点是，他们在初中阶段已经对细胞的整体结构有了初步的认识，同时也已经具有一定的分析问题的能力。以问题引发兴趣，以探究学习的方式，加强学生的逻辑分析能力。但由于细胞核的功能属微观水平的内容，学生学习起来有一定的难度和挑战性，因此在教法和学法上，要加强教学的直观性和形象性，促进学生的理解。 | | |
| 学科内容学习目标 | （1）生命观念目标（素养一）：<br>学生通过回顾美西螈核移植实验与伞藻嫁接和核移植实验的探讨，能够解释生物的性状是由细胞核控制的，同时得出细胞核的遗传功能。<br>（2）科学思维和科学探究目标（素养二、素养三）：<br>通过师生互动的过程式教学，共同解释实验现象；培养学生观察分析和实验探究的能力。<br>（3）社会责任目标（素养四）：<br>学生通过对实验的资料分析，体验科学工作的方法与过程，增强探索新知识的欲望和创新意识。 | | |
| 技能训练目标 | （1）讲解时做到生动准确，形象直观。学生观看 PPT 演示时，适时加以指导，并以层层深入、逐步过渡引导的方式，辅助学生理解细胞核的遗传功能的知识点，突出重点。<br>（2）适当地运用演示技能配合讲解技能，引导学生观察 PPT 演示过程，启发学生的科学思维。<br>（3）能够根据核心素养目标，结合高一年级学生的认知结构和心理特征，将多种技能应用于教学实践。 | | |
| 教学方法 | 讲解法、提问法、演示法和实验探究学习法。 | | |
| 教学重点 | 引导学生观察分析伞藻嫁接实验和自主探究核移植实验，结合美西螈核移植实验共同得出结论：生物性状的遗传是由细胞核控制的。 | | |
| 教学难点 | 让学生分析讨论、思考和领悟，通过主动探究获得“细胞核是细胞遗传的控制中心”这一认知。 | | |

（续上表）

| 教学过程 | | | |
|---|---|---|---|
| 时　间 | 教师行为 | 预设学生行为 | 教学设计意图 |
| 1 分钟 | **一、导入新课：采用“图片情境 + 问题导入法”导入新课**<br>师：上节课，我们已经讲了“资料一”美西螈的实验，让我们一起回顾一下。<br>PPT 演示回顾实验整个过程。<br>师：移植后产生的后代的肤色是遗传到了黑美西螈的黑色肤色，而黑美西螈则是提供了细胞核，由此我们可以得出美西螈皮肤的颜色是由什么控制的？ | 学生随同教师回顾美西螈核移植实验。<br>学生齐声回答：细胞核。 | 采用“图片情境 + 问题导入法”导入新课。吸引学生注意，激发学生学习探究的欲望，从而导入新课细胞核的学习。（素养目标一、素养目标二） |
| 6 分钟 | **二、讲授新课**<br>（1）学生阅读课本第 52 页。<br>师：这节课我们来学习“资料四”的实验。请同学们翻开课本第 52 页，阅读“资料四”分析。<br>板书：<br>细胞核的遗传功能<br>（2）观看伞藻实验 PPT 演示。<br>①使用自制教具介绍伞藻：伞藻是一种海生的单细胞藻类，由帽、柄和假根三部分构成。其中细胞核位于假根当中。伞藻种间容易嫁接。伞藻主要有两种形态，一种是伞形帽伞藻，一种是菊花形帽伞藻。这两种伞藻最主要的区别在于帽形的不同。伞藻的再生性很强，即伞帽切除之后，在短时间内能够生出新的伞帽。<br>②伞藻嫁接实验：提出疑问——伞藻“帽”的形状是由哪部分结构决定的？让学生带着疑问边观看教师 PPT 实验演示过程边思考问题。通过观看 PPT 引导学生回答出思考题的答案：假根。<br>接着提出问题：假根当中有细胞核也有细胞质，到底是细胞核还是细胞质控制了伞藻伞帽的形态呢？由此引入伞藻核移植实验。<br>③开展学生自主探究实验：引导学生利用教具进行伞藻核移植实验。 | 学生认真阅读课本。<br>学生认真观看自制教具伞藻的演示并思考教师提出的问题。<br>学生认真观察伞藻嫁接实验现象，并举手回答：假根。 | 引导学生自主阅读学习，独立思考。<br>采用提出疑问的方法，引导学生观察伞藻嫁接实验，培养科学思维和科学探究能力。（素养目标二、素养目标三） |

（续上表）

| 教学过程 | | | |
|---|---|---|---|
| 时　间 | 教师行为 | 预设学生行为 | 教学设计意图 |
| 6 分钟 | 先开展以 3 人为一小组的学生自主探究核移植实验，然后让小组代表上台演示完成伞藻核移植实验过程。<br>根据提出的问题，可以做出假设：<br>假设一：认为是假根中的细胞核决定伞藻伞帽的形态。<br>假设二：认为是假根中的细胞质决定伞藻伞帽的形态。<br>实验过程：先把伞藻 a 的伞帽切除，伞藻 a 的细胞核挖除，把伞藻 b 的细胞核移植到伞藻 a 的假根中，这样伞藻 a 中就有了伞藻 b 的细胞核。<br>观察分析：如果伞藻 a 长出来的依然是菊花形帽，则说明控制伞帽形态的是细胞质；如果伞藻 a 长出来的是伞形帽，则说明控制伞帽形态的是细胞核。<br>实验结果：长出来的是伞形帽，说明伞帽的形态与细胞核有关。<br>同样的，如果将伞藻 a 的细胞核移入伞藻 b 的假根中，经过一段时间后，长出的是菊花形帽，这个实验更能说明伞藻的帽形是由细胞核控制的。<br>④教师引导学生归纳“资料四”实验结论：生物体形态结构的建成与细胞核有关。<br>板书设计：<br>生物体形态结构的建成与细胞核有关 | 学生以 3 人为一小组，自主探究核移植实验，然后让小组代表上台演示伞藻核移植实验过程。<br>引导学生归纳“资料四”实验结论：生物体形态结构的建成与细胞核有关。 | 开展学生探究活动，学生利用教具进行伞藻核移植实验。培养学生的科学思维，寻找根据，从而培养学生严谨的科学态度，这样可以扩宽学生的思路，培养学生的科学探究能力。（素养目标二、素养目标三和素养目标四） |
| 1 分钟 | **三、归纳总结**<br>列表分析“资料一”与“资料四”中得出的结论，共同探讨两个实验的共同点，从而得出结论：由细胞核控制生物性状的遗传。<br>板书：<br>功能：细胞核控制生物性状的遗传<br>**四、应用知识：展示中国在灵长类克隆技术的最新成果，引发学生课后思考**<br>教师介绍克隆猴“中中”和“华华”，在学习了细胞核的遗传功能后，请学生思考：中中和华华是怎样诞生的？课后大家可以共同探讨一下，这节课就先上到这里，下课，谢谢！ | 学生随同教师分析归纳总结，得出结论。 | 采用比较法详细比较两者过程的相同点。<br>学生分析归纳总结，通过自己的努力获得知识，能让学生体会获取知识的过程以及交流的乐趣。<br>应用知识：采用提出问题的方法，引发学生思考，激发学习兴趣，做出科学解释。（素养目标一、素养目标二和素养目标三） |

（续上表）

<table>
<tr><td rowspan="4">板书设计</td><td colspan="2">细胞核的遗传功能</td></tr>
<tr><td>美西螈核移植实验</td><td>美西螈皮肤的颜色由细胞核控制</td></tr>
<tr><td>伞藻嫁接与核移植实验</td><td>生物体形态结构的建成与细胞核有关</td></tr>
<tr><td colspan="2">功能：细胞核控制生物性状的遗传</td></tr>
<tr><td>设计思路说明</td><td colspan="2">本教学设计围绕生物学学科核心素养目标，基于“以学生为主”和“启发引导”的教学理念，采用讲授法和启发式教学方法，开展以学生为中心进行自主探究活动的多样化的教学，旨在发挥学生的主体性、参与性，让学生通过自主探究，体验知识产生的过程，提高他们的生物科学素养。<br>通过分析科学实验事实和学生的自主探究活动，从不同侧面来展示：黑白美西螈胚胎细胞的核移植实验以及伞藻嫁接和核移植实验，让学生从这些实验事实中去分析、思考和领悟，展开问题探究，从而解开脑中的疑惑。让学生不仅获得“细胞核控制生物性状的遗传”的知识，还体验到获得知识过程的趣味，体验科学家的巧妙实验设计。整个教学过程重点突出，难点突破，较好地完成了教学目标。<br>本教学设计合理、完整，能较好地实现生物学学科核心素养教学目标。</td></tr>
</table>

## 课例评析

本教学设计围绕生物学学科核心素养目标，以探究式教学为主线，采用讲授法和启发式等教学方法展开教学。采用“图片情境 + 问题导入法”导入新课，导课新颖。接着采用提出疑问的方法，引导学生观察伞藻嫁接实验和开展自主探究活动，学生利用教具进行伞藻核移植实验，培养了他们科学思维和科学探究能力，也得出细胞核控制生物性状的遗传的结论，突破了本教学设计的教学难点。新课讲授形象生动，采用比较法进行归纳总结，通过应用知识引发学生课后思考。这样的结课既合理又耐人寻味，较好地实现了社会责任目标。

整个教学过程做到：采用启发式引导，组织学生开展探究性学习，讲解科学，演示直观生动，重点突出，难点突破，较好地完成了教学目标。

（1）创新性。教学方法具有创新性。教师组织学生开展观察伞藻嫁接实验和自主探究活动，学生利用教具进行伞藻核移植实验，采用比较法归纳总结出细胞核控制生物性状的遗传的结论，较好地突出和突破了教学重难点。

教具具有创新性。能够通过自制教具进行伞藻核移植实验，直观形象，有助于学生理解细胞核控制生物性状的遗传。

（2）亮点。本教学的最大亮点是：组织学生开展探究活动，学生利用教具进行伞藻核移植实验，体现了以学生为主的探究性教学理念。

（本教学设计荣获 2019 年“华文杯”全国生物教学技能大赛二等奖）

# 噬菌体侵染细菌的实验

黄　珊

## 教学设计

| 姓　名 | 黄　珊 | 学　校 | 嘉应学院 |
|---|---|---|---|
| 指导教师 | 廖富林、刁俊明、温茹淑 | 重点展示技能类型 | 提问技能 |
| 片段题目 | 噬菌体侵染细菌的实验 | | |
| 教材分析 | “噬菌体侵染细菌的实验”是《高中生物》必修二第三章第一节的内容。这部分内容不仅是第三章的重点内容，也是整本书的重点内容之一，弥补了前面“肺炎双球菌转化实验”的不足，且本内容是从分子层面认识遗传物质的本质，为学习 DNA 的复制、基因的表达和基因突变打下基础。 | | |
| 学情分析 | 学生在高一第一学期已经学习了原核生物、真核生物和病毒，对噬菌体和细菌有一定的认识。在高中学校没有成熟的实验条件供学生亲自做噬菌体侵染细菌的实验，因此教师应该形象直观地展示科学探索的过程，引导学生的思路再现一遍科学家的实验探究过程，达到发展学生科学思维能力和科学探究能力的目的。 | | |
| 学科内容学习目标 | （1）生命观念目标（素养一）：<br>通过对实验现象进行推理分析，推断出 DNA 是遗传物质。<br>（2）科学思维和科学探究目标（素养二、素养三）：<br>学生运用“假说—演绎法”对现象进行推理分析，提高科学思维和科学探究的能力。<br>（3）社会责任目标（素养四）：<br>领悟科学研究的过程和方法，培养学生严谨的科学态度和不断探究的精神。 | | |
| 技能训练目标 | 提问技能训练目标：<br>（1）提问的主题明确，与课题内容联系密切。<br>（2）提问有层次，循序渐进，问题难度适合学生认知水平，有利于学生发展思维。<br>（3）提问能把握时机，促使学生思考，对学生的回答善于应变及引导。<br>（4）提问后稍有停顿，给予学生思考时间。 | | |
| 教学方法 | 讲解法、提问法、演示法和实验探究学习法。 | | |
| 教学重点 | 证明 DNA 是遗传物质的实验设计和对实验现象的推理分析。 | | |
| 教学难点 | 运用“假说—演绎法”对实验现象的推理分析。 | | |

（续上表）

| 教学过程 | | | |
|---|---|---|---|
| 时　间 | 教师行为 | 预设学生行为 | 教学设计意图 |
| 1 分 30 秒 | **一、导入新课**<br>上节课所学的噬菌体的结构和侵染过程是本节课的基础，因此本节课采用“原有知识导入法”导入新课。<br>（1）导入知识：噬菌体的结构。<br>（2）导入过程：借助图片引导学生回忆上节课的内容要点——噬菌体的两种组成成分蛋白质和 DNA。<br>基于对噬菌体的分析，引出噬菌体的繁殖过程，提出问题“噬菌体注入的遗传物质是什么?”让学生带着问题仔细阅读课本第 44—45 页，导入新课，引入假说演绎法。 | 学生思考、回答：蛋白质、DNA。<br>学生对问题产生兴趣，带着问题仔细阅读课本第 44—45 页。 | 引起学生的兴趣，而且能够引起学生思考，并且引出新课题。 |
| 7 分钟 | **二、讲授新课**<br>（1）提出问题：噬菌体注入的遗传物质是组成外壳的蛋白质还是头部含有的 DNA?<br>（2）做出假设：基于问题，引导学生提出两种假设。<br>由问题“这样微观的过程如何能观察到?”引出同位素标记法。<br>让学生对比蛋白质和 DNA 的主要组成元素，学生理解用 S、P 元素标记。提出问题“为什么不用 C、H 等元素来标记呢?”使学生充分理解用 S、P 元素标记的原因。<br>教师详细讲解实验的设计思路，并重点分析上清液和沉淀物的成分。<br>（3）演绎推理：<br>教师基于假说①只注入蛋白质，引导学生对实验结果的放射性分布进行推理。<br>基于假说②只注入 DNA。教师提出问题让学生分小组讨论，分析放射性的分布情况。<br>教师带领学生总结两种假说的推理结果。<br>（4）实验检验：教师引导学生分析赫尔希和蔡斯的实验的自变量和因变量，分析实验结果的放射性分布，引导学生对比实验结果与两种假说的推理，验证假说二。<br>（5）得出结论：DNA 是遗传物质。 | 学生对问题产生兴趣，思考问题并回答：（1）注入的遗传物质是蛋白质。<br>（2）注入的遗传物质是 DNA。<br>学生回答：S、P。<br>学生回答：C、H 是蛋白质和 DNA 共有的元素。<br>学生了解实验流程，理清上清液和沉淀物的成分。<br>学生在教师的引导下，理解放射性的分布情况。<br>学生讨论分析得出假说②的放射性分布。<br>理解 DNA 是遗传物质。 | 培养学生开动脑筋，敢于说出自己的见解和猜想。(素养二)<br>以“假说—演绎法”为框架，培养学生科学的思维、严谨的科学态度和不断探究的精神，能够有效促进和提高学生相关知识的理解和学习。（素养一、素养二、素养三、素养四） |
| 1 分钟 | **三、课堂练习**<br>让学生完成两道习题。 | 学生根据所学内容完成练习。 | 使学生学会主动探究，强化所学知识。（素养三） |

（续上表）

| 教学过程 | | | |
|---|---|---|---|
| 时　间 | 教师行为 | 预设学生行为 | 教学设计意图 |
| 30 秒 | **四、课堂延伸**<br>布置课后思考题。 | | |
| **板书设计** | 噬菌体侵染细菌的实验<br>假说：①蛋白质<br>　　　②DNA<br>结论：DNA 是遗传物质 | | |
| **设计思路说明** | “噬菌体侵染细菌的实验”是《高中生物》必修二第三章第一节的内容。这部分内容不仅是第三章的重点内容，也是整本书的重点内容之一，弥补了前面“肺炎双球菌转化实验”的不足，且本内容是从分子层面认识遗传物质的本质，为学习 DNA 的复制、基因的表达和基因突变打下基础。<br>秉承高中生物新课程标准倡导的以学生为主和启发引导的教学理念，整个教学过程根据教学内容和高中学生的知识结构，开展观察分析，通过“假说—演绎法”，在教学中做到突破重点和难点，应用启发式提问来充分激发学生的学习兴趣，调动学生的积极性，重视培养学生科学的思维、严谨的科学态度和不断探究的精神。<br>教学环节设计合理、完整，能较好地实现核心素养教学目标。 | | |





## 课例评析

本教学设计围绕生物学学科核心素养目标，以探究式教学为主线，采用问题引导、启发式等教学方法展开教学。首先采用“原有知识导入法＋问题导入法”导入新课，导课新颖。接着运用“假说—演绎法”对实验现象进行推理分析，引导学生分析赫尔希和蔡斯的实验的自变量和因变量，分析实验结果，培养科学思维和科学探究能力；得出 DNA 是遗传物质的结论，突破了本课的教学难点。新课讲授形象生动。课堂的尾声开展练习检测和课堂延伸。这样的结课合理，较好地实现了社会责任目标。

整个教学过程做到：采用启发式引导，组织学生开展探究性学习，讲解科学，演示直观生动，重点突出，难点突破，较好地完成了教学目标。

（1）创新性。教学方法具有创新性。教师运用“假说—演绎法”对实验现象进行推理分析，引导学生分析赫尔希和蔡斯的实验的自变量和因变量，分析实验结果，培养科学思维和科学探究能力。

（2）亮点。本教学的最大亮点是：运用“假说—演绎法”对实验现象进行推理分析，体现了以学生为主的探究性教学理念。

（本教学设计荣获 2018 年第六届广东省本科高校师范生教学技能大赛二等奖和 2018 年“华文杯”全国生物教学技能大赛一等奖）

# 氨基酸脱水缩合的过程及其相关数量计算

钟志发

## 教学设计

| 姓　名 | 钟志发 | 学　校 | 嘉应学院 |
|---|---|---|---|
| 指导教师 | 廖富林、许良政 | 重点展示技能类型 | 演示技能 |
| 片段题目 | 氨基酸脱水缩合的过程及其相关数量计算 | | |
| 教材分析 | 本课例选自人教版《高中生物》必修一第二章第二节，是高中生物教材的一个重点章节，同时也是历年高考的重要考点之一。在学习了细胞中的元素和化合物之后，直接开始学习蛋白质的构成，体现了蛋白质的重要地位。其中，氨基酸的脱水缩合是构成蛋白质的基本方式，可谓重中之重。 | | |
| 学情分析 | 本节课的教学对象是高一的学生，他们具有一定的生物学知识和抽象思维能力，但是在本节课之前，学生没有接触过有机化学，因此难以理解氨基酸脱水缩合过程中的数量变化。 | | |
| 学科内容学习目标 | （1）生命观念目标（素养一）：<br>通过对氨基酸脱水缩合过程的学习，阐明氨基酸是构成蛋白质的基本单位。<br>（2）科学思维和科学探究目标（素养二、素养三）：<br>学生亲自动手演示氨基酸的脱水缩合过程，推算出氨基酸脱水缩合过程中的数量变化。以此为基础，推导出氨基酸脱水缩合过程中的相关数量计算公式。<br>（3）社会责任目标（素养四）：<br>通过对氨基酸脱水缩合过程的学习，说出人体重要化合物——蛋白质的基本组成方式 。 | | |
| 技能训练目标 | 演示技能训练目标：<br>（1）动态图演示中，教师以科学准确的用词对演示过程进行讲解。<br>（2）学生演示教具时，适时加以指导，并以提问的方式，辅助学生理解氨基酸脱水缩合过程中的关键知识点，突出重点。<br>（3）适当地运用讲解技能配合演示技能，引导学生观察演示过程，启发学生的科学思维。<br>（4）能够根据核心素养目标，结合高一年级学生的认知结构和心理特征，将多种技能应用于教学实践。 | | |
| 教学方法 | 讲解法、提问法、演示法和探究学习法。 | | |
| 教学重点 | 氨基酸脱水缩合的过程。 | | |
| 教学难点 | 氨基酸脱水缩合过程中的数量变化。 | | |

（续上表）

| 教学过程 | | | |
|---|---|---|---|
| 时　间 | 教师行为 | 预设学生行为 | 教学设计意图 |
| 1 分钟 | **一、导入新课**<br>引导学生复习上节课的知识，回顾氨基酸的结构通式，为本节课讲解氨基酸的脱水缩合提供基础。 | 学生回答：一个氨基、一个羧基、一个氢原子和一个 R 基连接在同一个碳原子上。 | 通过对氨基酸结构通式的回顾，为学生解决新问题打下基础，锻炼学生归纳知识的能力。（素养二、素养三） |
| 7 分<br>30 秒 | **二、展开新课**<br>（1）氨基酸脱水缩合，形成二肽。<br>用 PPT 动态图演示两个氨基酸逐渐靠近，一个氨基酸脱去一个氢，另一个氨基酸脱去一个羟基，脱去了羟基和氢的两个氨基酸，通过生成一个新的化学键连接在一起，我们把这个化学键称为肽键。从氨基酸上脱离出来的羟基和氢，重新组合，形成一分子的水。<br>（2）教师详细讲解氨基酸脱水缩合的过程。<br>对氨基酸的脱水缩合过程进行详细的分析，同时指出氨基酸脱水缩合过程中的数量变化。<br>（3）学生演示氨基酸脱水缩合的过程。<br>教师在黑板上贴好课前准备好的教具——两个氨基酸的结构通式（氢离子和羟基可从氨基酸通式上分离出来），学生通过移动氢离子和羟基形成一分子的水，并将氨基酸的剩余部分连接在一起形成二肽。请学生根据教师的讲解，指出肽键是哪一部分，教师进行点评并鼓励学生。<br>（4）讲授肽键的正确书写形式。<br>教师对肽键的正确书写形式进行详细的讲解。 | 学生观看动态图演示，细致观察氨基酸脱水缩合的过程。<br>学生认真聆听并跟随教师的思路回答。<br>学生上台演示教具。<br>学生指出肽键。<br>学生对肽键的正确书写形式进行记忆。<br>学生观察黑板上的教具。 | 通过观看动态图，培养学生的洞察力，并在此过程中，检验学生掌握知识的能力。（素养一、素养二）<br>详细讲解氨基酸的脱水缩合过程，能够帮助学生更好地记忆。（素养一）<br>学生通过教具模拟氨基酸的脱水缩合过程，彰显学生学习的主体地位，训练学生模拟演示的能力。（素养二、素养三）<br>使用科学、准确的用词讲解肽键的正确书写形式。（素养二） |

（续上表）

| 教学过程 | | | |
|---|---|---|---|
| 时　间 | 教师行为 | 预设学生行为 | 教学设计意图 |
| | （5）两个氨基酸脱水缩合后，至少还有一个游离的氨基和一个游离的羧基。<br>演示：利用学生演示后的教具，指出二肽上至少有一个游离的氨基和一个游离的羧基。<br>提问：既然有游离的氨基和羧基，那么二肽可不可以继续与其他氨基酸通过脱水缩合相连接呢？<br>（6）讲授多肽与肽链的概念。<br>两个氨基酸通过脱水缩合形成的化合物是二肽，以此类推出三肽、四肽以及五肽的组成形式。教师直接导入多肽和肽链的概念。<br>（7）讲解氨基酸脱水缩合过程中的相关计算，并总结计算公式。<br>小组讨论：氨基酸脱水缩合形成二肽后，脱去了多少个水分子？形成了多少个肽键？<br>小组讨论：若氨基酸的平均分子量为 $a$，氨基酸脱水缩合形成二肽后，分子量为多少？（水的分子量为18）<br>难点突破：教师根据学生的回答推导氨基酸脱水缩合过程中的相关数量计算公式。 | 学生齐答：可以。<br>学生分小组讨论教师给出的问题。<br>学生认真聆听氨基酸脱水缩合过程中的相关数量计算公式的推导过程。 | 利用教具，让学生能够直观地观察到，氨基酸脱水缩合形成二肽之后，至少还有一个游离的氨基和一个游离的羧基。（素养一、素养三）<br>在学生认识到二肽能够继续进行脱水缩合之后，直接导入概念，有助于培养学生的科学思维。（素养二、素养三）<br>总结和归纳学生的回答内容，并以此为线索，启发学生探究氨基酸脱水缩合过程中的相关数量计算公式，培养学生的逻辑思维能力，实现生生互动、师生互动。（素养二、素养三） |
| 1分<br>30秒 | **三、归纳总结**<br>知识点归纳：梳理本节课所学习的新知识，帮助学生更好地掌握本节课的内容。<br>习题检测：请学生在课堂上完成两道习题并回答。<br>设置悬念：氨基酸通过脱水缩合形成肽链后，又通过怎样的方式合成蛋白质呢？ | 学生记忆本节课所学的知识点。<br>学生根据所学公式答题。<br>学生记录本节课设置的悬念，课后认真预习并思考。 | 通过知识梳理和习题检测的方式总结本节课所学的知识，加深学生的印象。同时，通过设置悬念的方式，启发学生课后思考，引导学生预习下一节课的内容。（素养一、素养三和素养四） |

（续上表）

| | |
|---|---|
| 板书设计 | 氨基酸的脱水缩合<br>一、氨基酸的脱水缩合过程<br>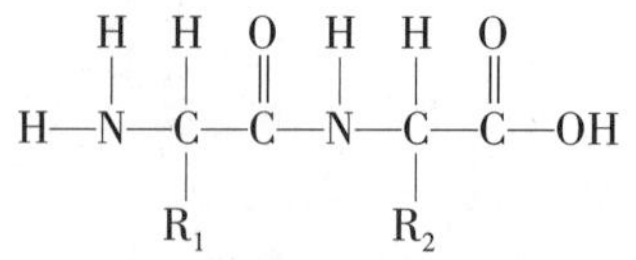<br>二、肽键的正确书写：—CO—NH—<br>三、（　）氨基酸，（　）肽链，（　）肽键 |
| 设计思路说明 | 本教学设计围绕生物学学科核心素养目标，秉承高中生物课程理念中“提高生物科学素养，面向全体学生，倡导探究性学习”的教学理念，整个教学过程注重对学生自主探究能力与合作学习能力的启发式培养。<br>在使用多媒体演示和详细讲解等方法帮助学生理解知识之后，引导学生动手探究，演示氨基酸的脱水缩合过程，把学习的主动权交给学生，让学生主动参与到课堂当中，使学生高效地掌握本节课的重点知识。<br>通过动态图和教具演示等形式，化静为动，直观地展示氨基酸脱水缩合的过程。同时，引导学生小组合作讨论，推导出氨基酸脱水缩合过程中的相关数量计算公式，提高学生合作学习的能力，巧妙地突破本节课的难点内容。<br>本教学设计合理、完整，能较好地实现核心素养教学目标。 |



## 课例评析

本教学设计围绕生物学学科核心素养目标，以探究式教学为主线，采用演示法和讲授法等教学方法展开教学。首先采用复习导入法导入新课，即通过对氨基酸结构通式的回顾，为学生解决新问题打下基础。接着通过动态图和教具演示等形式，化静为动，引导学生动手探究，演示氨基酸的脱水缩合过程，让学生主动参与到课堂当中，使学生高效地掌握本节课的重点知识。引导学生小组合作讨论，推导出氨基酸脱水缩合过程中的相关数量计算公式，提高学生合作学习的能力，巧妙地突破本节课的难点内容。新课讲授形象生动。通过知识梳理和习题检测的方式总结本节课所学的知识，通过设置悬念的方式，启发学生课后思考。这样的结课既合理又耐人寻味，较好地实现了社会责任目标。

整个教学过程做到：有效引导学生开展探究性学习，讲解科学，演示直观生动，重点突出，难点突破，较好地完成了教学目标。

（1）创新性。教学方法具有创新性。教师组织学生开展自主探究活动，通过动态图和教具演示等形式，化静为动，演示氨基酸的脱水缩合过程，较好地突出和突破了教学重难点。

教具具有创新性。自制教具直观形象，能够动态演示出氨基酸的脱水缩合过程，有助于学生理解。

（2）亮点。本教学的最大亮点是：组织学生开展探究活动，学生利用教具演示出氨基酸的脱水缩合过程，体现了以学生为主的探究性教学理念。

（本教学设计荣获2018年第六届广东省本科高校师范生教学技能大赛三等奖和2018年“华文杯”全国生物教学技能大赛二等奖）

# 伞藻嫁接与核移植实验

谢淑婷

## 教学设计

| 姓　名 | 谢淑婷 | 学　校 | 嘉应学院 |
|---|---|---|---|
| 指导教师 | 刁俊明、王翠平、温茹淑 | 重点展示技能类型 | 演示技能 |
| 片段题目 | 伞藻嫁接与核移植实验 | | |
| 教材分析 | 本课例是选自人教版《高中生物》必修一第三章第三节的内容，主要讲述了伞藻的帽形是由细胞核控制的，与前面学习的美西螈核移植等实验密切相关，也为后面学习假说演绎法奠定基础，因此在知识上具有承上启下的作用。 | | |
| 学情分析 | 本课例内容面对的是高一的学生，他们在前面学习了美西螈核移植等实验，具有一定的知识基础，具有一定的分析问题的能力，实施问题探究教学是可行的，但是考虑到目前生物教学的现状，学生对实验了解较少，因此实验分析要讲解透彻，要一步步引导学生开展探究性学习。 | | |
| 学科内容学习目标 | （1）生命观念目标（素养一）：<br>学生通过对伞藻嫁接与核移植实验的探讨，明白伞藻伞帽的形态是由细胞核控制的，同时了解细胞核的功能。<br>（2）科学思维和科学探究目标（素养二、素养三）：<br>学生参与伞藻嫁接与核移植实验，讨论交流，解释实验现象，学生观察分析和实验探究的能力。<br>（3）社会责任目标（素养四）：<br>通过伞藻嫁接与核移植实验的探讨，树立严谨的科学态度及不断探究的精神。 | | |
| 技能训练目标 | 演示技能训练目标：<br>（1）课堂演示做到及时、准确，科学、形象、直观。<br>（2）演示自制伞藻嫁接与核移植实验教具，做到直观生动，有利于突出教学重点和突破教学难点。<br>（3）演示与讲解技能配合得当，善于启发，引导观察，调动学生积极思考。<br>（4）能根据教学任务和中学生的特点把各种技能应用于教学实践。 | | |
| 教学方法 | 讲解法、提问法、演示法和实验探究学习法。 | | |
| 教学重点 | 伞藻嫁接与核移植实验的分析。 | | |
| 教学难点 | 伞藻嫁接与核移植实验的分析与结论。 | | |

（续上表）

| 教学过程 | | | |
| --- | --- | --- | --- |
| 时　间 | 教师行为 | 预设学生行为 | 教学设计意图 |
| 1 分 30 秒 | **一、导入新课**<br>复习导入。<br>师：上节课，我们讲了三个实验，从“资料一”可以得出美西螈皮肤的颜色是由什么控制的？蝾螈受精卵横缢实验可以得出是细胞核控制着细胞的分裂和分化。变形虫切割实验可以得出控制着细胞质的生命活动的是细胞核。那么这节课我们来学习“资料四”的实验。<br>请同学们翻开课本第 52 页，阅读“资料四”分析。 | 学生回答：细胞核。<br>学生翻书阅读。 | 教师采用问题复习法提出上节课的内容，进行知识重点的复习。一方面通过有针对性的复习为学习新知识做好铺垫；另一方面，在复习过程中提问，从而勾起学生的回忆。激发学生的学习兴趣。（素养二） |
| 7 分钟 | **二、讲授新课**<br>（1）根据现象。<br>介绍伞藻：伞藻是一种海生的单细胞藻类，由帽、柄和假根三部分构成。其中细胞核位于假根当中。且伞藻种间容易嫁接。伞藻主要有两种形态，一种是伞形帽伞藻，一种是菊花形帽伞藻。这两种伞藻最主要的区别在于帽形的不同。伞藻的再生性很强，即伞帽切除之后，在短时间内能够生出新的伞帽。<br>（2）提出问题。<br>师：那么同学们有没有思考过，新生的伞帽的形态主要是由伞藻的哪个部分的结构决定的呢？<br>（3）做出假设。<br>师：我们可以做出假设：<br>假设一：认为是伞藻的假根决定伞藻伞帽的形态。<br>假设二：认为是伞藻的柄决定伞藻伞帽的形态。<br>两种假设都有一定的道理，但是哪一个假设更接近于真相呢？下面，我们通过实验一起来探究。<br>（4）实验过程。<br>为了后面讲解实验的方便，将菊花形帽伞藻设为 a 和伞形帽伞藻设为 b，学生认真看。第一步，把伞藻 a 的伞帽切除，柄也切除，把伞藻 b 的柄嫁接到伞藻 a 的假根上。将嫁接好的伞藻 a 放在适宜条件下培养一段时间，直至长出新的伞帽。 | 学生观看 PPT 演示。<br>学生认真观察实验现象。 | 设置问题情境，激发学生的科学思维和学习兴趣，吸引学生的注意力。<br>训练学生的科学思维。（素养一、素养二）<br>做出假设，通过提问，培养学生的洞察能力和掌握知识本质特征的能力。（素养一、素养二） |

（续上表）

| 教学过程 | | | |
|---|---|---|---|
| 时　间 | 教师行为 | 预设学生行为 | 教学设计意图 |
| 7 分钟 | （5）观察实验现象。<br>师：新长出的伞藻帽形如何呢？我们一起来观察分析一下，如果伞藻 a 长出来的依然是菊花形帽，则说明伞藻的帽形是由假根控制的；如果伞藻 a 长出的是伞形帽，则说明伞藻的帽形是由柄控制的。（贴上板书）<br>（6）实验结果。<br>师：我们一起来看看实验结果，换了柄之后，伞藻 a 长出来的依然是菊花形帽，由这个实验结果，我们可以得出控制伞帽形态的是假根。因为换了柄之后，长出来的伞帽形态还是和原来的一样。<br>但是假根当中有细胞核也有细胞质，到底是细胞核还是细胞质控制了伞藻伞帽的形态呢？我们还不能确定，还需要进一步探究。<br>（7）根据提出的问题，可以做出假设。（提问学生）<br>假设一：认为是假根中的细胞核决定伞藻伞帽的形态。<br>假设二：认为是假根中的细胞质决定伞藻伞帽的形态。<br>教师请学生上台协助教师完成伞藻核移植实验。<br><br>**三、引导学生利用教具进行伞藻核移植实验**<br>（1）实验过程：第一步，先把伞藻 a 的伞帽切除，伞藻 a 的细胞核挖除，把伞藻 b 的细胞核移植到伞藻 a 的假根中，这样伞藻 a 中就有了伞藻 b 的细胞核。将移植好的伞藻 a 放在适宜条件下培养一段时间，直至长出新伞帽。<br>（2）观察分析：这个实验依然可能有两种实验结果，如果伞藻 a 长出来的是菊花形帽，则说明控制伞帽形态的是细胞质；如果伞藻 a 长出来的是伞形帽，则说明控制伞帽形态的是细胞核。<br>（3）实验结果：经过前面的探究，长出来的是伞形帽。这说明控制伞帽形态的是细胞核。<br>同样的，如果将伞藻 a 的细胞核移入伞藻 b 的假根中，经过一段时间后，不难发现，长出的是菊花形帽，这个实验更能说明伞藻的帽形是由细胞核控制的。 | 学生上台协助教师利用教具进行伞藻核移植实验。<br>学生回答：细胞核。 | 通过学习，学生可以用获得的知识和回忆过去所学的知识来解决新的问题。锻炼学生整理归纳知识的能力，达到透彻理解和掌握。（素养二、素养三）<br>继续深入探究，锻炼学生的思维，寻找根据，利用教具进行伞藻核移植实验。培养学生严谨的科学态度，这样可以扩宽学生的思路，提高学生的思维能力。（素养二、素养三）<br>实现师生互动、生生互动。 |

（续上表）

<table>
<tr><th colspan="4">教学过程</th></tr>
<tr><th>时　间</th><th>教师行为</th><th>预设学生行为</th><th>教学设计意图</th></tr>
<tr><td>1 分<br>30 秒</td><td>四、总结<br>通过伞藻核移植实验，我们进一步确定了伞藻的帽形与细胞核有关，结合上节课我们前面学习的三个实验：美西螈皮肤的颜色和伞藻的帽形是属于生物体性状遗传方面，细胞质的生命活动和细胞的分裂和分化是属于生物体代谢方面。大量的实验表明，细胞核控制着细胞的代谢和遗传。<br>五、提出问题引发学生思考<br>提出问题：为什么细胞核能够控制着细胞的代谢和遗传呢？功能与结构是分不开的，请同学们回去认真预习课本第 52—53 页，我们下节课再讲，下课，谢谢。</td><td>学生回答：伞藻帽形是由假根决定的。伞藻的帽形由细胞核决定。</td><td>总结以上所学的知识，加深印象，得出结论。（素养一）<br><br>提出问题，引发学生思考，激发学习兴趣，做出科学解释。（素养四）</td></tr>
<tr><td>设计思路说明</td><td colspan="3">紧紧围绕落实生物学学科核心素养目标，秉承高中生物新课程标准倡导的“以学生为主”和“启发引导”的教学理念，整个教学过程根据教学内容和高中学生的知识结构，通过设置问题情境、直观演示、观察分析、学生上台演示、课堂总结的教学模式，实现师生互动、生生互动。在教学中做到突出教学重点和难点，充分调动学生的学习兴趣和积极性，重视培养学生的科学思维和科学探究能力，把生物学学科核心素养目标落到实处。<br>学生在初中的学习过程中，对实验的了解较少，伞藻嫁接与核移植实验是探究实验，通过 PPT 动画和教具的直观演示及学生上台演示活动，能较好地培养学生观察分析实验的能力、严谨的科学态度以及不断探究的精神，也为以后开展实验探究奠定基础。<br>本教学设计合理、完整，能较好地实现核心素养教学目标。</td></tr>
<tr><td>板书设计</td><td colspan="3">伞藻嫁接与核移植实验
<table>
<tr><th></th><th>伞藻嫁接</th><th>伞藻核移植</th></tr>
<tr><td>提出问题</td><td></td><td></td></tr>
<tr><td>做出假设</td><td>1. 假根　2. 柄</td><td>1. 细胞核　2. 细胞质</td></tr>
<tr><td>实验过程</td><td></td><td></td></tr>
<tr><td>观察分析</td><td>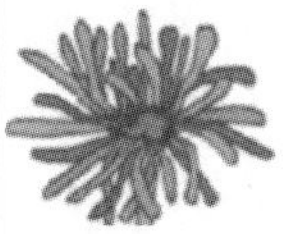<br>菊花形帽<br>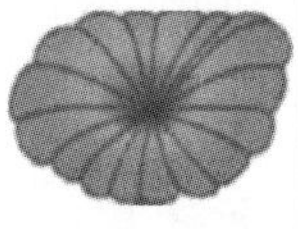<br>伞形帽</td><td>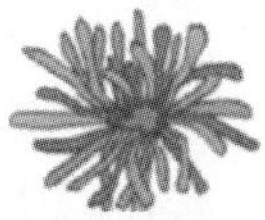<br>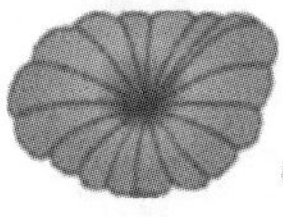<br>细胞质<br><br>细胞核</td></tr>
<tr><td></td><td>假根</td><td>细胞核</td></tr>
<tr><td>实验结论</td><td colspan="2">细胞核控制着细胞的代谢和遗传</td></tr>
</table></td></tr>
</table>

## 课例评析

本教学设计围绕生物学学科核心素养目标，以探究式教学为主线，采用演示法和讲授法等教学方法展开教学。首先采用复习导入法导入新课，即通过有针对性的复习为学习新知识做好铺垫。接着采用提问法一步步引导启发学生，利用 PPT 动画和自制教具直观演示主要实验过程，增强教学的直观性和形象性：自制教具的应用能克服多媒体转瞬即逝的弊端，能较好地化难为易，突破教学难点，激发学生学习兴趣。而学生通过观察分析，发现问题，逐渐培养自主学习的习惯和能力。通过请学生上台模拟演示伞藻核移植实验，使学生参与到课堂学习中，化被动的学习为主动的参与。板书设计图文并茂，新课讲授形象生动。在课堂的尾声，采用表格的形式总结得出细胞核的功能，提出问题引发学生思考。这样的结课既合理又耐人寻味，较好地实现了社会责任目标。

整个教学过程做到：有效引导学生开展探究性学习，讲解科学，演示直观生动，重点突出，难点突破，较好地完成了教学目标。

（1）创新性。教学方法具有创新性。有效引导学生开展探究性学习，通过 PPT 动画和教具的直观演示及学生上台演示活动，能较好培养学生观察分析实验的能力。

教具具有创新性。自制的伞藻教具直观形象，能够动态演示出伞藻嫁接与核移植实验过程。

（2）亮点。本教学的最大亮点是：组织学生开展探究活动，学生利用教具演示出核移植实验过程，体现了以学生为主的探究性教学理念。

（本教学设计荣获 2018 年“华文杯”全国生物教学技能大赛二等奖）

# 体液免疫——感应阶段

何宇静

## 教学设计

| 姓　名 | 何宇静 | 学　校 | 嘉应学院 |
| --- | --- | --- | --- |
| 指导教师 | 刁俊明、温茹淑 | 重点展示技能类型 | 演示技能 |
| 片段题目 | 体液免疫——感应阶段 | | |
| 教材分析 | “体液免疫”是人教版《高中生物》必修三第二章第四节的内容，免疫调节被列为内环境稳态的调节机制之一，内环境稳态的维持是依靠神经—体液—免疫调节共同作用的结果。教材中首先对神经调节、体液调节做了介绍，而后才开始介绍免疫调节，意在突出免疫系统对维持机体内环境稳态的重要作用，在更深层次上揭示生命活动的整体性，对引导学生认识生命系统结构和功能的整体性具有重要的意义。 | | |
| 学情分析 | 由于高二学生没有系统学习免疫学知识，其认知水平停留在以形象思维为主的水平上，对体液免疫这样抽象的内容理解起来有一定的困难，因此采用讲授法及演示法相结合的教学策略，引导学生进行探究性学习，培养学生独立思考探究的能力。 | | |
| 学科内容学习目标 | （1）生命观念目标（素养一）：<br>通过开展探究性学习，学生能概述体液免疫中感应阶段的过程并说出相关免疫细胞的功能。<br>（2）科学思维和科学探究目标（素养二、素养三）：<br>让学生观察和演示体液免疫中感应阶段的过程，学会获取信息并加以分析概括、提高语言表达能力，培养学生独立思考探究的能力。<br>（3）社会责任目标（素养四）：<br>学生认识到生物体局部和整体相统一的观点。 | | |
| 技能训练目标 | 演示技能训练目标：<br>（1）课堂演示做到及时、准确，科学形象，直观。<br>（2）演示 PPT 动画和自制教具做到直观生动。能够突出教学重点和突破教学难点。<br>（3）演示与讲解技能配合得当，善于启发引导观察，调动学生积极思考。<br>（4）能根据教学任务和中学生的特点把各种技能应用于教学实践。 | | |
| 教学方法 | 讲解法、提问法、演示法和探究学习法。 | | |
| 教学重点 | 体液免疫中感应阶段的过程。 | | |
| 教学难点 | 体液免疫中感应阶段相关免疫细胞的功能。 | | |

（续上表）

| 教学过程 | | | |
|---|---|---|---|
| 时　间 | 教师行为 | 预设学生行为 | 教学设计意图 |
| 1 分 12 秒 | **一、导入新课**<br>（1）导入方法：情境导入法。<br>（2）导入过程：<br>①播放“泡泡男孩”的电影片段，创设问题情境，激发学生学习新课的兴趣。<br>②由“泡泡男孩”实例联系本节课的免疫调节的知识，从而引入新课体液免疫。<br>（3）导入问题：免疫系统重不重要？如何发挥作用？<br>（4）板书：<br>2.4　免疫调节<br>一、体液免疫 | 学生在教师的引导下带着问题进行思考，并仔细阅读课本第 37 页的内容。<br>阅读课本，初步了解体液免疫的过程，对相关免疫细胞作用有初步的印象。 | 教师通过情境导入法创设问题情境，激发学生学习新课的兴趣，有目的地引导学生联系生活实际，以提问的方式激发学生的思维和学习动机。 |
| 30 秒 | **二、新课学习**<br>（1）引导学生自主学习：组织学生阅读课本第 37 页“体液免疫”的相关内容，了解体液免疫的过程，重点了解体液免疫的各种免疫细胞的功能。 | 回忆上节课的内容：人体的三道防线、相关免疫细胞的来源以及抗体与抗原的概念，与本节课体液免疫的内容联系起来。 | 教师指导学生自主学习，通过阅读课本加以引导使学生按照预定的学习任务进行学习。 |
| 5 分钟 | （2）引导学生复习回忆上节课的内容：人体的三道防线、相关免疫细胞的来源以及抗体与抗原的概念，使学生有熟悉感，尽快进入到本节课的学习中。<br>（3）边板书边简单讲解体液免疫中感应阶段的过程，让学生先有个整体大致的印象。<br>（4）播放详细讲解体液免疫感应阶段的动画，通过提问相关免疫细胞的作用来吸引学生注意，引导学生进行思考回忆，加深记忆，学生得以生动形象地理解掌握感应阶段的过程。<br>（5）请学生上台用教具演示感应阶段的过程，帮助学生理解记忆该过程。 | 跟着教师一起学习体液免疫中感应阶段的过程，了解掌握相关免疫细胞的功能。<br>用语言描述感应阶段的过程，结合教具演示加强对感应阶段过程的记忆。<br>学生在教师的引导下自然、敏锐地回答出相关免疫细胞的作用，脑海浮现感应阶段的整体过程。 | 采用引导复习方法，使学生回忆上节课的内容，提供原有知识与新知识之间联系的连结点。<br>通过教师讲解与动画播放的有机结合，使课程生动形象。再运用教具演示来加深印象，吸引学生注意力，激发学生的学习兴趣。<br>活动强化：通过教具演示的方式与学生互动，帮助学生理解记忆知识。 |

（续上表）

<table>
<tr><th colspan="4">教学过程</th></tr>
<tr><td>时　间</td><td>教师行为</td><td>预设学生行为</td><td>教学设计意图</td></tr>
<tr><td>40 秒</td><td>三、总结归纳<br>通过填表的方式帮助学生回忆感应阶段的过程并加深对相关免疫细胞功能的印象。<br><br>四、布置作业<br>布置练习和课后思考题，巩固知识。</td><td>学生课后回忆感应阶段的过程进行思考。</td><td>采用表格的形式，引导学生填空，总结归纳知识。<br><br>通过布置练习，达到强化学习的目的。</td></tr>
<tr><td>板书<br>设计</td><td colspan="3">2.4　免疫调节<br>一、体液免疫<br><br>抗原→吞噬细胞→T细胞→（淋巴因子）B细胞→记忆细胞<br>　　　　　　　　　　　　　　　　　B细胞→浆细胞　抗体<br>（抗原→B细胞）<br><br>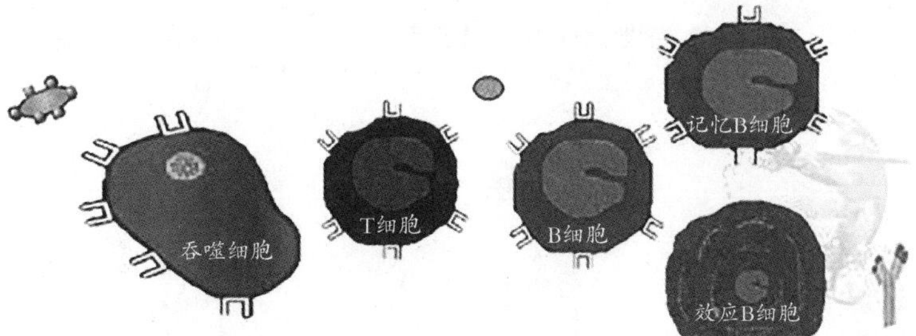<br></td></tr>
<tr><td>设计思<br>路说明</td><td colspan="3">秉承高中生物新课程标准倡导的以学生为主、启发引导和合作学习的教学理念，在“体液免疫”的过程教学中，以探究式教学为主线，同时结合多媒体教学和自制教具的演示讲解，通过问题情境导入、直观演示、合作演示、分析归纳、课堂练习的教学模式，实现师生互动、生生互动，使学生从感性的认识上升到理性的认识，最终达到预期的教学目标。<br>在课堂中以探究式教学为主线，通过提问、动画播放的演示讲解，将体液免疫中感应阶段的过程以及相关免疫细胞的作用动态化，让看不见、摸不着的知识变得具体、形象，从而取得较好的教学效果。<br>此外，让学生分组讨论上台合作模拟演示感应阶段的过程，再一次突出重点、分解难点，易于学生理解、体会体液免疫中感应阶段的反应。这种亲身探究、师生互动的教学模式正是新课程改革所倡导的。<br>本教学设计合理、完整，能较好地实现教学目标。</td></tr>
</table>

## 课例评析

本教学设计围绕生物学学科核心素养目标，以探究式教学为主线，采用演示法和讲授法等教学方法展开教学。首先采用情境导入法创设问题情境，激发学生学习新课的兴趣。接着通过提问、动画播放的演示讲解，将体液免疫中感应阶段的过程以及相关免疫细胞的作用动态化，让看不见、摸不着的知识变得具体、形象。组织学生分组讨论，并使用自制教具上台合作模拟演示感应阶段的过程，再一次突出重点，突破难点。新课讲授化抽象为形象，板书设计图文并茂。在课堂的尾声，通过填表的方式帮助学生加深对相关免疫细胞功能的印象，提出问题引发学生思考，这样的结课合理。

整个教学过程做到：有效引导学生开展探究性学习，讲解科学，演示直观生动，重点突出，难点突破，较好地完成了教学目标。

（1）创新性。教学方法具有创新性。引导学生开展探究性学习，通过 PPT 动画和教具的直观演示及学生上台演示活动，将体液免疫中感应阶段的过程动态化、具体化和形象化。

教具具有创新性。自制教具直观形象，将体液免疫中感应阶段的过程动态化、具体化和形象化。

（2）亮点。本教学的最大亮点是：组织学生开展探究活动，学生利用教具演示出感应阶段的过程，体现了以学生为主的探究性教学理念。

（本教学设计荣获 2017 年“华文杯”全国生物教学技能大赛二等奖）

# 自然选择决定生物进化的方向

邱晓星

## 教学设计

| 姓　名 | 邱晓星 | 学　校 | 嘉应学院 |
|---|---|---|---|
| 指导教师 | 刁俊明、温茹淑 | 重点展示技能类型 | 讲解技能、演示技能 |
| 片段题目 | 自然选择决定生物进化的方向 | | |
| 教材分析 | 本课的内容是人教版《高中生物》必修二第七章第二节的内容，主要讲述了自然选择对种群基因频率变化的影响，承接了达尔文的自然选择学说，从性状水平深入到基因水平；从以生物个体为基本单位，发展到以种群为基本单位。同时为接下来学习“隔离与物种的形成”奠定了重要的知识基础。因此，其在教材中起着承上启下的作用。 | | |
| 学情分析 | 由于高一学生已经有了一定的生物学基础，对生物学充满好奇，而且思维活跃，逻辑思维较强，因此，对于学习本片段理论性较强的内容具有一定的优势。 | | |
| 学科内容学习目标 | （1）生命观念目标（素养一）：<br>通过开展探究性学习，学生能说明自然选择决定生物进化的方向。<br>（2）科学思维和科学探究目标（素养二、素养三）：<br>通过探究学习，培养学生的分析、归纳能力。<br>（3）社会责任目标（素养四）：<br>形成生物进化的观点。 | | |
| 技能训练目标 | （1）讲解时做到生动准确，形象直观。学生观看 PPT 演示时，适时加以指导，并以层层深入、逐步过渡引导的方式，使学生在欢乐的氛围中学习，形成生物进化的观点，突出教学重点。<br>（2）适当地运用演示技能配合讲解技能，引导学生观察模拟进化情景和 PPT 演示过程，启发学生的科学思维。<br>（3）课堂演示做到及时、准确，科学形象，直观性好。 | | |
| 教学方法 | 讲解法、提问法、演示法和探究学习法。 | | |
| 教学重点 | 自然选择在生物进化中的作用。 | | |
| 教学难点 | 自然选择对种群基因频率变化的影响。 | | |

（续上表）

| 教学过程 | | | |
|---|---|---|---|
| 时　间 | 教师行为 | 预设学生行为 | 教学设计意图 |
| 1 分钟 | **一、导入新课**<br>（1）采用原有知识导入法：复习回顾突变和基因重组产生进化的原材料。让学生有熟悉感，为本节课内容的学习做好铺垫。<br>（2）承上启下地提问：突变和重组是否可以决定生物进化的方向？<br>（3）提出问题并设置悬念：生物进化的方向是什么因素决定的？<br>板书：<br>7.2.1　自然选择决定生物进化的方向<br>一、自然选择对种群基因频率变化的影响 | 在教师的引导下学生积极思考、回答问题。同时，他们产生了熟悉感，引起对本节课的兴趣。<br>学生通过上节课的学习，可以迅速回答出来。<br>学生带着问题，有目的地阅读课本第 116—118 页的内容。 | 导入技能（采用原有知识导入法）：启发引导学生温故知新。以复习、提问的教学活动开始，提供原有知识与新知识之间联系的支点。<br>提问技能：①承上启下地提问，有利于学生将知识点连贯起来，并更加容易接受和理解知识点。②通过问题来设置悬念，激发学生的学习兴趣，引导学生阅读课本。 |
| 5 分<br>30 秒 | **二、讲授新课**<br>通过演示法、观察分析法、魔术表演与进化情景模拟探究、创设数字化问题情境、演示 Flash 动画、结合生动的演示和讲解、小组讨论和归纳总结等方法，循序渐进地展开新内容的学习。<br>（1）魔术表演与进化情景模拟探究。<br>①魔术表演：通过表演魔术，变出桦尺蠖的模具。<br>②进化情景模拟：用直观形象的剪贴画和生动的 PPT 动画情境模拟桦尺蠖的进化，一步步地引导学生总结出“变黑的环境使 s 基因频率越来越低”这个结论。 | 学生对魔术十分感兴趣，注意力都集中在桦尺蠖上。<br>学生被直观生动形象的模拟进化情景所吸引，提高了注意力，学生积极思考并回答问题。 | 演示技能：一方面，魔术的表演可以引起学生的好奇心，集中学生的注意力。另一方面，模拟桦尺蠖的进化，可以加深学生的印象，并在讨论中总结出知识点，培养学生积极思考、勤于动脑的优良品质。 |

（续上表）

| 教学过程 | | | |
|---|---|---|---|
| 时　间 | 教师行为 | 预设学生行为 | 教学设计意图 |
| 5分<br>30秒 | （2）创设数字化问题情境。<br>通过创设数字化问题情境，分析数据，引导学生总结出“自然选择使基因频率定向改变”这个结论，并明白生物进化的本质是种群基因频率的改变。<br>（3）提出问题并总结。<br>①提出问题：在自然选择中，直接受选择的是基因型还是表现型？<br>②总结：引导学生思考并总结出“自然选择决定生物进化的方向”。<br>插入板书：<br>二、自然选择定方向<br>**三、知识梳理**<br>引导学生对本节课所学到的重要知识点进行梳理。<br>板书：<br>二、自然选择决定生物进化的方向 | 学生认真观察数据，分析基因频率的变化趋势，回答教师的提问，从而总结出结论。<br>学生通过思考，回答问题，并在教师的引导下，逐步总结出结论。<br>学生在教师引导下，在脑海里一步步地对知识点进行梳理。 | 讲解技能：用精练的语言进行数据分析，启发引导学生观察并总结。培养学生的观察、分析和归纳能力。 |
| 1分钟 | **四、课堂小测**<br>引导学生完成一道经典习题，促进学生掌握自然选择的作用，从而达成教学目标。 | 在教师引导下学生完成填空题。 | 强化技能：趁热打铁，对所学习的知识点进行梳理，加深学生的印象，方便学生理解和记忆。 |
| 2分<br>30秒 | **五、归纳总结**<br>（1）口诀：生物种群是单位，突变重组产材料，自然选择定方向。<br>（2）“口诀贴贴贴”游戏：让学生结合口诀内容进行游戏，并请两个小组上来进行游戏比赛。 | 学生齐声朗读口诀，对本节课的重点知识有了更牢固的记忆。<br>学生积极参与游戏活动。<br>学生通过本节课的学习，可以轻松地完成课后习题。 | 板书技能：改变传统的板书顺序，采用创新的方法。以课题为主线，设置悬念，进行探究学习，最后总结出结论再补充课题的板书，使学生恍然大悟，加深印象并建立知识构架。 |

（续上表）

| 教学过程 | | | |
|---|---|---|---|
| 时　间 | 教师行为 | 预设学生行为 | 教学设计意图 |
| 2 分<br>30 秒 | **六、布置作业**<br>（1）课后习题：导学案的课后习题。<br>（2）思考并预习：曼彻斯特地区的桦尺蠖，虽然基因频率发生了很大变化，但是并没有形成新的物种。为什么说它们没有形成新的物种？怎样判断两个种群是否属于一个物种。 | 学生带着对桦尺蠖的好奇心以及思考题，预习下一节“隔离与物种的形成”。 | 强化技能：运用经典习题，进行课堂小测，可以检测学生是否掌握了本节课的重难点。<br>结课技能：①采用口诀记忆法，可以让学生更加牢固地记住知识点。②开展趣味游戏，使学生在欢乐的氛围中学习，有助于记忆知识。③布置作业：A. 通过完成学案，可以进一步加深学生对知识点的理解。B. 使学生养成课前预习的习惯，为下节课的学习做好准备。 |
| **设计思路说明** | 秉承高中生物新课程标准倡导的以学生为主、启发引导和探究性学习的教学理念，在教学中，以探究式教学为主线，通过问题情境导入、直观演示、情境模拟、观察对比、分析归纳、习题检测、齐读口诀、趣味游戏的教学活动，实现师生互动、生生互动，使学生从感性的认识上升到理性的认识，最终达到预期的教学目标。<br>在课堂中大胆创新，以探究式教学为主线，为了突破教学难点，一方面，通过表演魔术、生动的 PPT 动画、模拟进化情境以及创设数字化问题情境等方式，增强教学的直观性和形象性，激发学生的学习兴趣；另一方面，通过设置悬念，开展生动形象的进化情景模拟和趣味游戏等教学活动，引导学生通过探究学习和讨论分析，掌握新知识，使学生在欢乐的氛围中学习，形成生物进化的观点，从而突破教学难点。<br>在归纳总结环节采用口诀记忆法和开展趣味游戏，使学生在欢乐的氛围中学习，有助于记忆知识，从而取得较好的教学效果。<br>本教学设计合理、完整，能较好地实现教学目标。 | | |

（续上表）

| | |
|---|---|
| 板书设计 | <br><br>7.2.1　自然选择决定生物进化的方向<br>一、自然选择对种群基因频率变化的影响<br>自然选择 ⟶ 适者生存 ⟶ 基因频率定向改变<br>二、自然选择定方向<br>自然选择决定生物进化的方向 |

## 课例评析

本教学设计围绕生物学学科核心素养目标，以探究式教学为主线，采用讲授法和演示法等教学方法展开教学。首先采用情境导入法创设问题情境，设置悬念。接着通过魔术表演与进化情景模拟和创设数字化问题情境探究，演示 Flash 动画，结合生动的演示和讲解，小组讨论和游戏比赛等环节循序渐进地展开新内容，让学生在欢乐的氛围中学习，形成生物进化的观点，从而突出重点，突破难点。新课讲授生动形象，板书设计图文并茂。在课堂的尾声，采用课堂小测和“口诀贴贴贴”游戏方式进行归纳总结，让学生更加牢固地记住知识点。最后提出问题引发学生思考。这样的结课既合理精彩，又耐人寻味。

整个教学过程做到：有效引导学生开展探究性学习，讲解科学，演示直观生动，重点突出，难点突破，较好地完成了教学目标。

（1）创新性。教学方法具有创新性。引导学生开展探究性学习，通过 PPT 动画和教具的直观演示及趣味游戏活动，将自然选择决定生物进化的方向的过程动态化、具体化和形象化。

教具具有创新性。自制桦尺蠖教具直观形象，将自然选择决定生物进化的方向的过程动态化、具体化和形象化。

（2）亮点。本教学的最大亮点是：组织学生开展探究活动，学生利用教具演示出自然选择决定生物进化的方向的过程，体现了以学生为主的探究性教学理念。

（本教学设计荣获 2016 年第四届广东省本科高校师范生教学技能大赛二等奖）

# 植物细胞的吸水与失水

林静娜

## 教学设计

| 姓　名 | 林静娜 | 学　校 | 嘉应学院 |
|---|---|---|---|
| 指导教师 | 廖富林 | 重点展示技能类型 | 演示技能、讲解技能 |
| 片段题目 | 植物细胞的吸水与失水 | | |
| 教材分析 | 本课例选自人教版《高中生物》必修一第四章第一节的内容。学习本节课的内容既能巩固细胞膜半透性功能，同时也为即将学习的“物质的跨膜运输”做了一个铺垫，在知识结构上起到承前启后的作用。 | | |
| 学情分析 | 学生已经熟悉细胞结构的相关知识。同时，他们对日常植物的吸水和失水现象有一定的感性认识，将生活中的现象引入新课，对现象产生兴趣，能更好地进入新课；中学生思维活跃，但其探究思维还不成熟，这就要求教师在教学过程中引导学生进行阅读、观察、思考，进而探究学习植物细胞的吸水和失水。 | | |
| 学科内容学习目标 | （1）生命观念目标（素养一）：<br>阐明植物细胞吸水和失水的条件，理解植物细胞原生质层是半透膜。<br>（2）科学思维和科学探究目标（素养二、素养三）：<br>培养学生独立思考、分析问题、解决问题和自主学习的能力。<br>（3）社会责任目标（素养四）：<br>通过探究植物细胞吸水、失水现象，培养学生认知内因与外因的辩证关系，透过事物现象看本质的马克思主义世界观。 | | |
| 技能训练目标 | （1）讲解时做到生动准确，形象直观。引导学生观察 Flash 动画和自制教具，将植物细胞吸水与失水过程形象化、具体化，突出教学重点。<br>（2）课堂演示做到及时、准确，科学形象。<br>（3）适当地运用演示技能配合讲解技能，引导学生观察植物细胞吸水与失水过程，启发学生的科学思维。 | | |
| 教学方法 | 讲解法、提问法、演示法和探究学习法。 | | |
| 教学重点 | 理解并掌握原生质层是半透膜以及植物细胞吸水和失水条件。 | | |
| 教学难点 | 植物细胞吸水和失水条件。 | | |

（续上表）

| 教学过程 | | | |
|---|---|---|---|
| 时　间 | 教师行为 | 预设学生行为 | 教学设计意图 |
| 1 分<br>30 秒 | **一、导入新课**<br>通过生活案例——菜市场菜贩给蔬菜洒水保持蔬菜的新鲜挺拔、凉拌蔬菜后有汁水渗出等情境提出问题，引发学生思考。通过设置问题情境：植物细胞是怎样进行吸水和失水的？它所涉及的结构是什么？导入新课。<br>板书：<br>4.1　植物细胞的吸水与失水 | 学生通过教师设置的情境对新课内容充满好奇，激发学习兴趣。学生带着问题，有目的地阅读课本第 61—63 页的内容，观察成熟的植物细胞模式图。 | 导入技能（情境导入）：设置问题情境，激发学生的学习兴趣，吸引学生的注意力。 |
| 3 分钟 | **二、展开课堂**<br>通过类比教学、观察分析、资料分析和播放 Flash 动画等方法循序渐进地展开新课。<br>（1）类比教学。<br>通过类比回顾成熟哺乳动物红细胞发生渗透的原理，探究植物细胞，鼓励引导学生思考问题：成熟的植物细胞，它的内部液体环境分布在哪里？它的半透膜是哪个部位？ | 学生跟着教师认真回顾知识点，带着问题认真思考。 | 演示技能：面向全体学生演示教具，引导学生观察思考问题。 |
| 7 分钟 | （2）观察分析。<br>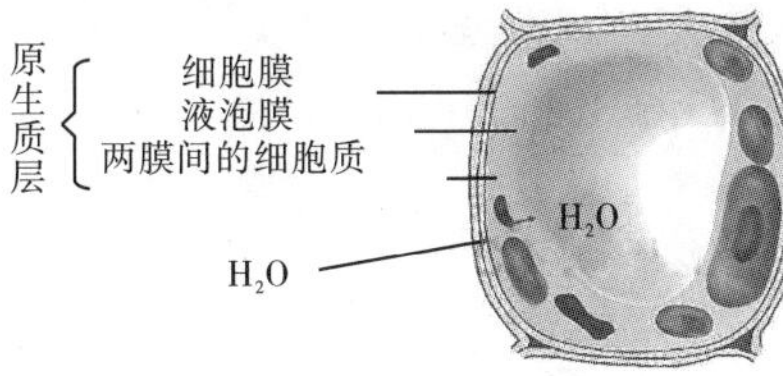<br><br>**图 1　成熟的植物细胞**<br>通过演示自制的植物细胞的模型和 PPT 展示植物细胞的结构示意图，引导学生观察分析，理解其内部液体环境的分布及原生质层的定义。<br>（3）资料分析和播放 Flash 动画。<br>通过资料分析和 Flash 动画，引导学生对植物细胞吸水、失水现象进行分析和理解，结合生动的语言讲解吸水和失水的原理。通过吸失水现象进一步引导学生得出“原生质层是半透膜”的结论。 | 学生通过阅读课本以及教师的引导、演示讲解来学习新课，理解原生质层的定义，培养学生的思考和分析问题的能力。<br>学生对资料进行分析和观看 Flash 动画，能够具体、直观地理解植物细胞吸水和失水的原理。 | 讲解技能：①注意语言技能的运用，如语速适当，语音清晰等。②注意讲解的阶段性，一次讲解的时间不要太长，长的讲解可以适当地分几段进行。③注意突出重点，在讲解中要对难点和关键点用语速、声调间接加以提示。<br>提问技能：设疑和引导提问。 |

（续上表）

<table>
<tr><th colspan="4">教学过程</th></tr>
<tr><th>时　间</th><th>教师行为</th><th>预设学生行为</th><th>教学设计意图</th></tr>
<tr><td>30 秒</td><td>三、归纳总结<br>回归课前的生活现象，让学生将生物情境融入生活实际，分析总结植物细胞吸水、失水原理。最后组织学生用音乐对新课所学知识点进行巩固记忆，以便学生系统学习。</td><td>学生借助播放的音乐巩固知识。</td><td>结课技能：通过总结归纳，加深学生对知识的理解。<br>板书技能：层次分明，简明扼要，重难点突出。</td></tr>
<tr><td>设计思路说明</td><td colspan="3">基于当前倡导的“学生为主体，教师为主导”的教学理念，根据高一学生的认知水平，在教学过程中融合类比教学、观察分析、资料分析和播放 Flash 动画等多种教法，着重培养学生观察分析能力和总结归纳能力。教学环节设计合理、完整，能较好地达到教学目标。<br>在导入时，通过生活现象引起学生的兴趣，激发学生思考。接下来利用类比法，类比原有知识，自然而然衔接新课内容，引发学生思考，巧妙地过渡到本节课的学习，符合学生的认知规律，有利于调动学生学习的积极性和主动性。在课堂中，应用多媒体和自制教具，讲解原生质层的概念和结构，让学生更容易理解知识点。通过 Flash 动画，将植物细胞吸水与失水过程形象化、具体化，帮助学生加深对知识的理解，提高课堂效率。用播放音乐的方式，再一次加深对新课知识点的记忆。</td></tr>
<tr><td>板书设计</td><td colspan="3">4.1　植物细胞的吸水与失水<br>一、条件　　细胞膜<br>　　　　　　细胞质 } 原生质层——→半透膜<br>　　　　　　液泡膜<br><br>胞内＜胞外，失水 } 浓度差<br>胞内＞胞外，吸水</td></tr>
</table>

## 课例评析

本教学设计围绕生物学学科核心素养目标，以探究式教学为主线，采用演示法和讲授法等教学方法展开教学。首先采用情境导入法用生活中植物吸水、失水现象创设问题情境，设置悬念。接着通过引导学生观察思考，自主探究，互相交流讨论，体现了学生的主体地位和教师的主导作用。应用多媒体动画和自制教具相结合，讲解原生质层的概念和结构，将植物细胞吸水与失水过程形象化、具体化，从而突出重点，突破难点。新课讲授生动形象，板书设计简明扼要，突出重点。在课堂的尾声，回归课前的生活现象，让学生将生物情境融入生活实际，分析总结植物细胞吸水、失水原理。最后组织学生用音乐对新课所学知识点进行巩固记忆、归纳总结。最后提出问题引发学生思考。这样的结课既合理又耐人寻味!

整个教学过程做到：有效引导学生开展探究性学习，讲解科学，演示直观生动，重点突出，难点突破，较好地完成了教学目标。

（1）创新性。教学方法具有创新性。引导学生开展探究性学习，通过应用多媒体动画和自制教具相结合，讲解原生质层的概念和结构，将植物细胞吸水与失水过程形象化、具体化。

教具具有创新性。自制的植物细胞模型教具直观形象，将植物细胞吸水与失水过程形象化、具体化。

（2）亮点。本教学的最大亮点是：应用多媒体动画和自制教具相结合，讲解原生质层的概念和结构，将植物细胞吸水与失水过程形象化、具体化，体现了以学生为主的探究性教学理念。

（本教学设计荣获2016年第四届广东省本科高校师范生教学技能大赛三等奖）

# 食物链与食物网

谢燕芳

## 教学设计

| 姓　名 | 谢燕芳 | 学　校 | 嘉应学院 |
|---|---|---|---|
| 指导教师 | 刁俊明、温茹淑 | 重点展示技能类型 | 讲解技能 |
| 片段题目 | 食物链与食物网 | | |
| 教材分析 | 本课例选自人教版《高中生物》必修三第五章第一节的内容，主要讲述了生态系统的营养结构，上承生态系统的组成成分，下接生态系统的能量流动，因此在教材中起着承上启下的作用。 | | |
| 学情分析 | 高二的学生具有一定的生物学基础，同时具有一定的阅读能力、思维能力和探究能力。 | | |
| 学科内容学习目标 | （1）生命观念目标（素养一）：<br>说出食物链、食物网的概念。学会在食物网中找食物链。通过动植物之间的食物联系，学会分析食物链中的生产者和消费者，并能正确书写食物链。<br>（2）科学思维目标和科学探究目标（素养二、素养三）：<br>通过思考食物链与食物网相关问题，提升归纳能力和知识联系实际的能力。<br>（3）社会责任目标（素养四）：<br>通过小组讨论，体验合作学习的乐趣。通过体验，认同生物之间的食物关系。 | | |
| 技能训练目标 | （1）讲解的过程要符合科学性的要求，讲解时做到直观生动，要富有启发性和趣味性。<br>（2）讲解要和提问技能配合得当，善于启发引导观察，调动学生学习积极性。<br>（3）能根据教学任务和中学生的特点把各种技能应用于教学实践。 | | |
| 教学方法 | 讲解法、提问法、演示法和探究学习法。 | | |
| 教学重点 | 营养等级、消费等级。 | | |
| 教学难点 | 食物链的特点和在食物网中找食物链。 | | |

（续上表）

| 教学过程 | | | |
|---|---|---|---|
| 时　间 | 教师行为 | 预设学生行为 | 教学设计意图 |
| 1 分 30 秒 | **一、导入新课**<br>（1）复习导入法：借助多媒体课件，引导学生回顾上节课生态系统的组成成分的内容要点。<br>（2）情境导入法：利用多媒体课件展示一个关于食物链的故事，并请学生小组进行角色扮演，利用自制教具（带有动物形象的帽子和箭头）合作演示故事中四种生物之间的捕食关系，从而引出本节课学习的内容——食物链，同时激发学生的学习兴趣。<br>板书：<br>5.1.2　食物链与食物网 | 学生回答问题，带着对已有知识的了解来学习新的知识。<br>角色扮演：学生被食物链的故事吸引，积极参与演示四种生物之间的捕食关系，激发了学习兴趣。 | 导入技能（复习提问导入）：以提问的方式回顾上节课的知识，温故而知新。<br>情境导入：利用食物链的故事导入，组织学生合作演示故事中四种生物之间的捕食关系情境，激发学生的学习兴趣，提高学生的注意力。 |
| 6 分 30 秒 | **二、讲授新课**<br>以问题探索式为主线，通过角色扮演、观察分析法、小组讨论、竞赛活动、问题抢答、启发提问、生动讲解和归纳总结等方法，循序渐进地展开新内容的学习。<br>（1）观察分析故事情节。<br>组织学生阅读故事：根据学生角色扮演所演示的“水稻→老鼠→猫→狼”序列中出现的捕食关系，引导给出食物链的概念：生物之间由于食物关系而形成的一种联系。<br>（2）启发提问。<br>提问：食物链中箭头的意义是什么？<br>①体现捕食关系。<br>②能量流动的方向。<br>（3）小组讨论。<br>通过观察 3 条食物链，引导学生归纳总结出食物链的特点：<br>①组成：生产者和消费者。<br>②起点：生产者；终点：不被其他动物所食的动物。<br>③方向：被捕食者→捕食者。 | 学生通过观察故事中的吃与被吃的关系及角色扮演，深刻体会食物链的“食物关系”。<br>学生思考并回答问题。<br>学生开展小组讨论，学生小组代表回答食物链的特点。<br>体会小组学习的乐趣。 | 讲解技能：组织学生分析故事情节，用准确的语言，引导学生说出食物链的概念。<br>提问技能：根据食物链实例进行启发提问。<br>讲解技能：提出问题，启发学生回答问题，采用对比法讲解 3 条食物链，对比得出食物链的特点，使学生深刻认知食物链。<br>采用观察法，启发讲解消费者级别和营养级级别的关系。 |

（续上表）

| 教学过程 | | | |
|---|---|---|---|
| 时　间 | 教师行为 | 预设学生行为 | 教学设计意图 |
| 6 分<br>30 秒 | （4）启发讲解营养级。<br>采用观察法，通过分析具体的食物链，引出营养级的概念：指处于食物链某一环节上的所有生物种的总和。引导学生了解食物链各个生物所占的营养级，同时了解动物营养级与消费者等级的关系。<br>板书：<br>生产者　初级消费者　次级消费者　三级消费者<br>水稻 ⟶ 老鼠 ⟶ 猫 ⟶ 狼<br>第一营养级　第二营养级　第三营养级　第四营养级<br>规律一：同种生物，所属消费者级别和所处的营养级级别一定是不同的（差一级）。<br>（5）启发讲解食物网。<br>展示草原上的食物网彩色图片和自制挂图。启发讲解根据生态系统存在着多种捕食关系，多条食物链相互交错构成网状结构，引出食物网的概念：许多食物链彼此相互交错连接成的复杂营养结构。<br>（6）竞赛活动。<br>以个人小竞赛的形式，鼓励学生自己数清食物链的数量，从而掌握数食物链的方法，同时提问学生。<br>（7）问题抢答活动。<br>展示两道抢答题：<br>①猫头鹰有哪些营养级？<br>②蜘蛛和青蛙的种间关系？<br>通过思考题了解食物网中生物之间的关系以及总结出规律二：动物的营养级在不同的食物链中不一定相同。 | 学生观察食物链中的营养级级别。<br>学生认真观察草原上的食物网彩色图片和自制挂图。<br>学生主动参与小竞赛，通过竞赛回答问题，掌握数食物链的方法。<br>学生积极抢答。 | 板书技能：采用图表法，简洁明了。使学生深刻地认识生物所占的营养级及组成成分。<br>讲解技能：利用多媒体课件展示和自制挂图相结合的方法，启发讲解食物网的概念。<br>讲解技能：采用个人竞赛的形式，启发讲解数清食物网中食物链的数量的方法，增加课堂的趣味性。<br>开展问题抢答活动，很好地调动了学生的学习积极性，使学生更容易掌握知识，总结规律。 |
| 1 分钟 | **三、归纳总结**<br>（1）完成表格：让学生进一步了解食物链中的生物类型、营养状况以及食物链和食物网的作用。<br>（2）用自编的顺口溜总结本节课的学习内容，方便学生记忆：<br>生产者、消费者，两者结合构成链；小指大，营养级，要注意；多条链，相交错，形成网；食物网，越复杂，越稳定。 | 学生完成填空内容，进行总结和对比，内化知识。<br>学生齐读顺口溜，加深印象。<br>在教师引导下学生完成选择题。 | 结课技能：采用列表对比法，引导学生完成填空内容，很好地总结、对比和内化知识。<br>采用顺口溜记忆法，可以让学生更加牢固地记住知识点。 |

（续上表）

<table>
<tr><th colspan="4">教学过程</th></tr>
<tr><th>时　间</th><th>教师行为</th><th>预设学生行为</th><th>教学设计意图</th></tr>
<tr><td>30 秒</td><td>四、巩固新知<br>通过两道练习题，巩固学生所学知识，同时加强对新知识的理解和运用。</td><td>学生带着课后思考问题，预习生态系统的能量流动。</td><td>强化技能：通过练习题的方式强化知识的理解与运用。</td></tr>
<tr><td>30 秒</td><td>五、布置作业<br>给学生布置一道课后思考题：为什么食物链一般不超过五个营养级？要求学生带着这个问题预习下一节：生态系统的能量流动。</td><td></td><td>结束技能：布置预习任务，让学生带着问题预习新课。</td></tr>
<tr><td>设计思路说明</td><td colspan="3">秉承高中生物新课程标准倡导的以学生为主和探究性学习的教学理念，联系生活实际，采用多媒体辅助和传统教学媒体相结合的手段，在教学中，以探究式教学为主线，通过故事情境导入、观察分析法、小组讨论、竞赛活动、问题抢答、归纳总结和课堂小测等教学活动，实现师生互动、生生互动，使学生从感性的认识上升到理性的认识，最终达到预期的教学目标。<br>在课堂中大胆创新，以探究式教学为主线，为了突破教学难点，一方面，联系生活实际，设置生动有趣的食物链的故事情境导入新课，组织学生合作演示故事中四种生物之间的捕食关系情境，极大地激发了学生的学习兴趣；另一方面，通过观察分析法、小组讨论、竞赛活动、问题抢答、归纳总结和课堂小测等教学活动，让学生最大程度地参与到课堂中来，引导学生通过探究学习和讨论分析，掌握新知识，从而突破教学难点。<br>在归纳总结环节采用列表对比法，引导学生完成填空内容，很好地总结、对比和内化知识；并采用顺口溜记忆法，可以让学生更加牢固地记住知识点，从而取得较好的教学效果。<br>本教学设计合理、完整，能较好地实现教学目标。</td></tr>
<tr><td>板书设计</td><td colspan="3">5.1.2　食物链与食物网<br>一、食物链<br>生产者　初级消费者　次级消费者　三级消费者<br>水稻 ⟶ 老鼠 ⟶ 猫 ⟶ 狼<br>第一营养级　第二营养级　第三营养级　第四营养级<br>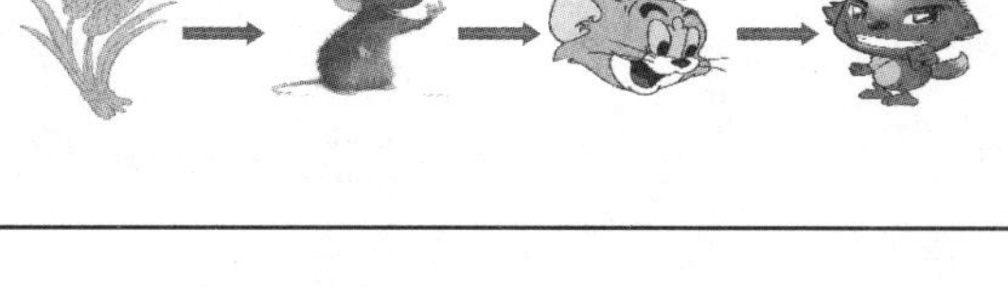<br>二、食物网</td></tr>
</table>

## 课例评析

本教学设计围绕生物学学科核心素养目标，以探究式教学为主线，采用讲授法和提问法等教学方法展开教学。首先采用故事情境导入新课，即组织学生通过角色扮演演示故事中四种生物之间的捕食关系情境，极大地激发了学生的学习兴趣。接着通过观察分析法、小组讨论、竞赛活动、问题抢答等环节循序渐进地展开新内容的学习，让学生最大程度地参与到课堂中来。引导学生通过探究学习和讨论分析，掌握新知识，从而突出重点，突破难点。新课讲授生动形象，板书设计图文并茂，既采用列表对比法总结、对比和内化知识，又采用顺口溜记忆法进行归纳总结，让学生更加牢固地记住知识点。采用课堂小测方式强化知识的理解与运用。最后布置一道课后思考题，提出问题引发学生思考，这样的结课既合理又耐人寻味。

整个教学过程做到：有效引导学生开展探究性学习，讲解科学，演示直观生动，重点突出，难点突破，较好地完成了教学目标。

（1）创新性。教学方法具有创新性。引导学生开展探究性学习，通过学生角色扮演故事情境、观察分析、小组讨论、竞赛活动、问题抢答、顺口溜记忆法归纳总结等教学活动，将食物链与食物网的特点动态化、具体化和形象化。

教具具有创新性。自制带有动物形象的帽子和箭头的教具直观形象，将食物链动态化、具体化和形象化。

（2）亮点。本教学的最大亮点是：组织学生开展探究活动，组织学生采用自制教具进行角色扮演，合作演示生物之间的捕食关系，并采用顺口溜记忆法归纳总结等教学活动，体现了以学生为主的探究性教学理念。

（本教学设计荣获2016年第四届广东省本科高校师范生教学技能大赛优秀奖）

# 有丝分裂——分裂期

陈惠如

## 教学设计

| | | | |
|---|---|---|---|
| 姓　名 | 陈惠如 | 学　校 | 嘉应学院 |
| **指导教师** | 刁俊明、温茹淑 | **重点展示技能类型** | 讲解技能、演示技能 |
| **片段题目** | 有丝分裂——分裂期 | | |
| **教材分析** | 本课例是人教版《高中生物》必修一第六章第一节的内容，是高中生物教材中的一个重点章节，同时也是历年高考的重要考点之一，本课回应了“细胞学说”中的细胞只能由细胞分裂而来，也为后面学习减数分裂过程，掌握遗传规律打下基础。因此，在教材中起到承上启下的作用。 | | |
| **学情分析** | 本课例教学的对象是高一学生，他们具有一定的生物学知识，也有一定的抽象思维能力，但有丝分裂的过程发生于微观世界，染色体变化复杂，学生对有丝分裂的理解容易停留在静态、分割的层面，难以在脑海中形成分裂过程本身具有的动态性和连续性。因此，本课例致力于帮助学生理清有丝分裂的过程这一重点和突破染色体行为的变化这一难点。 | | |
| **学科内容学习目标** | （1）生命观念目标（素养一）：<br>简述有丝分裂各时期的特点并能概述其过程。<br>（2）科学思维目标和科学探究目标（素养二、素养三）：<br>通过对有丝分裂各时期图像的分析，培养学生的识图能力和形象思维能力。<br>（3）社会责任目标（素养四）：<br>通过对细胞内遗传物质变化规律的认识，认同生命的运动性，初步形成事物发展过程中由量变到质变的唯物辩证观。 | | |
| **技能训练目标** | （1）讲解的过程要符合科学性的要求，讲解时做到直观生动，要富有启发性和趣味性。<br>（2）讲解要和提问技能配合得当，善于启发引导观察，调动学生学习积极性。<br>（3）演示做到及时、准确，科学形象，直观性好。<br>（4）能根据教学任务和中学生的特点把各种技能应用于教学实践。 | | |
| **教学方法** | 讲解法、提问法、演示法和探究学习法。 | | |
| **教学重点** | 有丝分裂的过程。 | | |
| **教学难点** | 染色体行为的变化。 | | |

（续上表）

| 教学过程 | | | |
| --- | --- | --- | --- |
| 时　间 | 教师行为 | 预设学生行为 | 教学设计意图 |
| 1 分 30 秒 | **一、导入新课**<br>上节课所学的分裂间期的特点是本节课的基础，因此本节课采用原有知识导入法和情境导入法导入新课。<br>（1）导入方法：原有知识导入法之提问式复习。<br>（2）导入过程：借助多媒体课件引导学生回忆上节课分裂间期的特点，教师运用引导式语言带领同学们进行填空式复习，同时用教具展示 DNA 分子的复制结果。<br>（3）问题情境导入：双份的 DNA 分子是怎样分配到两个子细胞中去的呢？<br>板书：<br>6.1　有丝分裂——分裂期<br>分裂期　　变化特征： | 学生在教师的引导下进行思考、回答分裂间期的特点。<br>温故而知新，并且带着好奇心进入新课的学习。<br>带着问题，有目的地阅读课本第 112—113 页的内容。 | 导入技能（原有知识导入法）：启发引导学生温故而知新。以复习、提问和演示教具等教学活动，提供原有知识与新知识之间联系的支点。<br>问题情境导入：设置问题情境，激发学生的学习兴趣，吸引学生的注意力。 |
| 6 分钟 | **二、新课讲解**<br>通过演示法、观察分析法、演示 Flash 动画和动态教具相结合讲解、小组讨论和学生演示等方法，循序渐进地展开新内容的学习。<br>（1）播放有丝分裂视频，生动讲解。<br>通过播放 Flash 动画，结合生动的语言讲解有丝分裂的过程，引导学生观察有丝分裂过程的整体性和连续性，强调观察染色体的行为变化。<br>（2）演示动态教具和 Flash 动画相结合，引导学生观察分析分裂期各个时期的特点。<br>①前期特点。<br>通过演示 Flash 动画和自制教具相结合来讲解前期的变化，引导学生一起概括前期的特点：膜仁消失现两体。<br>②中期和后期的特点。<br>在前期的基础上通过自制动态模型演示中期的变化，进而演示后期的变化，让学生更直观地观察到细胞内发生的变化。<br>引导学生用顺口溜总结出中期、后期的特点：形定数晰赤道齐，一分为二向两极。 | 学生认真观看 Flash 动画，初步体验有丝分裂过程的整体性和连续性。 | 讲解技能：要求启发引导，语言生动、精练。①注意语言技能的运用，如语速、语调适当，语音清晰等。②注意突出重点，在讲解中要对难点和关键点加以提示和停顿。 |

（续上表）

| 教学过程 | | | |
|---|---|---|---|
| 时　间 | 教师行为 | 预设学生行为 | 教学设计意图 |
| 6 分钟 | ③末期特点。<br>通过播放 Flash 动画和生动讲解末期的变化，引导学生一起总结出其特点为：两消两现重开始。<br>（3）小组讨论和学生演示染色体的行为变化。<br>激励、引导学生小组讨论染色体行为的变化。教师在黑板上画一个大的植物细胞，画出细胞壁和细胞膜，请 2 位学生上台合作模拟演示染色体在前、中、后三个时期的行为变化。教师进行点评。 | 学生仔细观察有丝分裂各时期细胞的变化特点，重点观察染色体的行为变化。<br>学生完全参与到课堂的学习中，亲身体验有丝分裂的过程，并概述各时期的特点。 | 演示技能：面向全体学生及时演示教具和 Flash 动画，两者有机结合。做到边演示边讲解，引导学生观察和思考问题，让教具等媒体抓住学生的注意力。并且结合形象的手势来演示讲解。<br>演示技能：教师在黑板上画一个大的植物细胞，激励、引导学生直观地模拟演示染色体的行为，帮助学生准确记忆有丝分裂的主要特征。 |
| 1 分钟 | **三、归纳总结**<br>引导学生归纳总结出染色体在整个有丝分裂过程中的变化特点。 | 学生通过归纳总结，巩固新知，加深印象。 | 结课技能：引导学生概括总结染色体在整个有丝分裂过程中的变化。 |
| 1 分<br>30 秒 | **四、课堂练习**<br>引导学生完成 2 道经典例题，促进学生掌握有丝分裂的主要特征，从而达成教学目标。 | 在教师引导下学生完成选择题。 | 采用选择题的形式来巩固和活化知识，加深学生对有丝分裂的理解。 |
| **板书设计** | 6.1　有丝分裂——分裂期<br>变化特征：<br>分裂期<br>1. 前期：膜仁消失现两体 <br>2. 中期：形定数晰赤道齐 <br>3. 后期：一分为二向两极 <br>4. 末期：两消两现重开始  | | |

（续上表）

| | |
|---|---|
| 设计思路说明 | 秉承高中生物新课程标准倡导的以学生为主、启发引导和合作学习的教学理念，在有丝分裂的过程教学中，以探究式教学为主线，同时结合多媒体教学和自制动态教具的演示讲解，通过问题情境导入、直观演示、观察对比、分析归纳、合作演示、课堂练习的教学方法，实现师生互动、生生互动，使学生从感性的认识上升到理性的认识，最终达到预期的教学目标。<br>在课堂中大胆创新，以探究式教学为主线，通过提问、讨论、播放 Flash 动画和动态教具相结合的演示讲解，将有丝分裂的主要特征和连续过程进行互补整合，让看不见、摸不着的知识变得具体、形象，克服了 Flash 动画转瞬即逝的弊端，较好地化难为易，化抽象为形象，从而取得较好的教学效果。<br>此外，让学生上台模拟演示染色体行为的变化辅助教学，再一次突出重点，突破难点，易于学生准确掌握有丝分裂的主要特征。这种亲身探究、生生互动的教学模式和学习方式正是新课程改革所倡导的。<br>本教学设计合理、完整，能较好地实现教学目标。 |

## 课例评析

本教学设计围绕生物学学科核心素养目标，以探究式教学为主线，采用讲解法和演示法等教学方法展开教学。首先采用原有知识导入法和问题情境导入法导入新课。接着通过直观演示、观察对比、分析归纳、合作演示的教学方法，实现师生互动、生生互动。采用播放 Flash 动画和自制动态教具相结合的演示讲解，将有丝分裂的主要特征和连续过程进行互补整合，让看不见、摸不着的知识变得具体、形象，克服了 Flash 动画转瞬即逝的弊端，较好地化难为易，化抽象为形象，从而突出重点，突破难点。新课讲授生动形象，板书设计图文并茂。采用顺口溜记忆法进行归纳总结，让学生准确掌握有丝分裂的主要特征。采用课堂小测方式强化知识的理解与运用。

整个教学过程做到：有效引导学生开展探究性学习，讲解科学，演示直观生动，重点突出，难点突破，较好地完成了教学目标。

（1）创新性。教学方法具有创新性。引导学生开展探究性学习，通过直观演示、观察对比、分析归纳、合作演示的教学方法，实现师生互动、生生互动。采用播放 Flash 动画和自制动态教具相结合的演示讲解，将有丝分裂的主要特征和连续过程动态化、具体化和形象化。

教具具有创新性。自制的立体动态化有丝分裂教具直观形象，将有丝分裂的主要特征和连续过程动态化、具体化和形象化。

（2）亮点。本教学的最大亮点是：组织学生开展探究活动，自制的立体动态化有丝分裂教具直观形象，将有丝分裂的主要特征和连续过程动态化、具体化和形象化，体现了以学生为主的探究性教学理念。

（本教学设计荣获 2015 年第三届广东省本科高校师范生教学技能大赛二等奖）

## 附：合作演示

请2位学生上台演示：前期、中期、后期三个时期染色体的变化。

两人合作演示，一名学生先画出四条纺锤丝（如图2所示），每人各拿两条染色体进行演示（如图3、4、5所示），同时一人边演示边讲解。时间控制在1分钟内。

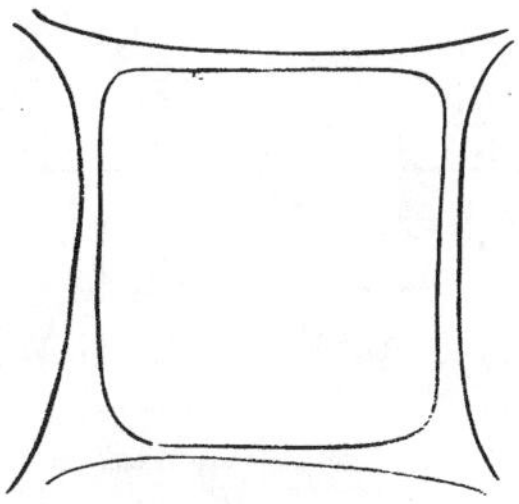

图1　植物细胞

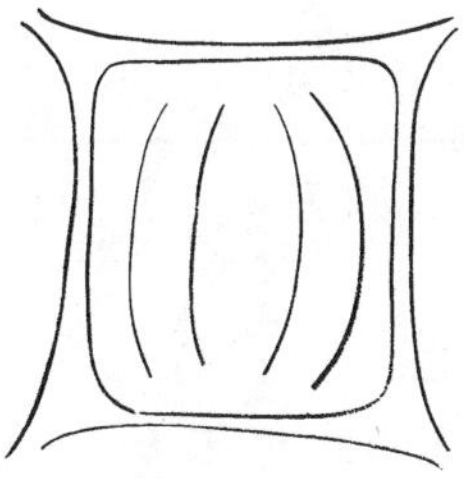

图2　画出四条纺锤丝

图3　前期（染色体散乱分布）

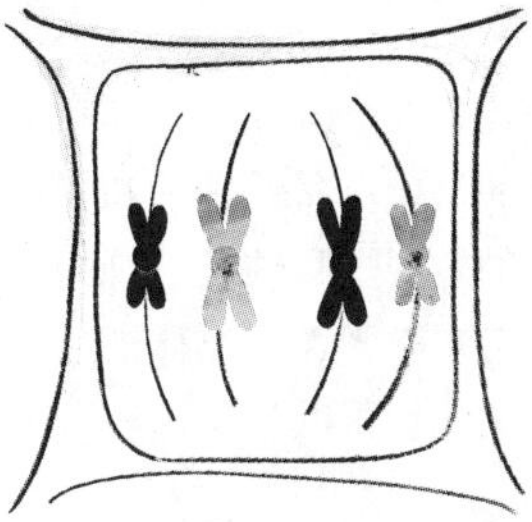

图4　中期（着丝点都排在赤道板上）

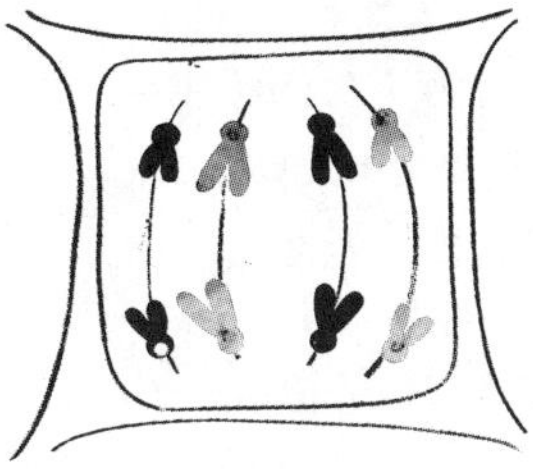

图5　后期

（着丝点分裂，姐妹染色单体分开，分别移向细胞的两极）

# 基因指导蛋白质的合成（一）：遗传信息的转录

李明凤

## 教学设计

<table>
<tr><td>姓　名</td><td>李明凤</td><td>学　校</td><td>嘉应学院</td></tr>
<tr><td>指导教师</td><td>温茹淑、郑清梅</td><td>重点展示技能类型</td><td>讲解技能、演示技能</td></tr>
<tr><td>片段题目</td><td colspan="3">基因指导蛋白质的合成（一）：遗传信息的转录</td></tr>
<tr><td>教材分析</td><td colspan="3">本课例选自人教版《高中生物》必修二第四章第一节第一部分，主要讲遗传信息的转录过程，承接了上一章基因本质的内容，同时是遗传信息翻译的基础。因此本课例的内容在教材中起着承上启下的作用。</td></tr>
<tr><td>学情分析</td><td colspan="3">高二的学生具备一定的知识水平，思维能力、学习能力也得到了一定的发展，但对抽象复杂的微观过程缺乏直观的认识；基因表达过程比较抽象且难以理解。因此，本节课要采用直观教学，多媒体辅助教学、教具演示与播放视频相结合的教学方法，将抽象的内容形象化，帮助学生理解知识点。</td></tr>
<tr><td>学科内容学习目标</td><td colspan="3">（1）生命观念目标（素养一）：<br>①说明转录的场所、模板、原料、原则和条件。<br>②区别 RNA 的三种类型。<br>（2）科学思维目标和科学探究目标（素养二、素养三）：<br>①分析 DNA 和 RNA，对照得出类比方法，培养学生归纳总结的能力。<br>②运用分析归纳法处理信息。<br>（3）社会责任目标（素养四）：<br>①培养探索生命活动基本规律的精神。<br>②形成科学的世界观。</td></tr>
<tr><td>技能训练目标</td><td colspan="3">（1）讲解的过程要符合科学性的要求，讲解时做到直观生动，要富有启发性和趣味性。<br>（2）讲解要和提问技能配合得当，善于启发引导观察，调动学生学习积极性。<br>（3）演示做到及时、准确，科学形象，直观性好。<br>（4）能根据教学任务和中学生的特点把各种技能应用于教学实践。</td></tr>
<tr><td>教学方法</td><td colspan="3">讲解法、提问法、演示法和探究学习法。</td></tr>
<tr><td>教学重点</td><td colspan="3">RNA 的基本单位、化学组成和种类。</td></tr>
<tr><td>教学难点</td><td colspan="3">遗传信息的转录过程。</td></tr>
</table>

（续上表）

<table>
<tr><th colspan="4">教学过程</th></tr>
<tr><th>时　间</th><th>教师行为</th><th>预设学生行为</th><th>教学设计意图</th></tr>
<tr><td>2 分钟</td><td>一、导入新课<br>上节课所学的 DNA 的复制、基因的本质是本节课的基础，因此本节课采用原有知识导入法导入新课。<br>（1）导入方法：原有知识导入法之填空式复习。<br>（2）导入过程：借助多媒体课件引导学生回忆上节课基因的本质和位置以及蛋白质的合成场所内容要点，运用引导式语言带领同学们进行填空式复习。<br>（3）根据复习的知识要点引出主题：由于 DNA 所在位置和蛋白质合成的场所并不一致，所以在两者之间需要一个中间物质充当信使来传递信息，这个信使就是 RNA。然后提出问题：“为什么 RNA 适合做 DNA 的信使?”如此，让学生带着问题与好奇进入新课。</td><td>温故而知新，在教师的引导下进行思考、回答，复习原有知识。</td><td>导入技能（原有知识导入法）：引导学生温故而知新。以复习、提问等教学活动开始，提供原有知识与新知识之间联系的支点，并以此启发学生对问题深入探究，激发学生的学习兴趣。</td></tr>
<tr><td>6 分钟</td><td>二、展开<br>通过比较分析、模型演示、播放视频等方法循序渐进地展开新内容的学习。<br>（1）比较分析。<br>让学生带着问题自主阅读课本相关内容，并且进行小组讨论，完成 DNA 与 RNA 的比较表格。讨论完成后，教师请各组代表回答，然后总结出 RNA 适合做 DNA 信使的原因。<br><br>表 1　DNA 与 RNA 对比情况
<table>
<tr><td>比较项目</td><td>DNA</td><td>RNA</td></tr>
<tr><td>基本单位</td><td>脱氧核糖核苷酸</td><td>核糖核苷酸</td></tr>
<tr><td>五碳糖</td><td>脱氧核糖</td><td>核糖</td></tr>
<tr><td>含氮碱基</td><td>A G C T</td><td>A G C U</td></tr>
<tr><td>结构</td><td>多为双链</td><td>多为单链</td></tr>
<tr><td>主要存在部位</td><td>细胞核</td><td>细胞质</td></tr>
</table>
接着简单讲述 RNA 的三种类型。<br>板书：<br>4.1.1　遗传信息的转录<br>一、DNA 和 RNA 的比较</td><td>学生带着问题有目的地阅读课本第 62—63 页内容，与小组成员讨论比较 DNA 与 RNA 的异同，积极回答问题，并在教师的指导下分析和总结出 RNA 能作为信使的原因。</td><td>讲解技能：引导学生分析比较，对比讲解。<br><br>板书技能：层次分明，简明扼要，重点突出。</td></tr>
</table>

（续上表）

| 教学过程 | | | |
|---|---|---|---|
| 时　间 | 教师行为 | 预设学生行为 | 教学设计意图 |
| 6 分钟 | （2）模型演示。<br>用自制的教具向学生分步演示转录的过程，包括：解旋、碱基互补结合、形成 mRNA、释放这四个步骤，边演示边结合语言进行讲解，把抽象、复杂、微观的转录过程形象化、宏观化，让学生能更好地理解转录的过程。<br>（3）播放视频。<br>向学生展示连续的转录的过程，让他们在脑海中把整个转录过程连贯起来，加深印象。<br>板书：<br>二、转录过程<br>解旋⟶碱基互补结合⟶mRNA ⟶释放 | 学生认真听教师的讲解和观看演示，能够具体、直观地理解遗传信息的转录过程。<br>学生认真观看视频，完全参与到课堂的学习中，亲身体验转录过程的实质。 | 演示技能：演示及时，面向全体学生演示，引导观察思考问题。<br>讲解技能：要求启发引导，语言生动、精练。①注意语言技能的运用，如语速适当，语音清晰。②注意突出重点，在讲解中要对难点和关键处加以提示和停顿。 |
| 1 分钟 | **三、归纳总结**<br>以填空的方式让学生水到渠成地总结出本节课的重难点内容：转录的场所、模板、原料、原则和条件。 | 学生自然、敏锐地回答出转录的概念，脑海浮现转录过程。 | 结课技能：引导学生概括总结知识，采用知识网络结构的形式来巩固和活化知识点。 |
| 1 分钟 | **四、课堂练习**<br>最后的环节，通过一道选择题来检查学生的学习情况。<br>**五、课后作业**<br>完成 DNA 复制和转录的比较表，让学生掌握复制和转录的异同，从而达成教学目标。 | 学生运用所学的新知识回答问题。 | |
| **设计思路说明** | 新课标提倡教学要“以学生为主体，教师为主导”，在本课教学中，让学生带着问题进行自主学习，并以小组为单位通过讨论、分析、总结来解决问题，充分发挥学生的主体地位，调动学生的积极性，培养学生良好的自学习惯。通过小组合作既能培养学生良好的团队精神，又能够拓展学生的思路。<br>在导入过程中，通过复习上节课内容，找到新旧知识的连接点：DNA 指导蛋白质的合成但两者并不在同一个位置上，因此自然而然地引出本节课的主题——充当信使的 RNA，这样学生就能顺利地从旧知识过渡到新内容上。 | | |

（续上表）

| | |
|---|---|
| 设计思路说明 | 遗传信息的转录涉及微观方面的内容，抽象且难以理解，因此在教学中尽量使用形象直观的教学方法来实现教学目标。为了让学生更直观地了解转录过程，使用多媒体与自制的教具演示相结合来分步演示转录的过程，边演示边结合语言进行讲解，把抽象、复杂、微观的转录过程形象化、宏观化。接着通过播放视频让学生了解转录的连贯过程，这样动静结合，既有利于学生加深对转录的认识和理解，又能节省时间，使学生从被动学习转变为主动参与，从而达到预期的教学目标。<br>最后设计了课后作业让学生比较 DNA 复制与转录的异同，培养学生总结与分析的能力，加强新知识与旧知识的联系。 |
| 板书设计 | 4.1.1　遗传信息的转录<br>一、DNA 和 RNA 的比较<br>二、转录过程<br>解旋⟶碱基互补结合⟶mRNA ⟶释放 |

## 课例评析

本教学设计围绕生物学学科核心素养目标，以探究式教学为主线，采用讲解法和演示法等教学方法展开教学。首先采用“原有知识导入法之填空式复习”，找到知识的连接点。然后提出问题“为什么 RNA 适合做 DNA 的信使?”如此，激发学生的求知欲，让学生带着问题与好奇进入新课。接着让学生带着问题自主学习，并以小组为单位，通过讨论、分析、比较 DNA 与 RNA 的区别，总结出 RNA 适合做 DNA 信使的原因，充分发挥学生的主体地位。然后通过模型直观演示、观察对比的教学方法，使用多媒体与自制的教具相结合分步演示转录的过程，把微观世界的转录过程直观地展现在学生面前，边演示边结合引导性的语言进行讲解。这不仅激发了学生的学习热情，还把抽象、复杂、微观的转录过程形象化、宏观化，让学生能更好地理解转录的过程，实现师生互动、生生互动，从而突出重点，突破难点。新课讲授生动形象，板书设计简明扼要，突出重点。采用填空的方式让学生归纳总结出：转录的场所、模板、原料、原则和条件。采用课堂小测方式强化知识的理解与运用，这样的结课合理。

整个教学过程做到：有效引导学生开展探究性学习，讲解科学，演示直观生动，重点突出，难点突破，较好地完成了教学目标。

（1）创新性。教学方法具有创新性。引导学生开展探究性学习，通过使用多媒体与自制的教具相结合分步演示转录的过程，把微观世界的转录过程直观地展现在学生面前，把抽象、复杂、微观的转录过程形象化、宏观化。

教具具有创新性。自制的立体动态化转录教具直观形象，将抽象、复杂、微观的转录过程动态化和形象化。

（2）亮点。本教学的最大亮点是：组织学生开展探究活动，使用多媒体与自制的教具相结合分步演示转录的过程，把微观世界的转录过程直观地展现在学生面前，把抽象、复杂、微观的转录过程形象化、宏观化，体现了以学生为主的探究性教学理念。

（本教学设计荣获 2015 年第三届广东省本科高校师范生教学技能大赛三等奖）

# 基因指导蛋白质的合成（二）：遗传信息的翻译过程

卢洁怡

## 教学设计

| 姓　名 | 卢洁怡 | 学　校 | 嘉应学院 |
|---|---|---|---|
| 指导教师 | 刁俊明 | 重点展示技能类型 | 讲解技能、演示技能 |
| 片段题目 | 基因指导蛋白质的合成（二）：遗传信息的翻译过程 | | |
| 教材分析 | 本节课是第四章“基因的表达”第一节的内容，本节内容是本章的开篇，是本章学习的基础，也是教学的难点所在，突破难点对本模块学习起着承前启后的作用，没有本节内容的揭示，则很多现象无法解释、很多研究无法进行、很多生物技术无法操作。因此，本节内容在必修二中具有重要的地位。 | | |
| 学情分析 | 遗传信息的翻译过程较抽象，学生建立空间想象能力和逻辑推理能力不强。因此在本节课学习中采用小组讨论和合作使用自制模型模拟翻译过程的学习方式，将抽象内容具体化，强化对遗传信息的翻译过程的理解，以突破难点。 | | |
| 学科内容学习目标 | （1）生命观念目标（素养一）：<br>通过探究学习，概述遗传信息的翻译过程。<br>（2）科学思维目标和科学探究目标（素养二、素养三）：<br>通过探究活动，培养和发展学生的观察识图、抽象思维和分析归纳的能力。<br>（3）社会责任目标（素养四）：<br>通过遗传信息翻译的协作学习，树立学生团队合作精神，让学生亲身演绎翻译的过程，体会基因指导蛋白质合成过程的和谐美和逻辑美。 | | |
| 技能训练目标 | （1）讲解的过程要符合科学性的要求，讲解时做到直观生动，要富有启发性和趣味性。<br>（2）讲解要和提问技能配合得当，善于启发引导观察，调动学生学习积极性。<br>（3）课堂演示做到及时、准确，直观形象。<br>（4）能根据教学任务和中学生的特点把各种技能应用于教学实践。 | | |
| 教学方法 | 讲解法、提问法、演示法和探究学习法。 | | |
| 教学重点 | 遗传信息的翻译的概念和过程。 | | |
| 教学难点 | 如何将翻译的抽象复杂转化为直观形象？又如何将翻译的静止插图转化为动态图形？ | | |

（续上表）

| 教学过程 | | | |
|---|---|---|---|
| 时　间 | 教师行为 | 预设学生行为 | 教学设计意图 |
| 1 分<br>30 秒 | **一、导入新课**<br>上节课所学的转录和遗传密码是本节课的基础，因此本节课采用原有知识导入法和情境导入法导入新课。<br>（1）导入方法：原有知识导入法之提问式复习。<br>（2）导入过程：借助多媒体课件引导学生回忆上节课转录和遗传密码的内容要点，教师运用引导式语言带领学生进行概括性的复习。<br>（3）问题情境导入：遗传信息进入细胞质后，细胞是如何解读为蛋白质的氨基酸序列的呢？<br>板书：<br>第一节　基因指导蛋白质的合成（二）<br>遗传信息的翻译过程<br>一、tRNA 的结构和作用 | 温故而知新，并且带着好奇心进入新课的学习。<br>在教师的引导下进行思考、回答，总结原有知识。<br>学生带着问题思考：是什么将游离在细胞质的氨基酸运送到核糖体上的呢？<br>有目的地阅读课本第 65—66 页的内容。 | 导入技能（原有知识导入法）：注意引导学生温故而知新。以复习、提问等教学活动，提供原有知识与新知识之间联系的支点。<br>问题情境导入：设置问题情境，激发学生的学习兴趣，吸引学生的注意力。 |
| 5 分钟 | **二、讲授新课**<br>通过演示法、观察分析法、打比方、播放 Flash 动画讲解、小组讨论和学生演示等方法循序渐进地展开新内容的学习。<br>（1）演示和观察分析。<br>通过演示自制的 tRNA 模型和 PPT 展示 tRNA 结构示意图，引导学生观察分析，理解其结构和作用。<br>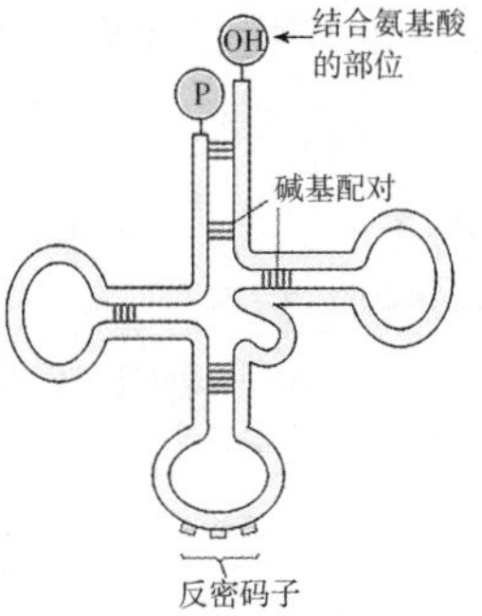<br><br>**图 1　tRNA 模型** | 学生通过阅读课本以及教师的引导、演示讲解来学习新课，培养自己思考和分析问题的能力。<br>理解 tRNA 的结构和作用。 | 演示技能：演示及时，面向全体学生演示。引导学生观察并思考问题，让模型等媒体抓住学生注意力。 |

（续上表）

| 教学过程 | | | |
|---|---|---|---|
| 时　间 | 教师行为 | 预设学生行为 | 教学设计意图 |
| 5 分钟 | （2）打比方。<br>通过演示自制的教具和打比方来讲解：<br>“装配机器”—核糖体 + “搬运工人”—tRNA + mRNA = “生产线”—蛋白质的合成。<br>（3）播放 Flash 动画。<br>播放“遗传信息的翻译过程”Flash 动画，结合生动的语言讲解翻译过程。 | 学生通过打比方演示讲解来理解蛋白质的合成“生产线”。<br>学生认真观看 Flash 动画的演示，能够具体、直观地理解遗传信息的翻译过程。 | 讲解技能：要求启发引导，语言生动、精练。①注意语言技能的运用，如语速适当、语音清晰等。②注意突出重点，在讲解中要对难点和关键处加以提示和停顿。 |
| 2 分钟 | （4）小组讨论和学生演示翻译过程。<br>激励、引导学生小组讨论翻译过程，然后小组派代表上台利用自制教具，合作演示出遗传信息的翻译过程，并进行点评。 | 学生完全参与到课堂的学习中，亲身体验翻译过程的和谐美，并概述遗传信息的翻译过程。 | 演示技能：围绕重点和难点内容提出问题，并通过演示自制的“蛋白质的合成”模型与讲解有机结合，生动形象。<br>将翻译的抽象复杂转化为直观形象，又将翻译的静止插图转化为动态图形。 |
| 1 分<br>30 秒 | **三、归纳总结**<br>让学生水到渠成地总结出“翻译”的概念，教师讲解翻译的实质。<br>**四、课堂练习**<br>最后，引导学生完成转录和翻译的比较表，让学生掌握转录和翻译的不同之处，从而达成教学目标。 | 学生自然、敏锐地回答出翻译的概念，脑海浮现翻译的过程。<br>在教师引导下，学生完成转录和翻译的比较表。 | 结课技能：引导学生、概括总结知识，采用填空比较表的形式来巩固和活化知识点。 |

（续上表）

| | |
|---|---|
| 设计思路说明 | 秉承高中生物新课程标准倡导的以学生为主和启发引导的教学理念，在基因控制蛋白质的合成教学中，摒弃传统的教学模式，以自主学习、讨论探究和小组合作为学生学习的基本方式，重视培养学生的科学素养，融合直观演示法、探究法、讨论法和分析归纳法等多种教法，实现师生互动、生生互动。学生通过独立思考、小组活动、实践演示，学会动脑思、动手做、动口议，在“动”中发现问题，解决问题，在“动”中培养学生的合作意识，使学生从感性认识上升到理性认识，最终达到预期的教学目标。<br>在课堂中大胆创新，采用多媒体课件、结合 Flash 动画讲解和自制的 tRNA、核糖体、mRNA 链、游离的氨基酸等组合教具，把抽象、复杂、微观的翻译过程动态化、形象化、宏观化。突出重点、分解难点，有利于学生对知识点的感悟和理解，又能节省时间，使学生从被动学习转为主动参与，从而达到预期的教学目标。<br>采用小组讨论和合作使用自制模型模拟翻译过程的学习方式，提高学生动手、动口交流合作能力。通过自主演示，让学生亲身演绎遗传信息的翻译过程，体验基因表达过程的和谐美和逻辑美，体会基因指导蛋白质合成的奥妙之处。通过这种方式，学生水到渠成地归纳总结出“翻译”的概念，掌握本节课的知识要点，更主动、更透彻地学习好本节内容。<br>教学环节设计合理、完整，能较好地实现教学目标。 |
| 板书设计 | 第一节　基因指导蛋白质的合成（二）<br>遗传信息的翻译过程<br>一、tRNA 的结构和作用<br>二、遗传信息的翻译分为三个阶段<br>1. 起始——→2. 延伸——→3. 终止<br>三、转录和翻译的比较 |





## 课例评析

本教学设计围绕生物学学科核心素养目标，以探究式教学为主线，采用讲解法和演示法等教学方法展开教学。首先采用“原有知识导入法”和“情境导入法”导入新课，找到知识的连接点，激发学生的学习兴趣。在课堂中大胆创新，采用多媒体课件、结合 Flash 动画讲解和自制的 tRNA、核糖体、mRNA 链、游离的氨基酸等组合教具，把抽象、复杂、微观的翻译过程动态化、形象化、宏观化。通过演示法、观察分析法、打比方、播放 Flash 动画讲解、小组讨论和学生演示等方法循序渐进地展开新内容的学习，学生不仅看到了，做到了，也想到了，学生有了更多的机会学习。较好地突出重点、分解难点，有利于学生对知识点的感悟和理解，使学生从被动学习转变为主动参与，从而达到预期的教学目标。新课讲授生动形象，实现师生互动、生生互动。板书设计简明扼要，突出重点。让学生水到渠成地总结出“翻译”的概念，说出翻译的实质，并归纳总结。引导学生完成转录和翻译的比较表，强化学生对知识的理解与运用。这样的结课合理。

整个教学过程做到：有效引导学生开展探究性学习，讲解科学，演示直观生动，重点突出，难点突破，较好地完成了教学目标。

（1）创新性。教学方法具有创新性。引导学生开展探究性学习，通过使用多媒体与自制的教具相结合分步演示转录的过程，把微观世界的转录过程直观地展现在学生面前，把抽象、复杂、微观的转录过程形象化。

教具具有创新性。自制的 tRNA、核糖体、mRNA 链、游离的氨基酸等组合教具，把抽象、复杂、微观的翻译过程动态化、形象化。

（2）亮点。本教学设计的最大亮点是：课堂中大胆创新，采用多媒体课件、结合 Flash 动画讲解和自制的 tRNA、核糖体、mRNA 链、游离的氨基酸等组合教具，把抽象、复杂、微观的翻译过程动态化、形象化。通过演示法、观察分析法、打比方、播放 Flash 动画讲解、小组讨论和学生演示等方法循序渐进地展开新内容的学习，学生不仅看到了、做到了，也想到了，学生有了更多的机会学习，体现了以学生为主的探究性教学理念。

（本教学设计荣获 2014 年第二届广东省本科高校师范生教学技能大赛一等奖）

# 两对相对性状的杂交实验

具永娴

## 教学设计

| 姓　名 | 具永娴 | 学　校 | 嘉应学院 |
| --- | --- | --- | --- |
| 指导教师 | 刁俊明 | 重点展示技能类型 | 提问技能、讲解技能 |
| 片段题目 | 两对相对性状的杂交实验 | | |
| 教材分析 | 本节课是人教版《高中生物》必修二第一章第二节的内容。本节课主要讲述了控制不同性状的遗传因子的传递规律。由于本节课知识的重要基础与生物的生殖和发育联系密切，所以在教材中起到承前启后的作用。 | | |
| 学情分析 | 学生在上节课已经学习了基因分离定律，并且对假说—演绎法也有一定的了解，因此学生在本节课的学习过程中可以以问题为依托、以演绎推理为主线，在教师的引导下进行阅读、思考、观察、讨论，教师可通过充分调动学生听、说、读、写等多方面的活动来提高学生的学习效率。 | | |
| 学科内容学习目标 | （1）生命观念目标（素养一）：<br>阐明孟德尔的两对相对性状的杂交实验。<br>（2）科学思维目标和科学探究目标（素养二、素养三）：<br>在对两对相对性状遗传结果进行分析时，通过演绎推理的方法，调动学生的想象力，培养学生的逻辑推理能力。<br>（3）社会责任目标（素养四）：<br>认同严谨、求实的科学态度和科学精神。 | | |
| 技能训练目标 | （1）讲解的过程要符合科学性要求，做到直观生动，富有启发性和趣味性。<br>（2）讲解要和提问技能配合得当，善于启发引导学生观察，调动学生学习积极性。<br>（3）能根据教学任务和中学生的特点把各种技能应用于教学实践。 | | |
| 教学方法 | 讲解法、提问法、演示法和探究学习法。 | | |
| 教学重点 | 两对相对性状杂交实验的过程。 | | |
| 教学难点 | 对两对相对性状遗传结果进行分析。 | | |

（续上表）

| 教学过程 | | | |
|---|---|---|---|
| 时　间 | 教师行为 | 预设学生行为 | 教学设计意图 |
| 1 分<br>30 秒 | **一、导入新课**<br>上节课所学的基因分离定律是本节课的基础，因此本节课采用原有知识导入法导入新课。<br>导入知识：基因分离定律。<br>导入方法：原有知识导入法之提问式复习。<br>导入过程：①教师借助多媒体课件引导学生回忆上节课的内容，运用引导式语言带领学生进行概括性的复习；②由上节课的豌豆高茎与矮茎这一对相对性状引入新课的两对相对性状；③引导学生对孟德尔提出的疑问进行思考。<br>导入问题：①黄色豌豆一定是饱满的，绿色豌豆一定是皱缩的吗？②每对相对性状的性状分离比是否仍为 3∶1？<br>板书：<br>第 2 节　孟德尔的豌豆杂交实验（二）<br>两对相对性状的杂交实验 | 温故而知新，学生带着好奇心进入新课的学习。<br>学生在教师的引导下进行思考、回答、总结。<br>学生思考问题。<br>学生带着两个问题有目的地阅读课本第 9 页的内容。 | 导入技能（原有知识导入法）：注意引导学生温故而知新。以复习、提问等教学活动开始，提供原有知识与新知识之间联系的支点。<br>提问技能：设疑和引导提问。 |
| 7 分<br>30 秒 | **二、讲授新课**<br>播放视频：播放一段自制微视频《隐性的豌豆》（1 分 10 秒），让学生在耳熟能详的曲子《隐形的翅膀》中学习两对相对性状的杂交实验的过程以及结果，并且在教师的引导下把实验过程用歌声的形式表现出来。<br>实验现象：引导学生叙述该实验的过程及结果，同时利用多媒体课件展示。 | 学生在音乐的带动下认真学习两对相对性状的杂交实验的过程和结果。 | 讲解技能：①注意语言技能的运用，如语速适当，语音清晰等。②注意讲解的阶段性，一次讲解的时间不要太长，长的讲解可以适当地分几段进行。③注意突出重点，在讲解中要对难点和关键点加以提示和停顿。 |

（续上表）

| 教学过程 | | | |
|---|---|---|---|
| 时　间 | 教师行为 | 预设学生行为 | 教学设计意图 |
| 7 分<br>30 秒 | 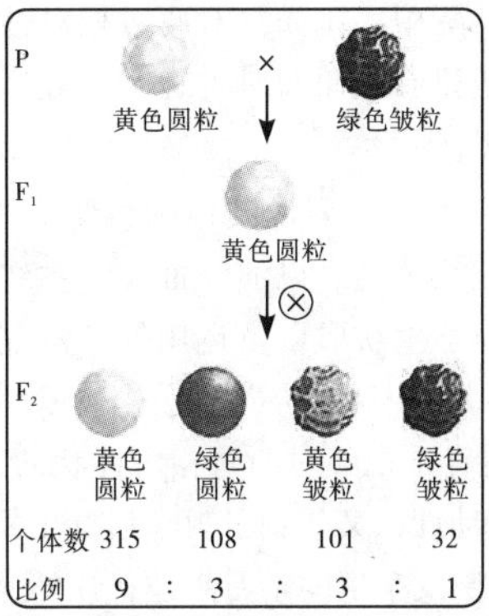<br>**图 1　两对相对性状的杂交实验**<br><br>提出问题：<br>在观察现象的基础上，通过层层设问，引导学生思考、总结、回答：<br>（1）为什么 $F_1$ 全是黄色圆粒？（帮助学生巩固对性状显隐性的认识）<br>（2）为什么会出现新的组合？（引导学生对实验结果进行分析统计）<br>结果分析：引导学生分别对每对相对性状单独分析并统计。<br>板书设计：<br>P　　黄圆 × 绿皱<br>↓<br>$F_1$　　黄圆<br>↓⊗<br>$F_2$　黄圆　黄皱　绿圆　绿皱<br>比例　9　:　3　:　3　:　1 | 学生结合音乐视频以及课本对“两对相对性状的杂交实验”的过程和结果进行阐述。 | ④注意反馈、控制和调节。<br>提问技能：①问题的表述要清晰，意义连贯，事先必须精心设计。②注意停顿和语速。③教师请学生回答问题时，要注意指派和分配。④教师可以适当给一点提示，从而帮助学生回答得更加完整。 |
| 1 分钟 | **三、归纳总结**<br>组织学生结合另一段微视频（27 秒）再次用歌声对新课所学知识进行归纳总结，以方便学生系统学习，同时加深学生的理解。另外，音乐视频以歌词“可是该如何解释这现象？”这一问题结束，从而引入对自由组合现象的解释的学习。 | 学生在阐述实验现象的同时积极思考问题并回答。<br>学生根据教师的提示对实验结果进行分析统计。<br>学生跟着音乐对杂交实验进行总结。 | |

（续上表）

| | |
|---|---|
| 设计思路说明 | 根据《高中生物课程标准（2017 年版）》的理念，在课堂中引导学生通过自主学习等方法获取知识，并将所学知识应用到实际中。比如在对两对相对性状遗传结果进行分析时，鼓励学生对 $F_2$ 中豌豆的粒形和粒色进行数量统计并比较，让学生明白每对相对性状依然遵循基因分离定律。<br>本课是在学生学习了基因分离定律、了解了假说演绎的科学方法的基础上展开的，因此学生在学习的过程中可以通过以问题为依托、以演绎推理为主线，在教师的引导下进行阅读、思考、观察、讨论，从而培养学生获取以及运用信息的能力。另外，教师通过充分调动学生听、说、读、写等多方面的活动以提高学生的学习效率。<br>在课堂中大胆创新，利用自编自制的音乐视频对两对相对性状的杂交实验进行阐述，这样既调动了学生参与课堂的积极性和主动性，又达到了教学目标。根据高一学生的认知结构以及心理特点，利用耳熟能详的曲子激发学生的学习兴趣，让学生在轻松愉快的氛围中学习两对相对性状的杂交实验，为"对自由组合现象的解释"的学习打下坚实的基础。 |
| 板书设计 | 第 2 节　孟德尔的豌豆杂交实验（二）<br>两对相对性状的杂交实验 |





## 课例评析

本教学设计围绕生物学学科核心素养目标，以探究式教学为主线，采用提问法和讲解法等教学方法展开教学。采用原有知识导入法和问题情境导入新课，找到知识的连接点，激发学生的学习兴趣。本节课以探究式教学方法为主线，通过提问、讨论等多种形式创设问题情境，引导学生探究，激发学生的兴趣；同时结合多媒体教学和生动讲解，将抽象的内容具体化、直观化，从而突破教学难点。在课堂中大胆创新，利用自编自制的音乐微视频《隐性的豌豆》对两对相对性状的杂交实验进行阐述，这样既调动了学生参与课堂的积极性和主动性，又达到了教学目标。根据高一学生的认知情况以及心理特点，利用耳熟能详的曲子激发学生的学习兴趣，让学生在轻松愉快的氛围中学习两对相对性状的杂交实验，为"对自由组合现象的解释"的学习打下坚实的基础。新课讲授生动形象，实现师生互动、生生互动。板书设计简明扼要，突出重点。用歌曲对新课所学知识进行归纳总结，以方便学生系统学习，同时加深学生的理解。采用音乐视频以歌词"可是该如何解释这现象?"结束课堂学习，从而引入对自由组合现象的解释的学习。这样的结课既合理又耐人寻味！

整个教学过程做到：以问题为依托、以演绎推理为主线，引导学生开展探究性学习，讲解科学，直观生动，重点突出，难点突破，较好地完成了教学目标。

（1）创新性。教学方法具有创新性。以问题为依托、以演绎推理为主线，引导学生开展探究性学习，利用自编自制的音乐微视频《隐性的豌豆》对两对相对性状的杂交实验进行阐述，利用耳熟能详的曲子激发学生的学习兴趣，让学生在轻松愉快的氛围中学习两对相对性状的杂交实验。

教学手段具有创新性。利用自制的音乐微视频对两对相对性状的杂交实验进行阐述，利用耳熟能详的曲子激发学生的学习兴趣，让学生在轻松愉快的氛围中学习两对相对性状的杂交实验。

（2）亮点。本教学的最大亮点是：利用自制音乐微视频《隐性的豌豆》对两对相对性状的杂交实验进行阐述，利用耳熟能详的曲子激发学生的学习兴趣，让学生在轻松愉快的氛围中学习两对相对性状的杂交实验，体现了以学生为主的探究性教学理念。

（本教学设计荣获2013年第一届广东省本科高校师范生教学技能大赛一等奖）

# 细胞的能量“通货”——ATP

林柳燕　邹丹玉

## 教学设计

| 姓　名 | 林柳燕　邹丹玉 | 学　校 | 嘉应学院 |
|---|---|---|---|
| 指导教师 | 刁俊明 | 重点展示技能类型 | 演示技能、讲解技能 |
| 片段题目 | 细胞的能量“通货”——ATP | | |
| 教材分析 | 本课例是《高中生物》必修一第五章第二节第一部分的内容，也是重点和难点内容。这部分知识是学生学习、理解 ATP 与 ADP 的转化及 ATP 的利用的基础。 | | |
| 学情分析 | 由于本教学的内容较为抽象，偏理论，而高一年级的学生还没有系统地学习有机物的相关知识，要理解本教学的知识还存在一定的困难，因此将“理解 ATP 含有高能磷酸键及其特性”定为教学重点和难点。 | | |
| 学习目标 | （1）生命观念目标（素养一）：<br>理解 ATP 能为细胞直接提供能量，掌握 ATP 分子的名称和结构简式。<br>（2）科学思维目标和科学探究目标（素养二、素养三）：<br>通过对 ATP 分子结构直观模型的学习，培养学生的分析能力。<br>（3）社会责任目标（素养四）：<br>激发学生兴趣，培养科学意识。 | | |
| 技能训练目标 | （1）讲解的过程要符合科学性要求，做到直观生动，富有启发性和趣味性。<br>（2）讲解要和提问技能配合得当，善于启发引导学生观察，调动学生学习积极性。<br>（3）课堂演示做到及时、准确，直观形象。<br>（4）能根据教学任务和中学生的特点把各种技能应用于教学实践。 | | |
| 教学方法 | 讲解法、提问法、演示法和探究学习法。 | | |
| 教学重点 | 理解 ATP 含有高能磷酸键及其特性。 | | |
| 教学难点 | 理解 ATP 含有高能磷酸键及其特性。 | | |

**教学过程**

| 时　间 | 教师行为 | 预设学生行为 | 教学设计意图 |
|---|---|---|---|
| 1 分<br>24 秒 | **一、导入：情境设置导入**<br>通过展示“农村夜静”的图片和播放大自然的虫鸣音乐引出萤火虫这一生物，从而提出“萤火虫为什么会发光”这一问题。 | 学生通过倾听音乐，勾起儿时回忆并对教师提出的问题充满好奇，激发学习兴趣。 | 导入技能（情境设置导入）：设置问题情境，激发学生的学习兴趣，吸引学生的注意力。 |

（续上表）

| 教学过程 | | | |
|---|---|---|---|
| 时　间 | 教师行为 | 预设学生行为 | 教学设计意图 |
| 1 分<br>36 秒 | **二、讲授新课**<br>通过打比方、观察分析、分析提问、模型演示等方法循序渐进地展开新内容的学习。<br>1. 打比方<br>通过将有机物比喻为“支票”、将 ATP 比喻为“现金”的方式形象生动地阐明 ATP 能为细胞直接提供能量，ATP 犹如细胞内的能量“通货”。<br>板书：<br>第二节　细胞的能量“通货”——ATP<br>一、ATP 能为细胞直接提供能量 | 学生通过教师打的比方能够比较通俗地理解 ATP 能为细胞直接提供能量。 | |
| 1 分<br>18 秒 | 2. 观察分析<br>（1）通过 PPT 展示 ATP 分子结构式并给出核糖、腺嘌呤、磷酸基团这三个名词。<br>（2）让学生结合课本第 88 页的“相关信息”分析出 ATP 分子的中文全称。<br>（3）通过 ATP 分子的结构组成分析出 ATP 中的 A 代表腺苷，P 代表磷酸基团，T 代表三。<br>通过这样层层深入的分析和解说让学生从本质上了解 ATP 的中文名称的来历并透彻地掌握知识。<br>板书：<br>二、ATP 分子的名称和结构特点<br>1. 中文全称：三磷酸腺苷<br>3. 模型演示<br>（1）通过图片展示以及自制的“ATP 分子结构式”模型来引导学生观察 ATP 分子内两个波浪型的化学键，并通过演示与讲解说明 ATP 分子含有高能磷酸键这一重要的结构特征，从而决定了 ATP 分子能为细胞直接提供能量。<br>板书：<br>2. ATP 含有高能磷酸键<br>（2）通过“举一反三”的练习归纳出 ATP 分子的结构简式并再次强调 ATP 分子的两个高能磷酸键。<br>板书：<br>3. 结构简式：A－P～P～P | 学生通过阅读课本以及教师的引导来学习新课，培养自身思考和分析问题的能力。<br>通过教师的不断设问和提问，学生开动脑筋思考一个个问题，并充分地理解 ATP 分子中含有两个特殊的高能磷酸键以及其容易水解释放能量的特性。 | 讲解技能：要求语言生动、精练<br>分析提问与演示技能：围绕重点和难点内容提出问题，并通过演示自制的“ATP 分子结构式”模型与讲解有机结合，运用手势教学，生动形象。 |

（续上表）

| 教学过程 | | | |
|---|---|---|---|
| 时　间 | 教师行为 | 预设学生行为 | 教学设计意图 |
| 30 秒 | 4. 知识小结<br>最后，对本课内容进行总结巩固：<br>①ATP 能为细胞直接提供能量。<br>②ATP 分子的名称和结构特点。<br>中文全称：三磷酸腺苷<br>ATP 含有高能磷酸键<br>结构简式：A－P～P～P | | |
| 1 分<br>12 秒 | **三、知识拓展**<br>联系生活中的氰化物中毒事件，让学生课后通过查阅资料，分析以下问题：<br>（1）氰化物阻断了人体内哪种能量的合成？<br>（2）为什么这种能量的合成一旦被阻断，人就会迅速死亡呢？ | 学生通过查阅资料来完成“氰化物中毒事件”的作业，并联系生活实际，灵活应用课本的理论知识分析生活现象。 | 结课技能：概括总结知识并联系生活实际，布置作业，锻炼学生查阅资料并应用课本知识解决生活实际问题的能力。 |
| **设计思路说明** | 秉承高中生物新课程标准倡导的以学生为主和启发引导的教学理念，整个教学过程根据教学内容和高中学生的知识结构，开展观察分析，在教学中做到突出重点和难点，应用多种教学方法和手段来充分调动学生的学习兴趣和积极性，重视培养学生的自学能力和探索精神。教学环节设计合理、完整，能较好地实现教学目标。<br>“ATP 分子中含有高能磷酸键”是本课教学的重点内容。本节教学内容对于学习“ATP 是生命活动的直接能源，在所有生物的代谢中占有重要地位”“在光合作用、呼吸作用中都会产生 ATP”的知识具有承前启后的作用，而对“ATP 分子中含有高能磷酸键”这一重要特征及其不稳定性的学习更是学生理解 ATP 能为细胞直接提供能量、ADP 与 ATP 的相互转化以及 ATP 的利用的基础。<br>在课堂中，教师通过打比方解说 ATP 分子是细胞内“通货”，开展观察分析活动并结合自制模型生动演示高能磷酸键的断裂过程，以提出问题的方式，让学生通过自己的观察和思考，从而发现现象并解决问题，从本质上去学习和掌握 ATP 分子的中文全称、结构简式、ATP 分子中含有高能磷酸键、ATP 分子的不稳定性等知识点。这样，学生在教师的引导下以问题为依托，层层深入地分析和学习 ATP 分子的特点，从而慢慢揭开 ATP 这一有机物的神秘面纱。运用各种教学方法和手段来培养学生分析问题的能力。 | | |
| **板书设计** | 第二节　细胞的能量“通货”——ATP<br>一、ATP 能为细胞直接提供能量<br>二、ATP 分子的名称和结构特点<br>1. 中文全称：三磷酸腺苷<br>2. ATP 含有高能磷酸键<br>3. 结构简式：A－P～P～P | | |

## 课例评析

本教学设计围绕生物学学科核心素养目标，以探究式教学为主线，采用讲解法和演示法等教学方法展开教学。首先采用情境设置导入法，通过展示“农村夜静”的图片和播放大自然的虫鸣音乐引出萤火虫这一生物，从而提出“萤火虫为什么会发光”这一问题，激发学生的求知欲，让学生带着问题与好奇心进入新课。接着通过打比方、观察分析法及模型演示循序渐进地展开新课。通过打比方将课本抽象的概念转化为学生容易理解的知识，并让同学们举例“人体及动植物有哪些行为消耗了 ATP”来理解“ATP 是生物生命活动的直接能源物质”这一概念。利用 PPT 展示“ATP 分子的结构式”，引导学生结合课本的“相关信息”总结出 ATP 的中文全称。为了进一步探讨 ATP 分子内含有两个特殊的高能磷酸键这一重要特征，教师通过 PPT 图片和自制的模型教具相结合来展示“ATP 分子结构式”，并启发引导学生观察 ATP 的磷酸基团是通过波浪型的化学键连接的，进而详细地解说“ATP 含有高能磷酸键”这一重要特征及其不稳定性，并运用直观形象的手势动作，生动形象地演示讲解 ATP 水解时，最后一个高能磷酸键会断裂并释放出 30.54 kJ/mol 的能量。在整个观察分析环节，以学生为主体，教师引导学生主动思考，发现现象并解决问题，从而突破教学难点。新课讲授生动形象，板书设计简明扼要，突出重点。采用概括总结、知识拓展方式，让学生通过查阅资料来完成“氰化物中毒事件”的作业，并联系生活实际，灵活应用课本的理论知识分析生活现象。

整个教学过程做到：有效引导学生开展探究性学习，讲解科学，演示直观生动，重点突出，难点突破，较好地完成了教学目标。

（1）创新性。教学方法具有创新性。引导学生开展探究性学习，通过 PPT 图片和自制的模型教具相结合来展示“ATP 分子结构式”，启发引导学生观察“ATP 含有高能磷酸键”这一重要特征及其不稳定性，并运用直观形象的手势动作，生动形象地演示讲解 ATP 水解的时候最后一个高能磷酸键会断裂并释放出 30.54 kJ/mol 的能量。在整个观察分析环节，以学生为主体，教师为引导。

教具具有创新性。自制的“ATP 含有高能磷酸键”立体动态化教具直观形象，将“ATP 含有高能磷酸键”这一重要特征及其不稳定性动态化和形象化。

（2）亮点。本教学的最大亮点是：通过 PPT 图片和自制的模型教具相结合来展示“ATP 分子结构式”，启发引导学生观察“ATP 含有高能磷酸键”这一重要特征及其不稳定性，并运用直观形象的手势动作，生动形象地演示讲解 ATP 水解的时候最后一个高能磷酸键会断裂并释放出 30.54 kJ/mol 的能量。体现了“以学生为主”的“探究性教学”理念。

（本教学设计荣获 2013 年第一届广东省本科高校师范生教学技能大赛一等奖）

# DNA 分子的结构特点

杨喜书

## 教学设计

| 姓　名 | 杨喜书 | 学　校 | 嘉应学院 |
|---|---|---|---|
| 指导教师 | 刁俊明 | 重点展示技能类型 | 提问技能、演示技能 |
| 片段题目 | DNA 分子的结构特点 | | |
| 教材分析 | “DNA 分子的结构”是人教版《高中生物》必修二第三章第二节的内容。它在教材中起着承前启后的作用：一方面，学生学习“遗传信息的携带者——核酸”时已经学习了 DNA 分子的组成；另一方面，本节内容既是从分子水平出发进一步认识基因的本质，又为后面基因的表达、生物的变异和进化做了必要的知识铺垫。教材中没有直接讲述 DNA 分子的结构特点，而是以科学家沃森和克里克构建 DNA 模型历程为主线，逐步呈现 DNA 双螺旋结构模型的特点，这样不仅能使学生了解到 DNA 双螺旋结构的主要特点和科研一般过程，还能感悟到科学家锲而不舍的科学精神，从而在情感、能力等多方面得到启示与升华。 | | |
| 学情分析 | 学生在学习人教版《高中生物》必修一第二章第三节“遗传信息的携带者——核酸”时学习了 DNA 分子，对 DNA 分子已经有所了解。本节课学生通过教师提问，演示讲解→学生观察思考，回答问题→得出结论的教学模式，可以完成学习任务。 | | |
| 学习目标 | （1）生命观念目标（素养一）：<br>说明 DNA 分子的结构特点。<br>（2）科学思维目标和科学探究目标（素养二、素养三）：<br>通过探索求知、讨论交流激发学生独立思考，以 DNA 模型为依托，培养学生的空间想象能力以及分析理解能力。<br>（3）社会责任目标（素养四）：<br>使学生认识到与人合作在科学研究中的重要性，讨论技术的进步在探索遗传物质奥秘中的重要作用；认同人类对遗传物质的认识是不断深化、不断完善的过程。 | | |
| 技能训练目标 | （1）讲解的过程要符合科学性要求，讲解时做到直观生动，要富有启发性和趣味性。<br>（2）讲解要和提问配合得当，善于启发引导学生观察，调动学生学习积极性。<br>（3）课堂演示做到及时、准确，直观形象。 | | |
| 教学方法 | 讲解法、提问法、演示法和探究学习法。 | | |
| 教学重点 | DNA 分子的结构特点。 | | |
| 教学难点 | DNA 分子的结构特点。 | | |

（续上表）

| 教学过程 | | | |
|---|---|---|---|
| 时　间 | 教师行为 | 预设学生行为 | 教学设计意图 |
| 1分<br>30秒 | **一、导入新课：温故知新法**<br>在白板上简单画出人体的轮廓和细胞图，并导入问题：人体细胞核和细胞质中携带人体遗传信息的物质是什么？<br>讲解：对回答第一个问题并回答正确的学生做出肯定，对回答第二个问题的学生进行引导，引出动物的正常体细胞中携带遗传信息的是DNA。<br>提问：（1）DNA的基本组成单位是什么？<br>回答：脱氧核苷酸。<br>（2）DNA分子有哪几种碱基？<br>回答：腺嘌呤、胸腺嘧啶、鸟嘌呤、胞嘧啶。 | 学生思考并回答：DNA；DNA和RNA | 导入技能（温故知新法）：用白板画和提出问题来导入新课，激发学生的学习兴趣，吸引学生的注意力。 |
| 7分钟 | 观察模型。<br>师：DNA分子的结构组成是什么？它的结构具有哪些特点呢？今天老师特地带来DNA分子立体模型，让同学们更直观地进行观察。结合模型和3D动画展示解决课本第49页中的思考题，一起得出DNA结构的特点。<br>**二、讲授新课**<br>演示与讲解：教师演示DNA的立体模型，同时以多媒体展示DNA分子3D动画。让学生先仔细地观察PPT上的展示以及立体模型，然后回答问题。<br>（1）DNA是由几条链构成的？它具有怎样的立体结构？<br>回答：两条链；双螺旋结构。<br>板书设计：<br><br>第二节　DNA分子的结构特点<br>一、DNA的结构<br>1. 两条链反向平行<br>2. 双螺旋结构<br><br>（2）DNA的基本骨架是由哪些物质组成的？哪些物质排在外侧，哪些物质排在内侧？<br>演示与讲解：教师自制的脱氧核苷酸模型，吸引学生的目光，更直观、形象，有助于记忆。得出结论。（此时，教师强调两条链上的物质从外到内的排列顺序都是一样的） | 学生被DNA立体结构模型吸引，充满好奇。<br><br>回答：磷酸和脱氧核糖在外侧，碱基在内侧。 | 演示技能：演示及时，面向全体学生演示。<br>引导学生观察并提出问题，让模型等媒体吸引学生注意力。<br><br>提问技能：引导提问，围绕重点内容提出问题。<br><br>演示讲解技能：要求语言精练，演示生动。 |

（续上表）

| 教学过程 | | | |
|---|---|---|---|
| 时　间 | 教师行为 | 预设学生行为 | 教学设计意图 |
| | 板书：<br><br>二、DNA 结构的组成<br>1. 脱氧核糖和磷酸——外侧（构成基本骨架）<br>2. 碱基——内侧<br><br>（3）师：同学们，我们来看一下这两条链中的脱氧核苷酸的方向，它们的方向有什么不同的地方吗？（拓展知识，脱氧核糖的结构最上面的为氧原子）<br>回答：DNA 的两条链是反向的。<br>（4）那这两条链是交叉的还是平行的呢？<br>学生根据观察模型得出结论：DNA 的两条链是按反向平行形成螺旋结构的。<br>教师演示立体模型，向学生展示两条脱氧核苷酸链的相接。科学家们已经证实了两条链上的碱基相互配对并且 A 与 T 配对，C 与 G 配对。其实它们是通过一种叫作氢键的化学键来连接的。<br>（5）同学们仔细地观察一下，A 与 T 之间构成的氢键数目和 C 与 G 之间构成的氢键数目相同吗？DNA 的两条链是通过什么结构连接的？<br>肯定学生的回答，运用手势教学进行类比讲解、运用多媒体，生动展示碱基配对的原则。<br>板书：<br><br>三、碱基配对的规律<br>A═T 配对（2 个氢键）<br>C☰G 配对（3 个氢键） | 回答：方向相反。<br><br>回答：平行的。<br><br>回答：不同。A 与 T 之间有 2 个氢键，C 与 G 之间有三个氢键。通过碱基配对形成的氢键连接的。 | 演示与提问技能：演示 DNA 的立体模型和多媒体课件上的图片，并引导提问。<br><br>提问和讲解技能。<br><br>强化技能：运用手势教学进行类比讲解。 |
| 1 分<br>30 秒 | **三、总结巩固**<br>最后，对本课内容进行总结巩固，加强学生的记忆。教师手拿 DNA 立体结构面向学生，一起总结本节课所学到的内容，同时对黑板上的板书做强调的标记。<br>师：接下来请同学们动动脑筋思考一下，完成 3 道练习题。 | 学生结合刚才所学的知识和教师一起进行总结。 | 强化技能：结束（结课）技能：引导学生、概括总结知识。 |

（续上表）

<table>
<tr><td colspan="4">教学过程</td></tr>
<tr><td>时　间</td><td>教师行为</td><td>预设学生行为</td><td>教学设计意图</td></tr>
<tr><td>1 分<br>30 秒</td><td>四、习题<br>（1）DNA 分子是由____两____条链组成，按____反向平行____盘旋成____双螺旋____结构。<br>（2）____脱氧核糖____和____磷酸____交替连接，排列在外侧，构成基本骨架；____碱基对____排列在内侧。<br>（3）碱基通过____氢键____连接成碱基对，并遵循____碱基互补配对____原则。<br><br>五、布置作业<br>完成课本第 51 页练习题。</td><td>在总结后记忆犹新，思考并完成练习题。</td><td>反馈、强化技能：恰当的练习活动。</td></tr>
<tr><td>板书<br>设计</td><td colspan="3">第二节　DNA 分子的结构特点<br>一、DNA 的结构<br>1. 两条链反向平行<br>2. 双螺旋结构<br>二、DNA 结构的组成<br>1. 脱氧核糖和磷酸——外侧（构成基本骨架）<br>2. 碱基——内侧<br>三、碱基配对的规律<br>A═T 配对（2 个氢键）<br>C≡G 配对（3 个氢键）</td></tr>
<tr><td>设计思<br>路说明</td><td colspan="3">本教学设计秉承高中生物新课程标准倡导的以学生为主、教师为辅和提高生物科学素养的教学理念，整个教学过程根据 DNA 分子的结构较为抽象和高中学生的认知特点，采用教师提问，演示讲解→学生观察思考，回答问题→得出结论的教学模式，充分调动学生的学习兴趣和主观能动性。在教学中主要采用演示法、观察法、分析法和讨论法，运用传统媒体和现代媒体的优化组合，把 DNA 分子的结构从微观转化为宏观，把抽象变为直观，从而有利于突出重点，突破难点，较好地完成教学目标。<br>教学过程由如下 5 个环节组成：<br>导入新课：首先通过白板画、图片和提出问题来导入，激发学生的学习兴趣，让学生对 DNA 的分布情况有了更深的认识。其次进行知识复习，为接下来的学习打下基础。<br>讲授新课：DNA 双螺旋结构较抽象，对于学生的空间思维能力要求较高。在教学过程中将传统媒体和现代媒体相结合，借助 DNA 立体模型结构以及 3D 动画进行演示和讲解，从而把微观转化为宏观，将抽象变为直观，使学生对 DNA 分子立体结构有了一个形象化的认识。<br>总结巩固：教师再次展示 DNA 立体结构模型，引导学生总结 DNA 分子的结构特点；同时教师在板书提纲上做强调标记，帮助学生形成知识框架。<br>习题：展示 3 道练习题，让学生动动脑，以巩固和强化知识。<br>布置作业：巩固知识。<br>本教学设计合理、完整，能较好地实现教学目标。</td></tr>
</table>

## 课例评析

本教学设计围绕生物学学科核心素养目标，以问题探究式教学为主线，采用提问法和演示法等教学方法展开教学。首先采用温故知新法：用白板画和提出问题来导入新课，激发学生的学习兴趣。接着采用教师提问，演示讲解→学生观察思考，回答问题→得出结论的教学模式展开新课。通过将传统媒体和现代媒体相结合，借助DNA立体模型结构、自制的脱氧核苷酸模型和3D动画进行演示和讲解，从而把微观转化为宏观，将抽象变为直观，突破教学难点，使学生对DNA分子立体结构有了形象的认识。新课讲授生动形象，板书设计简明扼要，突出重点。总结归纳环节再次展示DNA立体结构模型，引导学生总结DNA分子的结构特点，并通过板书强化印象，帮助学生形成知识框架。最后开展课堂练习活动，让学生动动脑，以巩固和强化知识。

整个教学过程做到：有效引导学生开展问题探究性学习，讲解科学，演示直观生动，重点突出，难点突破，较好地完成了教学目标。

（1）创新性。教学方法具有创新性。采用教师提问，演示讲解→学生观察思考，回答问题→得出结论的教学模式展开新课。通过将传统媒体和现代媒体相结合，借助DNA立体模型结构、自制的脱氧核苷酸模型和3D动画进行演示和讲解，从而把微观转化为宏观，将抽象变为直观。

教具具有创新性。自制的DNA立体模型结构和脱氧核苷酸模型教具直观形象，将DNA分子的结构特点形象化。

（2）亮点。本教学设计的最大亮点是：将传统媒体和现代媒体相结合，借助DNA立体模型结构、自制的脱氧核苷酸模型和3D动画进行演示和讲解，从而把微观转化为宏观，将抽象变为直观，使学生对DNA分子立体结构有了一个形象化的认识，体现了以学生为主的探究性教学理念。

（本教学设计荣获2013年第一届广东省本科高校师范生教学技能大赛二等奖）

# 反射与反射弧

王嘉男

## 教学设计

| 姓　名 | 王嘉男 | 学　校 | 嘉应学院 |
|---|---|---|---|
| 指导教师 | 刁俊明、温茹淑 | 重点展示技能类型 | 讲解技能 |
| 片段题目 | 反射与反射弧 | | |
| 教材分析 | 本课选自人教版《高中生物》必修一第二章第二节，主要讲述反射弧的形成及反射活动的过程，承接了前面学习的“神经调节的结构基础”，是以后学习“神经冲动的产生和传导”必不可少的内容，在知识结构上起到承上启下的作用。 | | |
| 学情分析 | 对于高二学生来说，他们具备思维的逻辑性和系统性，并具有一定的协作、探究、分析和总结的能力。但是本课内容比较抽象，学生需要教师加以启发性引导来学习。 | | |
| 学科内容学习目标 | （1）生命观念目标（素养一）：<br>学生通过开展探究活动，说出反射弧的结构及反射活动的过程。<br>（2）科学思维和科学探究目标（素养二、素养三）：<br>通过探究感受器、效应器，以及传出神经和传入神经传递信号的过程，培养学生分析问题和总结知识的能力。<br>（3）社会责任目标（素养四）：<br>学生通过对反射活动的过程进行探究，养成严谨的科学态度及不断探究的精神。 | | |
| 技能训练目标 | （1）讲解的过程要符合科学性要求，讲解时做到直观生动，要富有启发性和趣味性。<br>（2）讲解要和提问技能配合得当，善于启发引导观察，调动学生学习积极性。<br>（3）能根据教学任务和中学生的特点把各种技能应用于教学实践。 | | |
| 教学方法 | 讲解法、提问法、演示法和探究学习法。 | | |
| 教学重点 | 反射活动的过程。 | | |
| 教学难点 | 反射活动的过程。 | | |

（续上表）

| 教学过程 | | | |
|---|---|---|---|
| 时　间 | 教师行为 | 预设学生行为 | 教学设计意图 |
| 30 秒 | **一、导入新课**<br>复习反射，设置问题情境。<br>播放视频，提出问题。<br>问题一：视频中的人在被烫到的瞬间做出了什么样的反应，这是为什么？ | 学生观看视频，思考问题。<br>学生回答：把手缩回，因为形成了反射。 | 复习反射，设置问题情境，激发学生的科学思维和学习兴趣，吸引学生的注意力。训练学生的科学思维。（素养一、素养二） |
| 30 秒 | 师：对，人的手受到了热水的刺激，这个刺激随着手指传到神经中枢，神经中枢发出指令，于是手缩回了，形成了我们学习过的反射。<br>问题二：同学们还记得什么是反射吗？ | 学生回答：记得，它是指在中枢神经系统参与下，动物或人体对体内外刺激做出的规律性应答反应。反射就是神经调节的基本方式。 | 展示视频有利于提高学生学习的积极性和兴趣。同时了解条件反射和非条件反射。 |
| 7 分钟 | **二、讲授新课**<br>师：反射需要的结构基础是什么呢？反射在体内又是如何进行的呢？同学们请阅读课本第 22 页，回答以上两个问题。<br>板书：<br>反射与反射弧<br>1. 反射 $\xrightarrow{\text{结构基础}}$ 反射弧<br>2. 反射活动的过程<br>师：好，通过对课本的阅读，同学们知道了反射的结构基础是________。<br>那反射活动在体内是如何进行的呢？（演示讲解电光自动反射弧教具）<br>请同学们观察老师手中的教具（见图 1），这是一个反射活动的示意图：<br>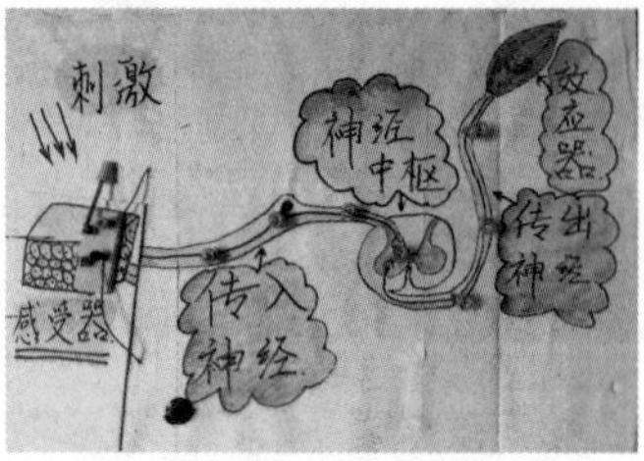<br><br>**图 1　反射活动示意图** | 学生回答：反射弧。 | 提出问题，引发学生思考，激发学习兴趣。培养学生科学探究能力。（素养三）<br>板书设计简洁明了、过程清晰、重点突出，体现教学重难点。<br>利用自制教具展示和分析反射活动的过程，化抽象为具体，有利于加深学生的理解和记忆。<br>通过分析，明白反射弧完整的重要性，同时复习反射活动的过程。 |

（续上表）

| 教学过程 | | | |
|---|---|---|---|
| 时　间 | 教师行为 | 预设学生行为 | 教学设计意图 |
| | 在这个反射的过程中，哪个是感受器呢？<br>感受器在反射过程中起到接收刺激产生兴奋的作用，而这两个带状的结构是________，它们的作用是传递兴奋，这个是上节课学习过的________，最后这个是做出应答的效应器。这五个部分组成了反射弧。 | 学生回答：最左边的为感受器；传入神经和传出神经；神经中枢。 | |
| | 在反射活动中，人的感受器受到刺激之后会产生兴奋，兴奋通过传入神经传递到神经中枢，神经中枢随之产生兴奋并对兴奋进行分析和整合，最后兴奋由传出神经传到效应器，并由效应器对刺激做出反应。<br>这就是反射的大致过程。而这五个结构也构成了反射的结构基础——反射弧。这段内容在课本第 23 页，同学们记得做好笔记。<br>那同学们回想一下，在缩手反射视频中，感受器是手指肌肉，感受器是传入神经末梢及其连接的皮肤上的结构，这些结构受到开水的刺激，产生兴奋，兴奋由手臂上的传入神经传递到神经中枢，神经中枢产生兴奋并进行分析整合之后由传出神经传递到效应器，效应器是传出神经末梢和它所支配的手臂上的肌肉，从而导致肌肉收缩带动手臂缩回。 | | |
| | 学生小组探究活动：<br>师：老师这里有一些小卡片，接下来请同学们三人为一组，共同讨论如何将这些图片拼成一个反射活动的过程图，之后请一个小组的代表上台进行展示。 | 学生开展小组探究活动，构建出一个反射活动的过程。 | 组织学生开展小组探究活动，构建出一个反射活动的过程。学生以三人为一组，共同讨论如何将图片拼成一个反射活动的过程图，每个小组派代表上台进行展示。发挥学生学习的主动性，培养学生分析问题的能力。 |
| | 活动成果展示：<br>看来同学们完成得都很不错，我们来看反射发生的条件。 | 小组代表：上讲台在黑板上贴出反射活动的过程。 | |
| | 问题三：在缩手反射的过程中，手指皮肤接触到的开水不够烫甚至完全不烫，也就是感受器受到了一个很小的刺激甚至没有受到刺激，手还会快速缩回吗？ | 学生回答：不会。 | 采用提出问题的方式，演示讲解反射发生的条件。说明反射弧的五个部分中任何一个损伤或缺失都无法完成反射活动。 |
| | 问题四：当感受器没有受到足够强烈的刺激，就无法产生兴奋，那这个时候反射还能不能形成呢？ | 学生回答：不能，反射活动无法进行。 | |
| | 由此我们可以知道完成一个反射是需要一定条件的，首先需要有一定的刺激。 | | |

（续上表）

| 教学过程 | | | |
|---|---|---|---|
| 时　间 | 教师行为 | 预设学生行为 | 教学设计意图 |
| | 问题五：那如果传入神经受到损伤或者缺失，这时候感受器再受到开水的刺激，手臂还会迅速缩回吗？<br><br>因为传入神经受损，反射过程中感受器受到刺激之后产生的兴奋无法进行传导，反射无法进行。如果受损的是神经中枢或者其他部位呢，我们可以发现反射活动依旧无法进行。<br>通过这个现象我们可以知道反射弧的五个部分中任何一个损伤或缺失都无法完成反射活动。 | 学生回答：不会。 | |
| 30 秒 | **三、归纳总结**<br>最后我们来回顾一下本节课的内容：反射的结构基础是什么？反射的过程是怎么样的？<br><br>**四、课后思考**<br>结合生活经验，你还能举出日常生活中，有哪些情境运用到反射弧吗？<br>下节课请同学们来进行分享。 | 学生回答：反射弧。感受器接收刺激产生兴奋，兴奋通过传入神经传递到神经中枢，神经中枢随之产生兴奋并对兴奋进行分析和整合，最后兴奋由传出神经传到效应器，效应器对刺激做出反应。 | 对本节课所学内容进行总结。<br><br>采用提出问题的方法，引发学生思考。注重教学与生活的联系。（素养四） |
| 板书设计 | 反射与反射弧<br>1. 反射 —结构基础→ 反射弧<br>2. 反射活动的过程<br>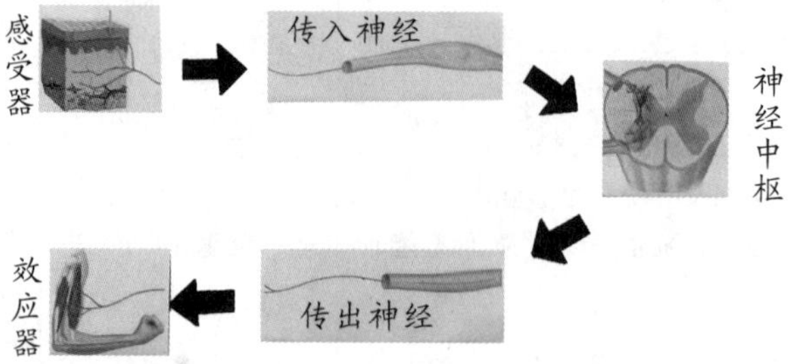 | | |

（续上表）

| | |
|---|---|
| 设计思路说明 | 本教学设计围绕生物学学科核心素养目标，基于“以学生为主”和“启发引导”的教学理念，采用讲解法和提问法等教学方法开展探究性教学。反射与反射弧这一内容较为抽象，因此在讲解反射弧之前应该先创设生活情境拉近知识点与学生之间的距离，在此基础上讲解反射的活动过程，创新地运用自制的电光自动反射弧教具化抽象为具体，引导学生自主探究反射的活动过程，更有利于学生理解记忆。这体现了以学生为主的新教育教学理念。还以提问的方式培养学生分析问题和总结知识的能力。<br>整个教学过程做到：教学提问环环相扣，演示讲解直观生动，重点突出，难点突破，较好地完成了教学目标。<br>本教学设计合理、完整，能较好地实现核心素养教学目标。 |

## 课例评析

本教学设计围绕生物学学科核心素养目标，以探究式教学为主线，采用讲解法、提问法和演示法等教学方法展开教学。首先，通过设置问题情境引入新课，一方面有针对性地复习反射的概念；另一方面，有利于激发学生的思维和学习积极性。接下来让学生阅读课本内容，思考反射活动在体内是如何进行的，以此来展开新课。教学过程中，教师对学生进行层层提问，逐步引导学生去发现问题、分析问题。本课内容比较抽象，应用自制的电光自动反射弧教具化抽象为具体，将反射的活动过程具体化、生动化，引导学生自主探究反射的活动过程，同时组织学生开展小组探究活动，构建出一个反射活动的过程，充分体现以学生为主的新教育教学理念，从而突破教学难点。新课讲授生动形象，板书设计简明扼要，突出重点，图文并茂。课堂的最后，联系生活实际，布置课后作业，使生物知识与实际生活相结合，从而落实社会责任目标。

整个教学过程做到：有效引导学生开展问题探究性学习，讲解科学，演示直观生动，重点突出，难点突破，较好地完成了教学目标。

（1）创新性。教学方法具有创新性。采用自制的电光自动反射弧教具化抽象为具体，将反射的活动过程具体化、生动化，引导学生自主探究反射的活动过程，同时组织学生开展小组探究活动，构建出一个反射活动的过程，充分体现以学生为主的新教育教学理念。

教具具有创新性。自制的电光自动反射弧教具化抽象为具体，将反射的活动过程具体化、形象化和生动化。

（2）亮点。本教学的最大亮点是：将传统媒体和现代媒体相结合，自制的电光自动反射弧教具化抽象为具体，将反射的活动过程具体化、形象化和生动化，体现了以学生为主的探究性教学理念。

（本教学设计荣获 2022 年嘉应学院生命科学学院本科师范生教学技能大赛三等奖）

# 癌细胞的特征

陈家乐

## 教学设计

| 姓　名 | 陈家乐 | 学　校 | 嘉应学院 |
| --- | --- | --- | --- |
| 指导教师 | 刁俊明、温茹淑 | 重点展示技能类型 | 讲解技能 |
| 片段题目 | 癌细胞的特征 | | |
| 教材分析 | “癌细胞的特征”是人教版《高中生物》必修二第五章第一节的内容，与前面基因表达的学习密切相关，也为后面讲授基因突变的原因奠定基础，在知识结构上起到承上启下的作用。需要注重对学生的启发性引导，通过教具模拟演示和新旧知识的联系，激发学生学习兴趣和提高学生观察分析问题的能力。 | | |
| 学情分析 | 本次授课对象为高一学生，他们具备一定的思考与分析问题的能力，本节内容和社会生活关系密切，容易激发学生兴趣，但学生在理解癌细胞为什么会具备这样的特征时存在困难，需要在教师的适当引导下才能更好地自主分析，获得知识，因此在授课过程中注重对学生的启发性引导，通过新旧知识的联系来帮助学生理解。 | | |
| 学科内容学习目标 | （1）生命观念目标（素养一）：<br>学生通过探究癌细胞的特征，说出癌细胞的概念及特征。<br>（2）科学思维目标和科学探究目标（素养二、素养三）：<br>通过分析癌细胞与正常细胞的不同之处，培养学生的科学思维能力。<br>（3）社会责任目标（素养四）：<br>学生探讨导致细胞癌变的因素，认识到细胞癌变是基因突变的结果，形成健康生活的观念。 | | |
| 技能训练目标 | （1）讲解要符合科学性要求，讲解时做到直观生动，富有启发性和趣味性。<br>（2）讲解要与提问技能相结合，善于启发学生思维，调动学生学习的积极性。<br>（3）讲解要做到连贯、清楚，应具有较强的系统性和逻辑性。 | | |
| 教学方法 | 讲解法、提问法、演示法和探究学习法。 | | |
| 教学重点 | 癌细胞的增殖、变态和转移。 | | |
| 教学难点 | 癌细胞的转移。 | | |

（续上表）

| 教学过程 | | | |
|---|---|---|---|
| 时　间 | 教师行为 | 预设学生行为 | 教学设计意图 |
| 30秒 | **一、导入新课**<br>情境导入：同学们，在正式上课前，老师想给大家介绍一位人物——梅艳芳。2003年12月30日，梅艳芳因宫颈癌病逝。如今，我国鼓励广大适龄女性接种人乳头瘤病毒疫苗，就是为了预防宫颈癌等多种疾病。<br>古有“谈虎色变”，今有“谈癌色变”，癌症为什么如此可怕？这节课，我们通过学习癌细胞的特征来寻找答案。 | 学生注意力集中，阅读梅艳芳的相关资料并思考问题。 | 教师采用情境导入，通过生活实际与本节课程建立自然过渡，为即将学习的内容做铺垫；同时也有利于调动学生学习的积极性和主动性，使学生更快进入学习状态。 |
| 6分30秒 | **二、讲授新课**<br>环节一：癌细胞的增殖。<br>癌细胞是产生癌症的病源。<br>提问：同学们知道什么是癌细胞吗？<br>师：我们具体来看一看癌细胞的概念。看到“恶性增殖”这四个字，大家有没有感到毛骨悚然？这也是癌细胞的第一个特征——无限增殖，海拉细胞是这个特征的典型代表。<br>资料一：展示海拉细胞的历史。<br>请同学们阅读“资料一”，找一找海拉细胞与正常细胞的不同之处。<br>板书：<br>癌细胞的特征<br>一、“永生”<br>无限增殖<br>提问：同学们找到答案了吗？<br>师：人的一生中体细胞可以分裂50～60次，是有限增殖的。而海拉细胞至今仍在实验室的培养条件下无限增殖，可谓“永生”的细胞。<br>演示讲解：演示自制的癌细胞的特征模型教具，直观形象，将癌细胞的无限增殖特征展示出来。<br>提问：同学们根据细胞的生命历程思考一下，这种“永生”的细胞会对人体产生什么危害吗？<br>师：回答得很好。我们一起来看看这张图片，癌细胞与正常细胞相比，需要的营养更多，那血液需要提供的营养也就更多。 | 学生回答：摇头表示不知道<br>学生认真阅读资料。<br>学生回答：海拉细胞的增长速度比人体健康细胞快了20倍。<br>学生回答：“永生”的细胞无限增殖，分裂需要更多营养。 | 将知识串联，根据癌细胞的概念引出其第一个特征。 |

（续上表）

| 教学过程 | | | |
|---|---|---|---|
| 时　间 | 教师行为 | 预设学生行为 | 教学设计意图 |
| | 提问：于是，正常细胞所需要的营养就会怎样？<br>师：是的，这就是癌细胞的第一个特征及其带来的影响，也是导致癌症患者日渐消瘦的重要原因之一。<br><br>环节二：癌细胞的变化。<br>资料二：展示电镜下正常成纤维细胞与癌变成纤维细胞的图片。<br>师：可以无限增殖以达“永生”的癌细胞，它的真面目是怎么样的呢？接下来，我们通过“资料二”，揭开它的神秘面纱。<br>提问：观察电镜下正常成纤维细胞与癌变成纤维细胞的图片，它们各自的形态是怎么样的？有哪位同学可以给大家描述一下吗？<br>师：很好。正常的成纤维细胞呈扁平的梭形，癌变的成纤维细胞为球形，从梭形到球形，它的形态发生了显著的改变，这是一种“变态”的细胞。<br>提问：正常的成纤维细胞呈现固定的形态——梭形，这是什么原因导致的结果呀？<br>师：相应地，它就会有特定的结构和功能。<br>提问：那同学们还记得细胞分化的实质是什么吗？细胞癌变的实质呢？<br>师：基因突变会使基因选择性表达出异常的形态、结构和功能，这就导致癌变的成纤维细胞失去了原来的形态。<br>提问：相应地也会怎么样？<br>演示讲解：演示自制的癌细胞的特征模型教具，直观形象地将癌细胞的形态结构显著变化的特征展示出来。<br>师：这就是癌细胞的第二个特征——形态结构发生显著变化。<br><br>环节三：癌细胞的转移。<br>师：在一些电视剧里，癌症病人经过检查诊断后，医生会对其家属摇摇头说：“癌细胞已经扩散了。”<br>资料三：PET－CT 图像。<br>师：那我们从医生的角度来看看，这是用医学影像技术 PET－CT 扫描的一位癌症患者影像图，黑色部分为癌细胞的主要聚集处，左为三个月前，右为三个月后。 | 学生回答：供应不足。<br><br>学生认真观察图片。<br><br>学生回答：正常的成纤维细胞呈扁平的梭形；癌变的成纤维细胞呈球形。<br><br>学生回答：细胞分化。<br><br>学生回答：基因的选择性表达；基因突变。<br><br>学生回答：失去原来的结构和功能。<br><br>学生认真观察图片。 | 教师提问引发学生思考，让学生自主分析为什么“永生”的细胞会对人体产生危害，培养学生的科学思维及探究能力。<br><br>教师结合细胞分化，从细胞的形态到结构让学生明白，细胞分化异常，会使细胞“变态”。 |

（续上表）

| 教学过程 | | | |
|---|---|---|---|
| 时　间 | 教师行为 | 预设学生行为 | 教学设计意图 |
| | 提问：同学们发现有什么变化吗？<br>师：是的。我们可以看到黑色部分癌细胞数目增多，红色箭头处产生了新的病灶。癌细胞不但永生、变态，还会转移，这是为什么呢？<br>资料四：癌细胞转移的流程图。<br>小组讨论：接下来给同学们 1 分钟时间，请大家根据“资料四”的图片，前后桌为一组，探讨一下癌细胞在体内是怎样移动的。<br>提问：有同学可以分享一下自己小组的讨论结果吗？请这位同学回答。<br>师：对了，回答得非常好，请坐。那癌细胞为什么要四处转移呢？<br>提问：我们在学习生物膜的流动镶嵌模型时提到，细胞膜表面有一层糖蛋白，大家还记得它有什么功能吗？<br>展示教具：乒乓球模型教具。<br>师：是的，看来同学们对知识掌握得很牢固。同学们都认识老师手中的乒乓球吧，上面粘有双面胶的乒乓球，把乒乓球当作细胞，胶纸当作细胞膜表面的糖蛋白，将它们粘在一起，就如同相邻的细胞。<br>我们前面提到，正常细胞是有限增殖的，当细胞生长到一定程度时，细胞间会利用自己膜表面的糖蛋白传递信息，相互提醒“不要再长大啦！”同时还会运用识别功能互相监督。<br>提问：那细胞癌变后，为了不让正常细胞发现，躲避提醒和监督，以便移动和无限增殖，它会怎么做呢？<br>师：好，老师就根据大家的回答，撕去乒乓球之间的双面胶，那失去胶纸的乒乓球是不是就可以自由移动啦？其实糖蛋白还有一个功能，就是能像胶纸一样具有黏着性，所以癌细胞的第三个特征就是其表面糖蛋白减少，导致细胞间的黏着性下降，因此癌细胞易扩散和转移。 | 学生回答：癌细胞数目增多，并且在器官间发生了转移。<br>学生间进行讨论，发表看法。<br>学生回答：首先癌细胞紧密结合，然后部分癌细胞通过血液流动至新的器官进行增殖。<br>学生回答：有传递信息与识别的功能。<br>新知识联系旧知识，有助于学生注意力提高。自制的癌细胞的特征模型教具，便于理解。<br>学生回答：<br>减少糖蛋白。 | 通过资料展示与提问相结合的方式，激发学生的科学思维和学习兴趣；让学生以组为单位进行讨论，训练学生的科学探究能力。<br>在旧知识的基础上学习新的知识内容，同时使用自制的癌细胞的特征模型教具加以辅助，便于理解，印象深刻。 |
| 1 分钟 | **三、课堂总结**<br>师：这节课我们介绍了癌细胞的特征，同学们可以根据这九个字进行联想记忆（“癌”音似“爱”）：<br>“爱”永生，“爱”变态，“爱”转移。 | 学生根据九个字联想并记忆癌细胞的特征。 | 以九个字总结癌细胞的特征，能够提高学生的积极性和记忆知识点的趣味性。 |

（续上表）

<table>
<tr><th colspan="4">教学过程</th></tr>
<tr><th>时　间</th><th>教师行为</th><th>预设学生行为</th><th>教学设计意图</th></tr>
<tr><td></td><td>师：请大家朗读一下老师写的顺口溜。<br><br>四、提出问题，课后探讨<br>师：了解到癌细胞的可怕之处后，同学们知道有什么因素会使正常细胞发生癌变吗？<br>（1）下列最有可能导致癌症发生的是（　　）。<br>A. 饮酒　　B. 抑郁<br>C. 吸烟　　D. 不当饮食<br>（2）对于第（1）题，同学们为什么会选择那个选项？<br>师：老师听到了不同的答案，那我们通过下节课学习基因突变的原因来揭晓答案，本节课到此结束。</td><td>学生阅读问题并思考。</td><td>教师总结本节课的主要内容，同时提问引发学生思考，为下节课的授课内容做铺垫。</td></tr>
<tr><td>板书设计</td><td colspan="3">癌细胞的特征<br>一、“永生” <br>无限增殖<br>二、“变态” <br>形态结构发生显著变化<br>三、“转移” <br>细胞膜表面糖蛋白减少</td></tr>
<tr><td>设计思路说明</td><td colspan="3">本教学设计围绕生物学学科核心素养目标，基于以学生为主和启发引导的教学理念，采用讲解法、提问法和演示法等教学方法开展教学。“癌细胞的特征”是人教版《高中生物》必修二中第五章第一节的内容，根据癌细胞概念引出癌细胞的第一个特征：无限增殖，归纳为“永生”的细胞，并引发学生思考这种“永生”的细胞对人体会有什么危害；然后让学生描述正常成纤维细胞和癌变成纤维细胞形态的不同之处，从细胞分化的角度，由形态改变到结构改变的顺序进行讲解，由易到难讲述第二个特征：形态结构发生显著变化，即“变态”的细胞；最后是癌细胞的转移，这是本次教学的重难点，为了突破重难点，首先用一位癌症患者的 PET－CT 扫描图像做三个月前后的对比，使学生意识到癌细胞会发生转移，再联系旧知识生物膜的流动镶嵌模型中糖蛋白的功能，结合自制的教具来解释癌细胞细胞膜表面的糖蛋白减少，说明癌细胞易扩散和转移。<br>细胞癌变是社会热点，也是生物学科的热点问题。因此在教学设计的过程中要注意理论和现实相结合，注意“教”与“学”联系。按照“感知—理解—应用”的认知过程，让学生充分发挥主观能动性去感知、体验、思考。教师在教学过程中要充当学习的组织者和引导者。<br>本教学设计合理、完整，能较好地实现教学目标。</td></tr>
</table>

## 课例评析

本教学设计围绕生物学学科核心素养目标，以探究式教学为主线，采用讲解法、提问法和演示法等教学方法展开教学。采用情境导入，通过梅艳芳得宫颈癌病逝实例与本节课程建立自然过渡，既为学习新课的内容做铺垫，又有利于调动学生学习的积极性和主动性。细胞癌变是社会热点，也是生物学科的热点问题。教师在教学过程中注意理论和现实相结合，注意“教”与“学”联系。按照“感知—理解—应用”的认知过程，让学生去感知、体验、思考。采用“资料展示与提出问题→学生观察思考→开展小组讨论→教师演示讲解→得出结论”的教学模式展开新课。通过将传统媒体和现代媒体相结合，采用自制的癌细胞的特征模型教具和3D动画进行演示和讲解，从而把癌细胞的三个特征形象化，将抽象变为直观，使学生对癌细胞的特征有一个形象化的认识，从而突破教学难点。新课讲授生动形象，板书设计简明扼要，突出重点，图文并茂。归纳总结环节采用九个字顺口溜的方式进行联想记忆。最后提出问题，课后探讨。这样的结课既合理又耐人寻味，较好地实现了社会责任目标。

整个教学过程做到：有效引导学生开展问题探究性学习，讲解科学，演示直观生动，重点突出，难点突破，较好地完成了教学目标。

（1）创新性。教学方法具有创新性。采用“资料展示与提出问题→学生观察思考→开展小组讨论→教师演示讲解→得出结论”的教学模式展开新课。通过将传统媒体和现代媒体相结合，采用自制的癌细胞的特征模型教具和3D动画进行演示和讲解，从而把癌细胞的三个特征形象化，将抽象变为直观。

教具具有创新性。自制的癌细胞的特征模型教具直观形象，将癌细胞的三个特征形象化和直观化。

（2）亮点。本教学的最大亮点是：将传统媒体和现代媒体相结合，采用自制的癌细胞的特征模型教具和3D动画进行演示和讲解，从而把癌细胞的三个特征形象化，将抽象变为直观，体现了以学生为主的探究性教学理念。

（本教学设计荣获2022年第十届广东省本科高校师范生教学技能大赛参赛资格和2022年嘉应学院本科师范生教学技能大赛一等奖）

# 酵母细胞的无氧呼吸

黎　茵

## 教学设计

| | | | |
|---|---|---|---|
| 姓　名 | 黎茵 | 学　校 | 嘉应学院 |
| 指导教师 | 廖富林、刁俊明 | 重点展示技能类型 | 演示技能 |
| 片段题目 | 酵母细胞的无氧呼吸 | | |
| 教材分析 | 本课选自人教版《高中生物》必修一第五章第三节的内容，探究酵母细胞的无氧呼吸可以使学生加深对细胞物质与能量观的理解，也为后面学习“细胞呼吸的原理及应用”奠定基础。 | | |
| 学情分析 | 本课的授课对象为高一的学生，他们具备一定的化学基础知识，且已经掌握酵母菌的相关特性以及酶和ATP的相关知识，也具有一定的设计实验、推理分析、观察认知能力，但学生的实验探究能力和严谨性不足。 | | |
| 学科内容学习目标 | （1）生命观念目标（素养一）：<br>通过探究酵母细胞无氧呼吸实验，能阐明酵母细胞无氧呼吸的产物，认同物质与能量观相适应的生命观念。<br>（2）科学思维和科学探究目标（素养二、素养三）：<br>通过探究性学习，形成批判性思维能力、自主分析能力和动手操作能力。<br>（3）社会责任目标（素养四）：<br>通过探究性学习，体验酵母细胞无氧呼吸的实验过程，树立严谨的科学态度和勇于探索的科学精神，并学会运用知识解决日常生活问题。 | | |
| 技能训练目标 | （1）演示的过程要符合科学性的要求，并与讲解相结合，讲解时要做到直观生动，富有启发性。<br>（2）演示要和提问技能、讲解技能配合得当，启发引导观察，调动学生学习积极性。<br>（3）直观演示酵母细胞无氧呼吸的实验现象，突出重点、突破难点。<br>（4）能根据教学任务和中学生的特点把各种技能应用于教学实践。 | | |
| 教学方法 | 讲解法、演示法和实验探究学习法。 | | |
| 教学重点 | 探究酵母细胞无氧呼吸的产物。 | | |
| 教学难点 | 酵母细胞无氧呼吸实验过程的结果分析。 | | |

（续上表）

| 教学过程 | | | |
|---|---|---|---|
| 时　间 | 教师行为 | 预设学生行为 | 教学设计意图 |
| 40 秒 | **一、情境导入**<br>通过酿制客家娘酒的日常生活情境导入新课，启发学生思考为什么酿制娘酒的陶罐需要密封。以酵母菌是如何让糯米转化为客家娘酒，这与酵母菌的无氧呼吸密切联系，引出实验探究。<br>板书：<br>酵母细胞的无氧呼吸<br>1. 反应底物：<br>2. 反应产物：<br>3. 能量变化： | 学生回答：提供无氧环境。 | 运用熟悉的生活情境——客家娘酒制作过程，吸引学生的注意力，激发学生的科学思维和学习兴趣。 |
| 6 分钟 | **二、实验探究**<br>介绍实验器材及其作用：5%的葡萄糖溶液模拟的是糯米中的有机物，它作为底物参与无氧呼吸。引导学生思考活性干酵母、不含空气的注射器和导管、海绵铁除氧剂的作用。<br>板书：<br>酵母细胞的无氧呼吸<br>1. 反应底物：$C_6H_{12}O_6$<br>2. 反应产物：<br>3. 能量变化：<br>解释培养液制作和注射器装置组装过程。同学们观察一下注射器发生了什么现象。<br>通过联想人体呼吸会释放二氧化碳，假设酵母菌无氧呼吸释放的可能也是二氧化碳气体，引导学生思考有哪些检测二氧化碳的方法。<br>学生接着观看用澄清石灰水检测气体的视频，就实验现象向学生提问。<br>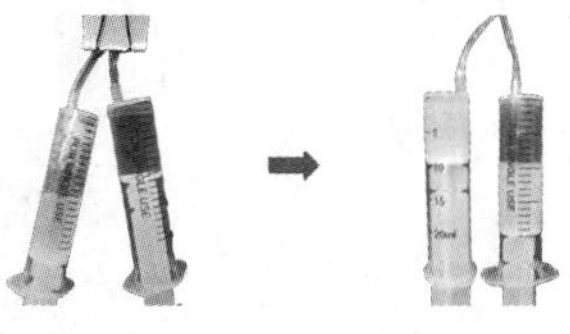<br>**图1　澄清石灰水检测气体** | 学生回答：分解有机物；提供无氧环境。<br>学生回答：液面下移动或注射器活塞下移动。<br>学生回答：澄清石灰水；溴麝香草酚蓝。<br>学生认真地观察。学生回答：澄清石灰水变浑浊。 | 引导学生思考酵母菌如何将糯米转化成娘酒的化学过程，训练学生的科学思维。（素养二）<br>通过实验探究，让学生观察实验现象，培养学生批判性思维能力、分析能力和科学探究能力。（素养二、三） |

（续上表）

| 教学过程 | | | |
|---|---|---|---|
| 时　间 | 教师行为 | 预设学生行为 | 教学设计意图 |
| 6 分钟 | 教师利用自制的教具演示溴麝香草酚蓝遇到气体的操作，学生观察溴麝香草酚蓝溶液颜色的变化。<br>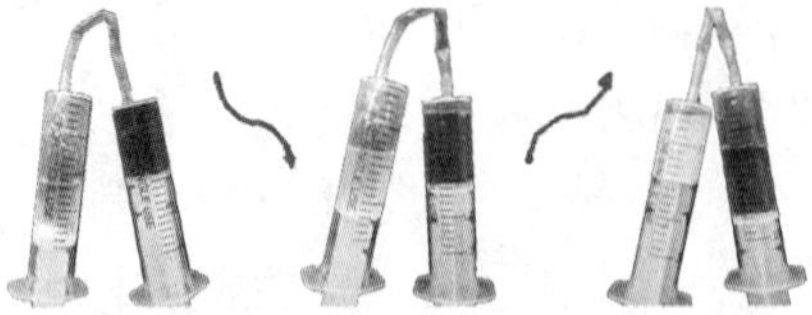<br>图 2　溴麝香草酚蓝遇到气体变色<br>通过以上两个实验可以验证酵母菌无氧呼吸产生了二氧化碳气体。<br>板书：<br>酵母细胞的无氧呼吸<br>1. 反应底物：$C_6H_{12}O_6$<br>2. 反应产物：$CO_2$<br>3. 能量变化：<br>教师移去导管，学生轻嗅气味。假设酵母菌无氧呼吸产生了酒精，介绍检测酒精的方法。<br>学生以两人为一小组动手操作，观察到酸性重铬酸钾溶液的变化。通过实验验证了酵母菌无氧呼吸产生了酒精。<br>板书：<br>酵母细胞的无氧呼吸<br>1. 反应底物：$C_6H_{12}O_6$<br>2. 反应产物：$CO_2$、$C_2H_5OH$<br>3. 能量变化：<br>联系上节课，我们知道了 ATP 是细胞能量的“货币”，把酵母菌无氧呼吸是否会产生 ATP 引入实验，教师对培养液 2 小时前后的温度进行对比，同学们观察温度的变化。<br>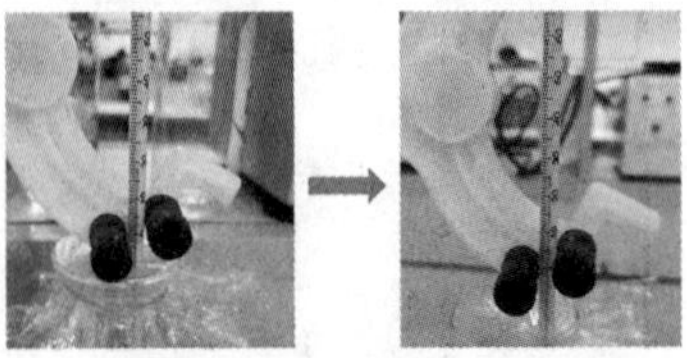<br>图 3　酵母菌无氧呼吸温度的变化 | 学生回答：溶液由蓝色变成绿色再变成黄色<br>学生轻轻闻了一下培养液，感到十分新奇。学生回答：酒精味。<br>学生回答：溶液由橙色变成灰绿色。<br>学生回答：温度升高。 | 向学生提问，与学生进行互动交流，引导学生分析思考二氧化碳的检测方法和与之相应的实验现象。（素养二）<br>学生亲手操作实验，加强实验操作能力，培养学生自主探索实验，促进学生学科核心素养的发展。（素养三） |

（续上表）

<table>
<tr><th colspan="4">教学过程</th></tr>
<tr><th>时　间</th><th>教师行为</th><th>预设学生行为</th><th>教学设计意图</th></tr>
<tr><td>6 分钟</td><td>验证了酵母菌无氧呼吸能产生能量，并以热能的形式释放出来。<br>板书：<br><br>酵母细胞的无氧呼吸<br>1. 反应底物：　$C_6H_{12}O_6$<br>2. 反应产物：$CO_2$、$C_2H_5OH$<br>3. 能量变化：化学能→热能</td><td>归纳总结酵母细胞无氧呼吸的产物，认同物质与能量观相适应的生命观念。（素养一）</td><td></td></tr>
<tr><td>1 分钟</td><td>三、总结归纳<br>师生一起归纳总结实验过程。<br><br>四、课后思考题<br>通过这节课学习到的知识，让学生解释浇水过多为什么会使植物发生酒精中毒的现象。</td><td>师生共同回答。澄清石灰水变浑浊，溶液由蓝色变绿色再变成黄色，酵母菌无氧呼吸产生 $CO_2$；溶液由橙色变成灰绿色，酵母菌无氧呼吸产生酒精，温度计温度升高，酵母菌无氧呼吸释放能量。</td><td>通过布置课后思考题，使学生既能巩固本节课掌握的知识点、加深印象，还能自然而然地解决生活情境问题。（素养四）</td></tr>
<tr><td>板书设计</td><td colspan="3">酵母细胞的无氧呼吸<br>1. 反应底物：$C_6H_{12}O_6$<br>2. 反应产物：$CO_2$、$C_2H_5OH$<br>3. 能量变化：化学能→热能</td></tr>
<tr><td>设计思路说明</td><td colspan="3">本节课内容选自人教版《高中生物》必修一第五章第三节“细胞呼吸的原理和应用”，承接“ATP 是细胞能量的‘货币’”的知识点，为以后学习细胞呼吸的原理及应用奠定基础，在知识结构上起着承上启下的作用。<br>本教学设计围绕生物学学科核心素养目标，基于以学生为主和启发引导的教学理念，采用演示法、讲解法和提问法等教学方法开展教学。首先通过引入制作客家娘酒日常情境的问题，贴近学生生活，激发学生的科学思维与兴趣。学生通过对酵母细胞无氧呼吸的产物的探究性学习，层层深入，培养严谨的科学态度和思考分析的科学思维能力。其次为了突破教学难点，依据面向全体学生，提高学生的生物科学素养，设计改进实验活动，教师利用教具演示溴麝香草酚蓝溶液遇到二氧化碳气体的过程，在教师的指导下，组织学生进行小组合作动手实践，切身体会实验，在直观实践中将抽象理论具体化，获取酵母菌无氧呼吸产物和验证方法的知识，从而形成不断探究的精神。然后将实验过程进行归纳总结，进一步梳理探究酵母细胞的无氧呼吸的过程。最后布置植物酒精中毒的课后思考题，可以加深学生对本节课知识的印象，从而联系生活实际，将知识运用到生活当中。<br>整个教学过程做到：教学提问环环相扣，演示和讲解直观生动，重点突出，难点突破，较好地完成了教学目标。<br>本教学设计合理、完整，能较好地实现新课程的基本理念和落实生物学学科核心素养。</td></tr>
</table>

## 课例评析

本教学设计围绕生物学学科核心素养目标，以探究式教学为主线，采用演示法、讲解法和提问法等教学方法展开教学。首先采用情境导入新课，即运用熟悉的生活情境——客家娘酒制作过程，吸引学生的注意力，激发学生的科学思维和学习兴趣。采用“演示实验与提出问题→学生观察思考与讨论→小组动手操作实验→教师演示讲解→得出结论”的教学模式展开新课。为了突破教学难点，设计改进实验活动，教师利用教具演示溴麝香草酚蓝溶液遇到二氧化碳气体的过程，在教师的指导下，组织学生进行小组合作，动手实践，切身体会实验，将抽象理论具体化，获取酵母菌无氧呼吸产物和验证方法的知识，从而形成不断探究的精神。新课讲授生动形象，板书设计简明扼要，突出重点。师生一起归纳总结实验过程。最后布置植物酒精中毒的课后思考题，从而联系生活实际，将知识运用到生活当中。这样的结课既合理又耐人寻味，较好地实现了社会责任目标。

整个教学过程做到：有效引导学生开展问题探究性学习，讲解科学，演示直观生动，重点突出，难点突破，较好地完成了教学目标。

（1）创新性。教学方法具有创新性。采用“演示实验与提出问题→学生观察思考与讨论→小组动手操作实验→教师演示讲解→得出结论”的教学模式展开新课。为了突破教学难点，设计改进实验活动，教师利用教具演示溴麝香草酚蓝溶液遇到二氧化碳气体的过程，在教师的指导下，组织学生进行小组合作，动手实践，切身体会实验，将抽象理论具体化，获取酵母菌无氧呼吸产物和验证方法的知识，从而形成不断探究的精神。

教具具有创新性。自制的演示溴麝香草酚蓝溶液遇到二氧化碳气体的过程和验证酵母菌无氧呼吸能产生能量，并以热能的形式释放出来的教具直观形象，将酵母菌无氧呼吸产物和验证方法直观化。

（2）亮点。本教学的最大亮点是：将传统媒体和现代媒体相结合，采用自制的演示溴麝香草酚蓝溶液遇到二氧化碳气体的过程和验证酵母菌无氧呼吸能产生能量，并以热能的形式释放出来的教具直观形象，将酵母菌无氧呼吸产物和验证方法直观化，体现了以学生为主的探究性教学理念。

（本教学设计荣获2022年第十届广东省本科高校师范生教学技能大赛参赛资格和2022年嘉应学院本科师范生教学技能大赛一等奖）

# 下编　优秀初中生物学教学设计课例与评析

# 呼吸道对空气的处理

黄荣琴

## 教学设计

| 姓　名 | 黄荣琴 | 学　校 | 嘉应学院 |
|---|---|---|---|
| 指导教师 | 刁俊明、王翠平、潘望 | 重点展示技能类型 | 演示技能 |
| 片段题目 | 呼吸道对空气的处理 | | |
| 教材分析 | 本课选自人教版《初中生物》七年级下册第三章第一节的内容，主要讲解了呼吸道对空气的处理作用。本课是前面“人体生命活动的调节”的知识延伸和进一步理解，也是学生学习后面的“气体在肺内发生交换”的基础，起承上启下的作用。 | | |
| 学情分析 | 本课的授课对象为初一的学生，他们的思想活跃，求知欲强，对色彩丰富的图片比较感兴趣，且具备一定的学习、合作探究的能力，但是自学能力相对薄弱，需要在教师的适当引导下才能更好地去获得知识。 | | |
| 学科内容学习目标 | （1）生命观念目标（素养一）：<br>学生通过对呼吸道相关知识的学习，理解并认识呼吸道疾病的防护方法，感受健康生活的重要性。<br>（2）科学思维和科学探究目标（素养二、素养三）：<br>学生通过探究学习，学会对结构进行分析，锻炼学生自主分析问题的能力。<br>（3）社会责任目标（素养四）：<br>学生通过课堂学习，将课堂知识运用到实际生活中，并能够向他人讲解、传播课堂知识。 | | |
| 技能训练目标 | （1）课堂演示做到及时、准确，科学形象，直观性好。<br>（2）使学生正确认识呼吸道对空气的处理作用，并能将所学知识运用于生活实践中。<br>（3）讲解与提问、演示技能配合得当，运用提问技能创设课堂，善于启发引导学生回答问题，调动学生积极思维，从而突破教学难点，达成教学目标。<br>（4）能根据教学任务和中学生的特点把教学技能应用于教学实践。 | | |
| 教学方法 | 讲解法、提问法、演示法和探究学习法。 | | |
| 教学重点 | 呼吸系统疾病的防护。 | | |
| 教学难点 | 呼吸道对空气的处理作用。 | | |

（续上表）

| 教学过程 | | | |
| --- | --- | --- | --- |
| 时　间 | 教师行为 | 预设学生行为 | 教学设计意图 |
| 1 分钟 | **一、导入新课**<br>复习导入：<br>上一节课我们学习了呼吸系统的组成，其中呼吸系统是由呼吸道和肺组成的，而鼻、咽、喉、气管、支气管组成了呼吸道。今天我们要学习的内容是呼吸道对空气的处理。 | 学生跟着教师回忆：呼吸系统由鼻、咽、喉、气管、支气管和肺组成。 | 教师采用问题复习法提出上节课的内容，进行知识重点的复习，通过有针对性的复习为学生学习新知识做好铺垫。 |
| 2 分钟 | **二、讲授新课**<br>探究活动一：<br>师：如果在一个冬天的早晨，我们起床后发现外面的天空是灰蒙蒙的，说明这是什么天气？在这样的天气中，空气的温度比较低而且含有很多杂质、灰尘。<br>我们知道呼吸道能够对空气进行处理，而且我们之前学习过组织结构和功能是相适应的，那如果我们处在这样一个寒冷而且空气质量很差的环境中时，鼻腔中的这些结构会发挥对空气的什么处理作用？<br>请同学们结合课前预习内容思考，并完成导学案探究活动一的内容。<br>板书：<br>呼吸道对空气的处理<br>完成之后，请一名学生和教师一起分析：<br>首先是鼻毛，很多人觉得鼻毛会影响美观，因此不喜欢鼻毛，但其实鼻毛具有很重要的作用。它可以阻挡吸入气体中的绝大部分灰尘，起到“过滤”空气的作用，这一过程让空气变得更加干净，所以这是什么处理作用？<br>师：回答正确。是清洁作用。<br>接下来进入鼻子的内部，也就是鼻腔。鼻腔中有黏膜，黏膜能够分泌黏液，黏液能使吸入的干燥气体变得更加湿润，同时因为湿润还可以黏附灰尘等物质，所以黏膜、黏液可以清洁和湿润空气。 | 学生回答：雾霾天气。<br>学生开始思考并完成导学案探究活动一。<br>学生回答：清洁作用。 | 创设问题情境，激发学生的科学思维和学习兴趣，吸引学生的注意力。训练学生的科学思维。<br>培养学生分析资料、解决问题的能力。 |

（续上表）

| 教学过程 | | | |
|---|---|---|---|
| 时　间 | 教师行为 | 预设学生行为 | 教学设计意图 |
| 2 分钟 | 这些是毛细血管，它们可以使吸入的冷空气的温度升高，达到血液的温度，毛细血管有什么处理作用？<br>师：除了鼻腔，呼吸道中的气管也能处理空气。展示气管的教具模型，请同学们仔细观察，你们知道在教具中哪一部分是气管吗？<br>对，就是下面这一部分。同学们观察教具模型，结合 PPT 上的结构图，会不会发现在气管中有一些“C”字形的结构？这些结构就是气管软骨，同学们可以摸一摸自己的颈部，能够摸到一环一环的结构。这些结构就是气管软骨。那气管软骨的作用是什么呢？是作为气管的支撑，使气体顺畅通过。<br>综上，呼吸道不仅仅是气体的通道，还能够清洁、温暖、湿润空气。 | 学生回答：温暖空气的作用。<br>学生回答：下面的这一部分。<br>学生纷纷抬起头摸自己的脖子。 | 使学生对呼吸道的结构的特点更加的直观生动。 |
| 3 分钟 | 探究活动二：<br>师：学习完刚才的内容，同学们能不能解释一下为什么在跑步时最好张大嘴巴吸气呼气？请同学们认真思考，完成导学案上“探究活动二”的内容。<br>板书：<br>呼吸道对空气的处理<br>作用 { 1. 通道；2. 温暖、湿润、清洁 }<br>因为口腔不能对吸入的空气进行处理，容易引起身体的不适。所以同学们在跑步的时候一定要调整好节奏，采用正确的方式进行呼吸。<br>既然呼吸道能够对吸入的气体进行处理，那是不是说明呼吸道能够处理吸入气体中的所有有害物质呢？<br>不是。新冠肺炎是由一种叫新型冠状病毒感染所引起的疾病，为什么有了呼吸道的处理，人们还是会被新型冠状病毒感染呢？ | 学生完成导学案“探究活动二”的内容。<br>学生回答：因为呼吸道不能处理病毒。 | 结合生活实际，使学生将所学知识运用到生活中来。<br>引导学生从实际出发，思考、分析并解决问题。 |

（续上表）

<table>
<tr><th colspan="4">教学过程</th></tr>
<tr><th>时　间</th><th>教师行为</th><th>预设学生行为</th><th>教学设计意图</th></tr>
<tr><td></td><td>探究活动三：<br>师：尽管呼吸道对空气有处理作用，但处理作用却是有限的。像病毒、微粒粉尘都是呼吸道处理不了的，而这些物质恰好能够引起呼吸系统疾病。所以平时防护呼吸系统疾病是尤为重要的。日常生活中有哪些防护呼吸系统疾病的方法吗？请同学们分小组讨论并完成导学案上“探究活动三”的内容。<br>板书：<br>3. 作用是有限的<br>教师请一个小组代表来分享讨论结果。<br>师：平时要多锻炼，增强免疫力；勤洗手；室内多通风。同学们还应该注意的是，尽管现在我国的疫情已经得到了控制，但大家外出时一定要注意戴好口罩。</td><td>学生分小组讨论并完成导学案“探究活动三”的内容。<br>小组代表分享本组讨论结果。</td><td>联系生活，帮助学生形成良好的习惯，树立关爱生命、健康生活的理念。</td></tr>
<tr><td>2 分钟</td><td>三、归纳总结<br>教师用表格进行归纳：
<table>
<tr><th>结构</th><th>功能</th></tr>
<tr><td>呼吸道或软骨做支架</td><td>气体顺畅通过</td></tr>
<tr><td>鼻腔内黏膜中含有毛细血管</td><td>温暖空气</td></tr>
<tr><td>鼻腔内和气管内壁黏膜分泌黏液</td><td>湿润空气</td></tr>
<tr><td>鼻毛、鼻黏膜、气管内壁上的纤毛和腺细胞</td><td>清洁空气</td></tr>
</table>
防护呼吸系统疾病的方法。<br>四、课后作业<br>师：最后，给大家留一道家庭作业题，请同学们课后与家人朋友分享防治呼吸系统疾病的方法，并应用到生活中。<br>五、板书设计<br>呼吸道对空气的处理<br>作用 {1. 通道<br>2. 温暖、湿润、清洁<br>3. 作用是有限的</td><td>学生跟着教师的引导做总结。</td><td>对重点内容进行总结，进一步加深学生的印象。<br>让学生不仅能够掌握防护呼吸系统疾病的方法，还要学会向他人普及如何防护呼吸系统疾病，真正让学生做到学以致用，落实核心素养目标。</td></tr>
</table>

（续上表）

| | |
|---|---|
| 设计思路说明 | 本教学设计围绕生物学学科核心素养目标，采用讲解法和合作探究法来进行教学。呼吸道的知识对七年级的学生来说既熟悉又陌生，很多学生对呼吸道只有片面的了解，还需要教师向学生进行系统的讲解，使学生真正掌握呼吸道的知识。同时将理论知识与生活中的事例结合，使学生能形象贴切地理解相关知识。除此之外，新冠肺炎正是当下的热点话题，运用新型冠状病毒传播的相关知识使学生理解呼吸道处理作用的有限性。通过探究防护呼吸系统疾病的方法，使学生树立起关爱生命、健康生活的理念。<br>整个教学设计做到：导入自然合理，讲解生动想象，重点突出，难点突破，较好地完成了学习目标。<br>本教学设计合理、完整，能较好地实现核心素养目标。 |

## 课例评析

本教学设计围绕生物学学科核心素养目标，以探究式教学为主线，采用演示法、讲解法和提问法等教学方法展开教学。首先通过复习的方式导入新课，通过有针对性的复习为学生学习新知识做好铺垫。然后创设情境，在问题情境中使生活问题生物化，培养学生的自主探究能力，激发学生的学习兴趣，并运用教具辅助教学，使抽象内容具体化、形象化，便于学生理解呼吸道的结构特点以及与之相对应的功能。接着举出实际问题进一步引导学生思考，增强学生运用知识的能力。随后举出新冠肺炎这一呼吸道疾病，引导学生总结出“呼吸道对空气的处理作用是有限的”这一结论。最后让学生分小组讨论探究防护呼吸系统疾病的方法，充分调动学生的积极性，体现了以学生为主的新教育教学理念。新课讲授生动形象，板书设计简明扼要，突出重点。

在课堂的尾声，采用表格形式对知识点进行梳理总结，以便学生记忆学习。此外，布置一道课后家庭作业题，让学生将课堂所学知识运用到实际中去，落实核心素养目标，增强学生运用课堂知识的能力。这样的结课既合理又耐人寻味，较好地实现了社会责任目标。

整个教学过程做到：有效引导学生开展问题探究性学习，讲解科学，演示直观生动，重点突出，难点突破，较好地完成了教学目标。

（1）创新性。教学方法具有创新性。在讲授过程中充分利用直观教具演示、情境视频讲解和学生小组探究的形式，采用导入法、提问法、讲解法来引导学生探究学习。

（2）亮点。本教学的一大亮点在于创设情境、联系生活实际，在问题情境中使生活问题生物化。启发学生思维，鼓励学生大胆猜测，运用生物知识解决实际问题，培养学生的自主探究意识，感受学习的乐趣的同时树立起关爱生命、健康生活的理念。

（本教学设计荣获2021年第九届广东省本科高校师范生教学技能大赛三等奖）

# 原尿的形成

陈丹燕　杨苗

## 教学设计

| | | | |
|---|---|---|---|
| 姓　名 | 陈丹燕、杨苗 | 学　校 | 嘉应学院 |
| 指导教师 | 刁俊明、李威娜、王翠平 | 重点展示技能类型 | 讲解技能 |
| 片段题目 | 原尿的形成 | | |
| 教材分析 | 本课是选自北师大版《初中生物》七年级下册第十一章第二节的内容，主要讲述了原尿的形成，与前面“人体产生的代谢废物”的学习密切相关，也为后面“尿的排出”的学习奠定基础，在知识结构上起到承上启下的作用。 | | |
| 学情分析 | 本课的授课对象为七年级学生，他们具备一定的思考与分析问题的能力，但是自学能力相对薄弱，需要教师的适当引导才能更好地获得知识。为此，在讲授的过程中，教师注重对学生进行启发引导，通过教具模拟演示和层层深入的提问，来激发学生的学习兴趣。 | | |
| 学科内容学习目标 | （1）生命观念目标（素养一）：<br>通过设置问题情境，学生探究活动，描述原尿的形成过程。<br>（2）科学思维和科学探究目标（素养二、素养三）：<br>①通过设置问题情境、学生探究活动，培养观察能力、语言表达能力及小组合作的能力。<br>②结合生活实际进行分析，培养应用所学知识解释日常问题的能力。<br>（3）社会责任目标（素养四）：<br>①通过肾单位结构和功能的学习，建立生物体的结构、功能相统一的观点；感悟生命的宝贵和人间的真情。<br>②通过学习，联系实际，学以致用；形成良好的生活习惯；树立健康生活意识。 | | |
| 技能训练目标 | （1）讲授要符合科学性的要求。<br>（2）讲授要注重启发性与趣味性。<br>（3）讲授语言要富含趣味性，动作富含感染力。<br>（4）讲解与提问、演示技能配合得当，运用提问技能创设课堂，善于启发引导学生回答问题，调动学生积极思维。<br>（5）讲授要注意巩固性，提高学生知识的储存率。 | | |
| 教学方法 | 讲解法、提问法、演示法和探究学习法。 | | |
| 教学重点 | 肾小球的滤过作用。 | | |
| 教学难点 | 血液形成原尿时成分的变化（原尿的形成）。 | | |

（续上表）

<table>
<tr><th colspan="4">教学过程</th></tr>
<tr><th>时　间</th><th>教师行为</th><th>预设学生行为</th><th>教学设计意图</th></tr>
<tr><td>30 秒</td><td>一、导入新课<br>（1）导入方法：设疑导入法。采用图片展示 + 问题提问。<br>（2）导入过程：展示血尿图片。提问血尿是如何形成的？<br>让学生带着问题进入新课。<br>板书：<br>第二节　原尿的形成<br>血尿是什么原因引起的？</td><td>学生怀着好奇心与兴趣进入新课。</td><td>采用设疑导入法：引起学生学习兴趣，带着问题进入新知识的学习，为讲授新课创造良好的开端。</td></tr>
<tr><td>5 分钟</td><td>二、讲授新课<br>（1）学生探究活动一。<br>提问：原尿来自什么物质？<br>回忆血液的成分有大分子物质也有小分子物质。从血液、原尿成分的比较表入手，学生分析、对比血液与原尿成分，说出两者的区别（采用提问个别学生的方法）。<br>引导学生思考：是什么引起了成分的改变？<br>展示肾小体的组成的图片，通过现象追溯肾小球滤过膜的特点，再说明三层滤过屏障的特点，从而拥有滤过的功能，体现结构与功能相适应。<br>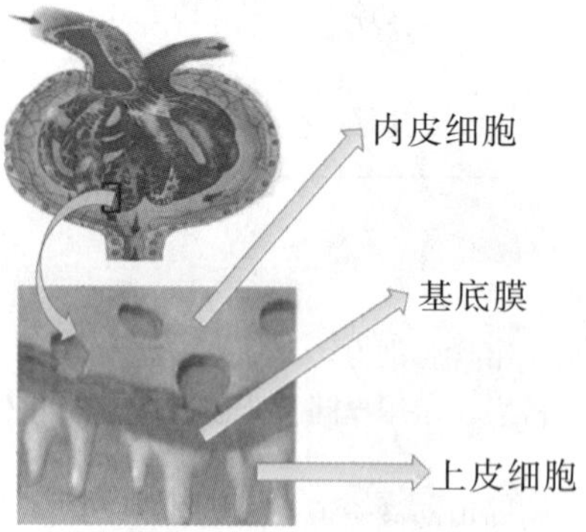
<br>图 1　肾小体的组成</td><td>学生回答：原尿来自血液。原尿没有血细胞和大分子蛋白质。<br>学生面露难色，认真听讲和观察图片。学生知道了肾小球滤过膜的结构与功能。学会类比的科学思维。</td><td>通过设置问题情境探究活动，激发学生的科学思维和学习兴趣，吸引学生的注意力，实现师生互动。<br>拓展延伸难点，引发学生思考。</td></tr>
</table>

（续上表）

| 教学过程 | | | |
|---|---|---|---|
| 时　间 | 教师行为 | 预设学生行为 | 教学设计意图 |
| | （2）学生探究活动二。<br>播放 Flash 动画：肾小球的滤过作用。当血液流经肾小球时，除血细胞和大分子蛋白质外，血液中其他成分都透过薄薄的肾小球毛细血管壁和肾小囊内壁进入肾小囊内，形成原尿。然后，使用自制的教具（如图 2）模拟展示肾小球的滤过作用。<br>要求：开展小组合作探究讨论，让学生观看肾小球滤过的动态图，并展示教师的模拟教具，结合黑板上的板图，讨论血液形成原尿的时候，其成分发生的变化。<br>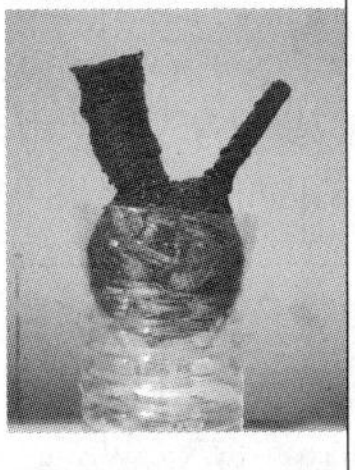<br>**图 2　自制教具**<br>（3）回答分析导入时的问题——血尿形成的原因。 | 学生认真看肾小球滤过的动态图。<br>观看教具的展示。<br>学生认真讨论，回答问题。 | 采用教具直观模拟展示，通过现象找原因，再追溯其根源，体现了结构与功能相适应。<br>培养学生的观察能力和总结能力。 |
| 1 分钟 | **三、总结巩固**<br>巩固知识点，提高知识储存率。与此同时，理论联系实际，培养正确的学习观。<br>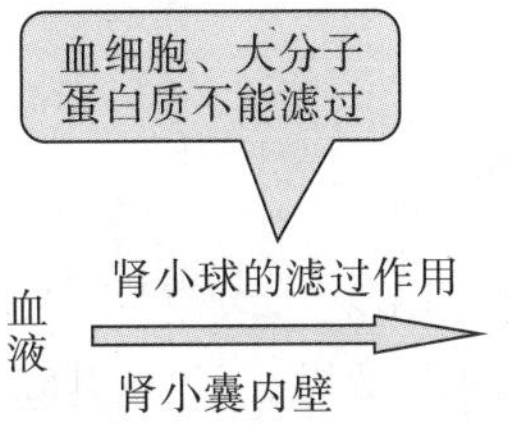<br><br>**图 3　肾小球滤过示意图** | 归纳总结：学以致用，检验学习情况。 | 通过总结，回顾知识，提高知识储存率。 |
| 1 分钟 | **四、课堂练习**<br>（1）正常人的原尿中不含（　　）。<br>A. 葡萄糖和水分<br>B. 大分子蛋白质和血细胞<br>C. 无机盐和尿素<br>D. 葡萄糖和无机盐<br>（2）肾炎病人的尿液中，若发现有红细胞和蛋白质，则发生病变的部位可能是（　　）。<br>A. 肾单位　　B. 肾小球<br>C. 肾小囊　　D. 肾小管 | 学生做练习题，思考回答。 | 巩固知识，课堂反馈。 |

（续上表）

| 教学过程 | | | |
|---|---|---|---|
| 时　间 | 教师行为 | 预设学生行为 | 教学设计意图 |
| 30 秒 | **五、课后思考**<br>提问：思考一下，原尿是如何形成尿液的？ | 学生认真思考。 | 联系下一节课的内容提出课后思考问题。 |
| **板书设计** | 第二节　原尿的形成<br>1. 形成部位：肾小体<br>2. 形成过程：<br>血液 —（肾小球的滤过作用 / 肾小囊内壁）→ 原尿 | | |
| **设计思路说明** | 本教学设计围绕生物学学科核心素养目标，基于以学生为主和探究性教学的教学理念，采用讲解法和提问法等教学方法开展教学。本节课最大的亮点是整个教学过程以探究性教学为主线，设置问题情境，引导学生开展探究活动，采用播放 Flash 动画和自制的教具模拟展示相结合的方式来学习肾小球的滤过作用。这种优化组合的教学手段形象直观，化难为易、化繁为简，变抽象为具体，阐明肾小球的结构、功能相统一的观点，更好地突出和突破了教学重难点“肾小球的滤过作用”和“原尿的形成”，学生在教师的引导下通过经历科学探究的过程，享受科学探究的乐趣，树立健康的生活意识。<br>整个教学过程做到：以学生为主，探究性教学为主线，演示讲解直观生动，重点突出，难点突破，较好地完成了教学目标。<br>本教学设计合理、完整，能较好地实现核心素养教学目标。 | | |

## 课例评析

本教学设计围绕生物学学科核心素养目标，以探究式教学为主线，采用演示法、讲解法和提问法等教学方法展开教学。首先采用设疑导入法，引起学生学习兴趣，带着问题进入新知识的学习。然后设置问题情境，引导学生开展探究活动，采用播放 Flash 动画和展示自制的模拟教具相结合的方式来学习肾小球的滤过作用。这种优化组合的教学手段形象直观，化难为易、化繁为简，变抽象为具体，阐明肾小球的结构、功能相统一的观点，较好地突出和突破了教学重难点。学生通过经历科学探究的过程，享受科学探究的乐趣，树立了健康生活意识，充分调动学生的积极性，体现了以学生为主的新教育教学理念。新课讲授生动形象，板书设计简明扼要，突出重点，图文并茂。

在课堂的尾声，对本次课的内容进行归纳。采用练习的方式对知识点进行梳理总结，以便学生记忆学习，提高知识储存率。最后布置一道课后思考题，让学生在课后联系本节课学习的内容去思考新的问题，开拓学生的思维，提高学生的自主分析学习能力，并可进一步巩固知识。这样的结课既合理又耐人寻味，较好地实现了社会责任目标。

整个教学过程做到：有效引导学生开展问题探究性学习，讲解科学，演示直观生动，重点突出，难点突破，较好地完成了教学目标。

（1）创新性。教学方法具有创新性。通过设置问题情境，引导学生开展探究活动，采用播放 Flash 动画和自制的教具模拟展示相结合的方式来学习肾小球的滤过作用。

自制教具具有创新性。用环保又简单的材料自制展示肾小球滤过作用的动态模拟模型教具，直观形象，有助于学生理解肾小球的滤过作用和原尿的形成。

（2）亮点。本教学的最大亮点是：教学过程以探究性教学为主线，设置问题情境，引导学生开展探究活动，采用播放 Flash 动画和展示自制的模拟教具相结合的方式来学习肾小球的滤过作用，体现了探究性教学理念。

（本教学设计荣获 2021 年第九届广东省本科高校师范生教学技能大赛优秀奖，2022 年第十届广东省本科高校师范生教学技能大赛参赛资格和 2022 年嘉应学院本科师范生教学技能大赛一等奖）

# ABO 血型之间的输血关系

林　慧





## 教学设计

| 姓　名 | 林慧 | 学　校 | 嘉应学院 |
|---|---|---|---|
| 指导教师 | 廖富林、刁俊明 | 重点展示技能类型 | 讲解技能 |
| 片段题目 | ABO 血型之间的输血关系 | | |
| 教材分析 | 本课是选自人教版《初中生物》七年级下册第四章第四节的内容，主要讲述了 ABO 血型之间的输血关系，对于培养学生形成科学的输血观起到了极为重要的作用。 | | |
| 学情分析 | 本课的授课对象为七年级的学生，他们对血型和输血的知识已有一定的生活经验，并具备了一定的思考与分析能力，但抽象思维能力仍有待提高。因此，我的教学策略以模拟实验法为主，结合多种教学手段，创设情境，让学生在实践中发现问题，解决问题。 | | |
| 学科内容学习目标 | （1）生命观念目标（素养一）：<br>通过小组合作模拟实验，根据观察到的实验现象，解释血型与输血的关系，总结输血规律。<br>（2）科学思维和科学探究目标（素养二、素养三）：<br>通过小组合作模拟实验，设计实验方案完成实验并分析观察结果，说出四种血型各自对应的输血关系。<br>（3）社会责任目标（素养四）：<br>通过分析输血失败的原因、解决输血情境中的问题，形成科学输血的意识。 | | |
| 技能训练目标 | （1）讲解时必须从学情出发，做到由浅入深，由易到难，条理清楚，层次分明和逻辑性强，使学生不仅能获得系统的知识，还能从讲解中得到启迪，增强逻辑思维。<br>（2）讲解过程中语言应生动形象、富有感染力，能够调动学生学习的积极性。<br>（3）讲解和提问技能密切结合，引导学生把各种感知转化为积极的思维活动。 | | |
| 教学方法 | 讲解法、提问法、演示法和探究学习法。 | | |
| 教学重点 | ABO 血型之间的输血关系。 | | |
| 教学难点 | ABO 血型之间的输血关系。 | | |

（续上表）

| 教学过程 | | | |
|---|---|---|---|
| 时　间 | 教师行为 | 预设学生行为 | 教学设计意图 |
| 40 秒 | **一、导入新课**<br>设疑导入。<br>师：同学们，如今，输血已成为医生救助病人的有效手段，但是在 20 世纪以前，多数人输血后却不能挽救生命，这是怎么回事呢？<br>播放视频《输血的发展》，请学生找出输血失败的原因。<br>板书：<br>安全输血 | 学生怀着想知道输血为什会么失败的好奇心，观看视频。<br>学生根据视频得出输血失败的原因是红细胞发生了凝集反应。 | 通过视频导入，使学生对输血的发展历程有一个很好的了解，并能清楚地看到显微镜下红细胞凝集与不凝集的动图，有利于理解输血失败的原因。 |
| 40 秒 | **二、讲授新课**<br>环节一：讲解凝集反应。<br>（1）提问：输血失败的原因是什么呢？<br>（2）梳理红细胞发生凝集反应与输血失败之间的联系：输血时，若红细胞发生凝集，血管就容易被堵塞，从而使血液循环发生障碍，最终导致输血失败。<br>图片展示：<br>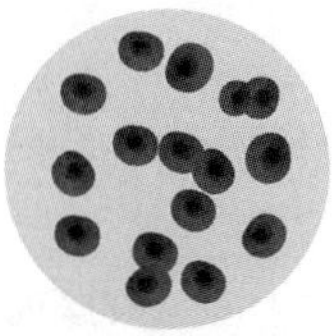<br>图 1　未发生凝集的红细胞<br>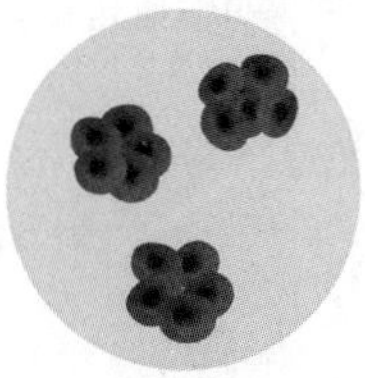<br>图 2　发生凝集后的红细胞<br>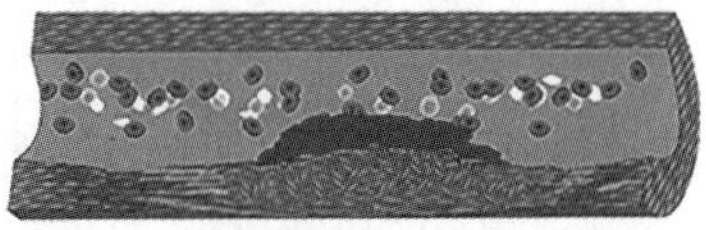<br>图 3　血管被凝集的红细胞堵塞 | 学生结合前面所学的血液循环知识，理解了红细胞凝集会导致输血失败。 | 借助红细胞凝集与不凝集的对比图，再加上血管被红细胞堵塞的动图，帮助学生理解红细胞发生凝集反应与输血失败之间的关系，并为接下来模拟 ABO 血型之间的输血关系打好理论基础。 |

（续上表）

| 教学过程 | | | |
|---|---|---|---|
| 时　间 | 教师行为 | 预设学生行为 | 教学设计意图 |
| 3 分钟 | 环节二：模拟 ABO 血型之间的输血关系。<br>介绍模拟实验原理：黄墨水代表 A 型血样，蓝墨水代表 B 型血样，黑墨水代表 AB 型血样，清水代表 O 型血样。两份血样滴在一起后颜色发生改变代表会发生凝集反应。<br>实验过程：<br>①检测待测血样可以给哪种血型输血：<br>分别在四张标有（A、B、AB、O）的载玻片上滴加 1 滴对应的血样，再将待测血样分别滴 1 滴到四种血样中，观察四种血样的颜色变化。<br>②检测待测血样可以接受哪种血型：<br>先在四张标有（A、B、AB、O）的载玻片上滴 1 滴待测血样，再将四种血样分别滴 1 滴在对应的载玻片上，观察待测血样的颜色变化。<br>③小组任务分配：每个小组验证一种血型，并记录观察结果。<br>请每个小组的代表汇报观察结果。 | 学生以小组为单位，分别验证一种血型，并做好记录。<br><br>每个小组根据自己组观察到的结果，推测出对应的输血关系。 | 利用三种不同颜色的墨水和清水分别代表 ABO 血型系统的四种血型，并用三原色原理来模拟凝集反应：黄 + 蓝 = 绿，黑 + 任何色 = 黑，清水与任何色混合颜色不变（但是颜色会变淡，为学习 O 型血只能少量输给其他血型的血埋下伏笔）。<br><br>以小组合作的方式进行模拟实验，既能将抽象的知识用直观的现象表现出来，又能培养学生的观察能力和小组合作精神。 |
| 1 分 30 秒 | 环节三：引导学生找出 ABO 血型之间的输血规律。<br>同型血可以互输。<br>AB 型血的人能接受任何血型的血。（万能受血者）<br>任何血型的人都可以接受 O 型血。（万能输血者）<br>教师引导学生找出规律，并在黑板上用彩色贴纸演示出“ABO 血型输血关系图”：<br>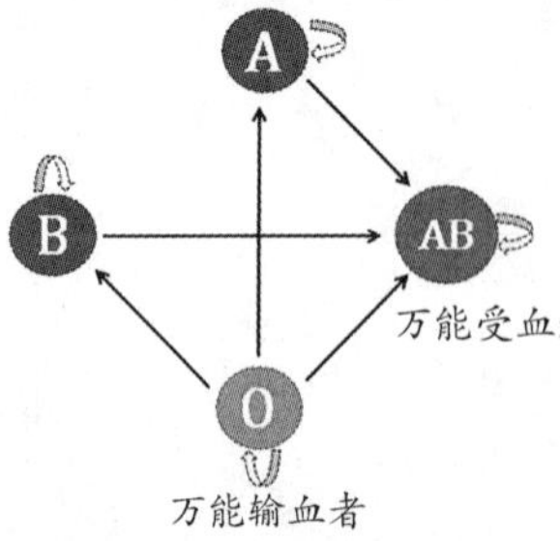<br><br>图 4　ABO 血型输血关系图 | 根据观察到的结果和教师的提示语总结 ABO 血型的输血规律。 | 一步步引导学生总结出 ABO 血型的输血关系，并辅以直观的 ABO 血型输血关系图，培养学生的归纳总结与分析能力。 |

（续上表）

| 教学过程 | | | |
|---|---|---|---|
| 时　间 | 教师行为 | 预设学生行为 | 教学设计意图 |
| 1 分钟 | **三、课后练习**<br>布置课后思考题：<br>西西和爷爷因发生车祸而失血过多，急需输血，西西是 A 型血，爷爷是 AB 型血。请问，他们分别可以输入什么血型的血呢？ | 西西：可以输入 A 型和 O 型；爷爷可以输入 A 型、B 型、AB 型和 O 型。 | 通过生活情境问题来检测学生对输血关系的把握程度。<br>用彩色的循环式板书将 ABO 血型之间的输血关系简单直观地体现出来。 |
| **设计思路说明** | 本教学设计围绕生物学学科核心素养目标，基于以学生为主和启发引导的教学理念，结合讲授法和演示法等教学方法开展教学。ABO 血型之间的输血关系是建立在学习了血型的知识的基础上进行的，根据以往的生活经验，学生也都知道血型和输血密切相关，但具体存在着怎样的关系却不清楚，且 ABO 血型与输血的关系比较抽象。本节内容虽不要求学生掌握凝集反应的原理，但凝集反应与血型和输血都是密切相关的，为此本节课先对凝集反应进行简要的介绍，然后通过模拟试验，让学生在理解了输血与凝集反应关系的基础上，再建构起血型和输血关系的知识体系，再逐步引导学生找出输血规律，并用彩色贴纸以关系图的形式直观演示 ABO 血型的输血关系。最后布置一道情境应用题检验和巩固本节知识。<br>整个教学过程做到：教学提问环环相扣，教学环节紧密相连，演示现象直观鲜明，重点突出，难点突破，较好地完成了教学目标。 | | |

## 课例评析

本教学设计围绕生物学学科核心素养目标，基于以学生为主和启发引导的教学理念，采用讲授法和演示法等教学方法结合开展教学。首先引导学生以小组合作的方式进行模拟实验，观察得出 ABO 血型之间的输血关系，培养学生的观察能力和小组合作精神。然后，用彩色贴纸以关系图的形式直观演示 ABO 血型的输血关系。新课讲授生动形象，用彩色的循环式板书将 ABO 血型之间的输血关系，简单明了又直观地体现出来。在课堂的尾声，用一道生活情境题检验学生的知识掌握程度，并进一步提出输血时应该优先输入同型血还是 O 型血的问题，为接下来学习安全输血的原则做好铺垫。这样的结课既合理又耐人寻味，较好地实现了社会责任目标。

整个教学过程做到：教学提问环环相扣，教学环节紧密相连，演示现象直观鲜明，重点突出，难点突破，较好地达成了教学目标。

（1）创新性。教学方法具有创新性。在讲授过程中引导学生以小组合作的方式用四种不同颜色的墨水为材料进行模拟实验，观察得出 ABO 血型之间的输血关系，并且用彩色贴纸以关系图的形式直观演示 ABO 血型的输血关系来突破教学重难点。

自制教具具有创新性。能够用四种不同颜色的墨水为材料构建模拟实验，并且用彩色贴纸以关系图的形式直观演示 ABO 血型的输血关系。

（2）亮点。本教学的一大亮点是：设计了学生可以参与的活动——模拟 ABO 血型之间的输血关系，给予学生直观的感受，在师生互动中完成教学目标。

（本教学设计荣获 2020 年第八届广东省本科高校师范生教学技能大赛二等奖）

# 血流的管道——血管

周　丽

## 教学设计

| 姓　名 | 周丽 | 学　校 | 嘉应学院 |
| --- | --- | --- | --- |
| 指导教师 | 廖富林、李雪凤 | 重点展示技能类型 | 讲解技能 |
| 片段题目 | 血流的管道——血管 | | |
| 教材分析 | 本节课授课对象为七年级学生，其自学能力相对薄弱，但是好奇心强。血管与人的身体息息相关，学生对自己身体里的构造比较感兴趣，学生易集中注意力，且大多数学生生活中都有生病输液和受伤出血的经历，有利于他们理解本节课的内容。 | | |
| 学情分析 | 本课选自人教版《初中生物》七年级下册第四章第二节的内容，上节课所学的“血液”是本节课的知识基础，“血流的管道——血管”是学习第三节心脏相关知识的基础，因此在知识结构上有着承上启下的作用。 | | |
| 学科内容学习目标 | （1）生命观念目标（素养一）：<br>解释血管的概念，形成结构与功能相适应的生物学观点。<br>（2）科学思维目标（素养二）：<br>通过观察与对比，归纳总结动脉和静脉的结构和功能特点。<br>（3）科学探究目标（素养三）：<br>通过所学知识，明确动脉和静脉出血分别应该怎样急救，学会相应的急救方法。<br>（4）社会责任目标（素养四）：<br>阐明把脉和静脉输液的原理，知道身体健康的重要性，关爱生命健康。 | | |
| 技能训练目标 | （1）讲解时必须从学情出发，做到由浅入深、由易到难、条理清楚、层次分明和逻辑性强，使学生不仅能获得系统的知识，还能从讲解中得到启迪，增强逻辑思维。<br>（2）讲解过程中语言应生动形象、富有感染力，能够调动学生学习的积极性。<br>（3）讲解和提问技能密切结合，引导学生思维方式的转变。 | | |
| 教学方法 | 讲解法、提问法、演示法和探究学习法。 | | |
| 教学重点 | 动脉和静脉的结构与功能特点。 | | |
| 教学难点 | 准确区分动脉和静脉。 | | |

（续上表）

| 教学过程 | | | |
|---|---|---|---|
| 时　间 | 教师行为 | 预设学生行为 | 教学设计意图 |
| 40 秒 | **一、导入新课**<br>新课导入采用情境导入法，我们去医院就诊，诊断时医生有时会给我们把脉，有时会让我们指尖验血，治疗时又会让我们输液。<br>思考：这分别是针对什么血管呢？<br>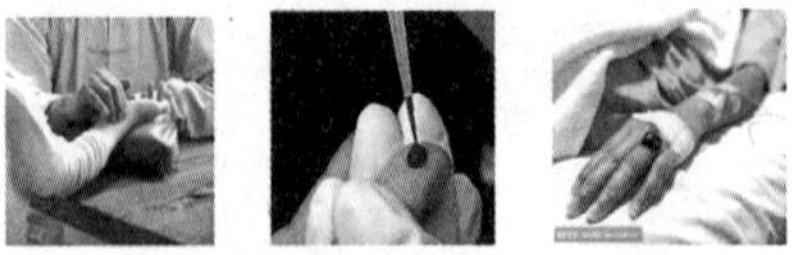<br>把脉（动脉）　指尖验血（毛细血管）　输液（静脉）<br>**图 1　分别针对什么血管**<br>引出本节课所学内容：血流的管道——血管。 | 学生进行小组讨论，回答出教师所提问问题：与把脉有关的血管的是动脉，指尖验血的是毛细血管，输液的是静脉。 | 通过让学生自主思考，激发学生的好奇心与求知欲，注重联系学生的生活经验，培养学生细心观察的能力。 |
| 6 分<br>30 秒 | **二、展开新课**<br>（1）结合图片，学生初步学习认识三种血管。并说出本节课主要讲述的动脉和静脉两种血管。<br>（2）什么是动脉血管？结合人体教学，引出动脉概念：将血液从心脏送到身体各部分的血管。<br>接着播放一段动脉血管里血流速度的视频，引导学生发现动脉血管的第一个特点：血流速度快，并且引导学生说出动脉血流方向是：主干→分支，也就是从心脏出发，运输到身体各部位，得出动脉血管的功能：把血液从心脏运输到身体各部位。<br>接着拓展知识，使学生了解动脉受伤后要立即进行急救处理，一刻也不能耽搁。<br>讲解血管的结构，即管壁和管腔，让学生通过看一看、想一想来判断图中的血管是动脉还是静脉，从而得出动脉血管的第二个特点：管壁较厚，弹性大。<br>让学生观察自己手上的血管，模仿中医把脉，只感受到脉搏跳动，却看不到动脉血管，得出动脉血管的第三个特点：一般分布比较深。 | 学生和教师互动，并初步认识血管的结构。<br>结合人体，总结出动脉概念：将血液从心脏送到身体各部分的血管。<br>观看视频，总结出动脉血流速度快的特点。并说出动脉血流方向是主干到分支，从而总结出功能：把血液从心脏运输到身体各部位。<br>判断出动脉和静脉，并说出动脉管壁厚、弹性大的特点。<br>模仿中医把脉，得出动脉分布比较深的特点。 | 通过多媒体播放的图片，辅助学生初步认识三种血管。<br>通过图片和视频相结合的教学模式，让学生更好地感知动脉的结构特点及功能，锻炼学生观察和归纳总结的能力。 |

（续上表）

<table>
<tr><th colspan="4">教学过程</th></tr>
<tr><th>时　间</th><th>教师行为</th><th>预设学生行为</th><th>教学设计意图</th></tr>
<tr><td></td>
<td>（3）再结合人体，引出静脉概念：将血液从身体各部分送回心脏的血管。通过动脉的血流方向，让学生猜测静脉的血流方向，即从分支→主干，并得出静脉功能：把血液从身体各部位送回心脏。<br>播放一段静脉血管血流速度的视频，引导学生发现静脉血管的第一个特点：血流速度慢，并且发现静脉血管里面有特殊结构——静脉瓣，通过静脉输液引导学生总结静脉瓣的功能就是防止血液倒流。<br>通过图片对比得出静脉血管的第二个特点：管壁较薄，弹性小。<br>让学生观察手臂上的“青筋”，得出静脉血管的第三个特点：有些分布较深，有些分布较浅，手臂上的这些“青筋”就是分布较浅的静脉。<br>提问：我们已经知道动脉血管血流速度快，但从图一看动脉管腔反而比静脉小，会不会出现静脉血流速度大于动脉的情况？请学生课下思考并讨论这个问题。<br>（4）最后用表格形式归纳总结静脉血管和动脉血管的结构特点和功能。<br>表1　动脉血管和静脉血管的结构特点和功能
<table>
<tr><th>血管名称</th><th>管壁特点</th><th>血流速度</th><th>功能</th></tr>
<tr><td>动脉</td><td>较厚、弹性大</td><td>快</td><td>将血液从心脏输送到身体各部分</td></tr>
<tr><td>静脉</td><td>较薄、弹性小</td><td>慢</td><td>将血液从身体各部分送回心脏</td></tr>
</table>
</td>
<td>结合人体，总结出静脉概念：将血液从身体各部分送回心脏的血管。<br>观看视频，认识静脉血管里的静脉瓣，思考为什么静脉注射时止血带绑胳膊血液却不会回流，得出静脉瓣的功能：防止血液倒流。<br>观察图片，知道静脉管壁特点：较薄，弹性小。<br>伸出左手，得出静脉的分布特点：有些分布较深，有些分布较浅，我们看到的手臂上的“青筋”就是分布较浅的静脉。<br>思考教师的问题，课下进行思考讨论。<br>回忆所学，通过分析比较，区分两种血管。</td>
<td>通过图片和视频相结合，并利用人体模型的教学模式，让学生更好地感知静脉的结构特点及功能，锻炼学生观察和归纳总结的能力。<br>通过提问学生来进行深度学习，体现批判性思维。<br>比较分析，巩固知识，使知识之间有逻辑性，辅助学生联想记忆。</td></tr>
</table>

（续上表）

| 教学过程 | | | |
|---|---|---|---|
| 时　间 | 教师行为 | 预设学生行为 | 教学设计意图 |
| | （5）拓展急救小知识：小明因为一次意外事故导致两只手都受伤了，但是出血情况不同，怎样确定受到创伤的是动脉还是静脉呢？如何进行急救包扎呢？<br>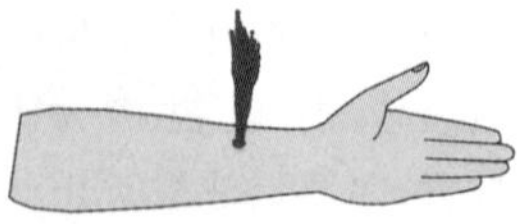<br>情况一<br>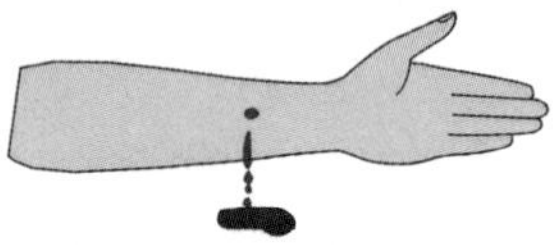<br>情况二<br>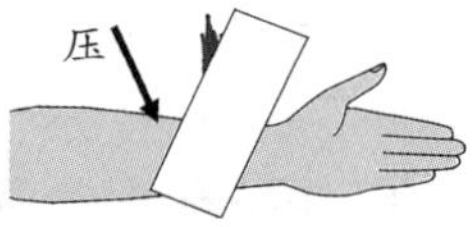<br><br>方法一　按压近心端（动脉出血）<br>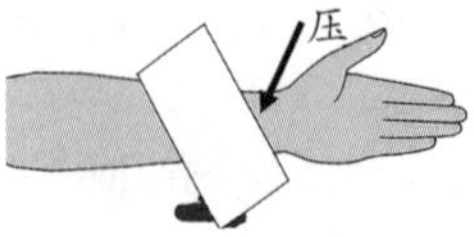<br><br>方法二　按压远心端（静脉出血）<br>**图2　不同情况下的急救包扎** | 通过出血量和血流速度的不同，学生回答情况一受伤的是动脉，情况二是静脉，接着根据动脉和静脉的功能，回答动脉受伤需按压近心端，静脉受伤需按压远心端。 | 运用所学概念知识解决生活实际问题，进行情感教育，培养学生关爱生命健康的生物学核心素养。 |
| 30 秒 | **三、课后思考**<br>（1）为什么动脉分布比较深，中医把脉把的却是动脉血管，而不是静脉血管呢？<br>（2）生病时为什么是向静脉输液而不是向动脉输液呢？ | 学生思考问题，并结合本节课所学知识回答两个问题。 | 注重联系生活，让学生学以致用，体现关爱生命健康的生物学核心素养。 |
| **设计思路说明** | 本教学设计围绕生物学学科核心素养目标，基于以学生为主和启发引导的教学理念，采用了启发式教学法、多媒体辅助教学法和讲解法的教法。且“血流的管道——血管”这一节内容和人体息息相关，学生对自己身体的构造比较感兴趣，易吸引学生注意力。尽管已在上节课学习一定的内容，具备了一定的血液基础知识，他们知道人体具有动脉和静脉血管，但可能并不知道动脉和静脉的结构特点及功能。因此，本节课通过PPT演示和结合人体知识进行讲解的方式，让学生自己观察、自主思考讨论，得出结论，最后归纳总结出动脉和静脉的特点和功能。通过所学的内容联系生活中如果有人意外受伤，如何判断受伤的是动脉还是静脉，并对动脉和静脉出血进行正确的急救处 | | |

（续上表）

| | |
|---|---|
| 设计思路说明 | 理。最后布置课后作业，让学生调查身边老人容易得的血管疾病并找出此类疾病对人体的危害，查阅资料，向家人普及保护血管、预防血管疾病的方法，以达到让学生重视血管疾病、锻炼身体、强健体魄的目的。教师进行评价与反思，通过学生的评价来达到改善课堂效果、提高教学质量的目的。<br>整个教学过程做到：教学环节紧密相连，教学提问层次鲜明、环环相扣，演示现象直观鲜明，重点突出，难点突破，较好地完成了教学目标。<br>本教学设计合理、完整，能较好地实现核心素养教学目标。 |

## 课例评析

本教学设计体现了三大教学理念：以核心素养为宗旨，教学过程重实践，学业评价促发展。首先以医生为病人把脉这一真实有意义的情境导入新课，体现“生活即教学”。然后在讲授新课中，采用PPT演示和人体知识有机结合的方式进行生动讲解，让学生自己观察血管，并且让学生自主思考讨论，得出结论，从而归纳总结出动脉和静脉的特点和功能。新课讲授生动形象，板书设计采用列表对比的形式，简明扼要，突出重点。最后进行评价与反思，注重知识的迁移与应用，应用所学知识解决生活中发生流血时如何科学止血的问题。这样的结课既合理又有深度，较好地实现了社会责任目标。

整个教学过程做到：教学环节紧密相连，环环相扣演示，现象直观鲜明，重点突出，难点突破，较好地达成了核心素养教学目标。

（1）创新性。教学方法具有创新性。采用把PPT演示和人体知识有机结合的方式进行生动讲解，让学生自己观察血管，总结出动脉和静脉的特点和功能。教学评价采取学生通过所学内容对本节课重点知识进行正确归纳分类的方式，应用所学知识解决生活中发生流血时如何科学止血问题，体现“教学即生活”。这样的教学评价方式打破以往的让学生填写学习效果评价表，能更直观地了解学生对本节课知识的掌握情况。

（2）亮点。本教学的一大亮点是：采用PPT演示和人体知识有机结合的方式进行生动讲解，让学生自己观察血管，总结出动脉和静脉的特点和功能，给予学生直观的感受，在师生互动中完成教学目标。

（本教学设计荣获2020年第八届广东省本科高校师范生教学技能大赛一等奖）

# 肾小球的滤过作用

陈宝欣

## 教学设计

| 姓　名 | 陈宝欣 | 学　校 | 嘉应学院 |
|---|---|---|---|
| 指导教师 | 刁俊明、王翠平、郑清梅 | 重点展示技能类型 | 讲解技能 |
| 片段题目 | 肾小球的滤过作用 | | |
| 教材分析 | 本课选自北师大版《初中生物》七年级下册第十一章第二节“肾小球的滤过作用”，展现了泌尿系统的功能，为完整学习人体系统奠定基础，具有承上启下的作用。 | | |
| 学情分析 | 七年级的学生，自学能力薄弱，但是好奇心强，可塑性强。因此，需要教师根据学生的差异进行因材施教。 | | |
| 学科内容学习目标 | （1）生命观念目标（素养一）：<br>学生通过设置模拟实验，说明肾小球的滤过作用。<br>（2）科学思维和科学探究目标（素养二、素养三）：<br>运用模拟性实验的探讨，培养学生类比的科学思维和科学探究能力。<br>（3）社会责任目标（素养四）：<br>学生通过学习认同结构与功能的生命观念，关注社会，培养关爱生命的情怀。 | | |
| 技能训练目标 | （1）讲授要符合科学性的要求。<br>（2）讲授要富有启发性与趣味性。<br>（3）讲授语言要通俗易懂，富含趣味性，动作富含感染力。<br>（4）讲授要注意巩固性，提高知识的储存率。 | | |
| 教学方法 | 讲解法、提问法、演示法和探究学习法。 | | |
| 教学重点 | 理解肾小球的滤过作用。 | | |
| 教学难点 | 知道肾小球滤过过程的物质变化。 | | |

**教学过程**

| 时　间 | 教师行为 | 预设学生行为 | 教学设计意图 |
|---|---|---|---|
| 30 秒 | **一、导入新课**<br>基于上节课所学肾单位的结构，本教学设计采取“情境设疑导入”。<br>（1）导入方法：情境导入法 + 问题提问。<br>（2）导入过程：观察对比三种尿液成分，提出疑问——尿液出现白色絮状物和尿液红色是什么原因造成的呢？ | 学生在教师的指导下，思考情境中的问题。怀着好奇心与兴趣进入新课。 | 采用情境导入法，创造情境拉近生物学与人的距离，提出情境问题，激发学生的好奇心。 |

（续上表）

| 教学过程 | | | |
| --- | --- | --- | --- |
| 时　间 | 教师行为 | 预设学生行为 | 教学设计意图 |
| | <br>正常尿液：透明黄色　　蛋白尿：有气泡、絮状物　　血尿：鲜红色。<br>**图 1　三种尿液成分观察对比** | | |
| 5 分钟 | **二、讲授新课**<br>（1）提出问题：肾小球滤过过程将血液转化为什么？观看肾小球的滤过作用的动态图。引导学生说出：血液→原尿。<br>（2）引导学生：为什么血液被肾小球滤过膜滤过后变成原尿呢？学生对比血液与原尿成分，说出两者的区别。<br>（3）为什么肾小球滤过膜只滤过小分子物质而不滤过大分子物质呢？<br>（4）设置模拟性实验，根据淀粉溶液遇到碘液变蓝的原理设计模拟性实验。淀粉溶液模拟大分子物质，碘液模拟小分子物质，动物肠膜模拟肾小球滤过膜。用学生已学的实验原理，验证动物肠膜的滤过作用，即肾小球滤过膜的孔隙只允许小分子物质滤过，不允许大分子物质滤过。提问：肾小球的滤过膜又怎么样呢？<br>问题引导：那没有被滤过的血细胞蛋白质去哪里了呢？教师通过动态图片，一边讲解，一边指示。学生明白大分子的去向：<br>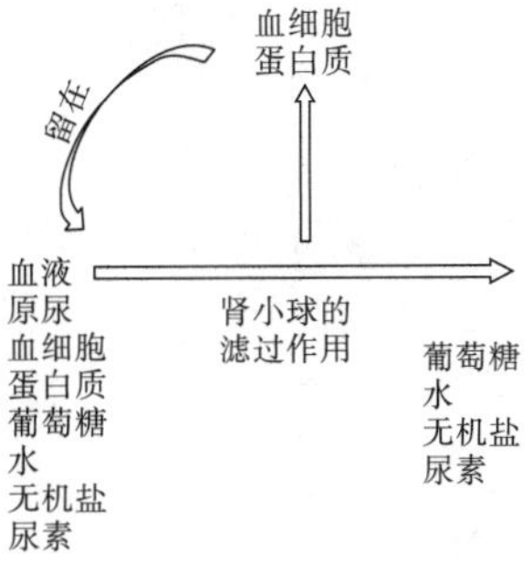<br><br>**图 2　血细胞蛋白质的去向示意图** | 学生认真看肾小球滤过的动态图，说出自己的答案。<br><br>学生认真思考。<br><br>学生积极地参与模拟实验，并且说出自己观察思考的答案："动物肠膜可能不允许大分子通过，只允许小分子的通过。"<br>知道了肾小球滤过膜的结构与功能。学会类比的科学思维。 | 设置问题情境，激发学生的科学思维和学习兴趣，吸引学生的注意力，实现师生互动。<br><br>模拟实验，培养学生科学性的思维，开拓思维，学习类比思想。 |

（续上表）

<table>
<tr><th colspan="4">教学过程</th></tr>
<tr><th>时　间</th><th>教师行为</th><th>预设学生行为</th><th>教学设计意图</th></tr>
<tr><td></td><td>教师与学生共同完成“肾小球的结构图”黑板画。<br>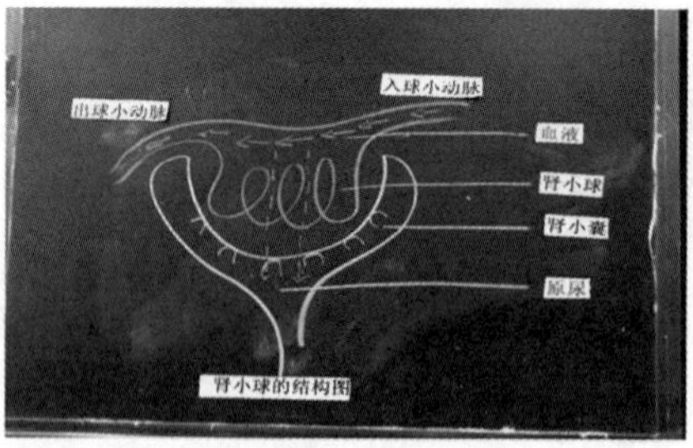<br><br>**图 3　肾小球的结构图**</td><td>学生在老师的引导下，完成黑板画。</td><td>通过动态图的讲解，黑板画的绘制，使学生将知识自动连贯起来，完整系统地学习知识。</td></tr>
<tr><td>2 分钟</td><td>**三、归纳总结**<br>巩固知识点，提高知识储存率。与此同时，以理论联系实际，培养正确的学习观。<br>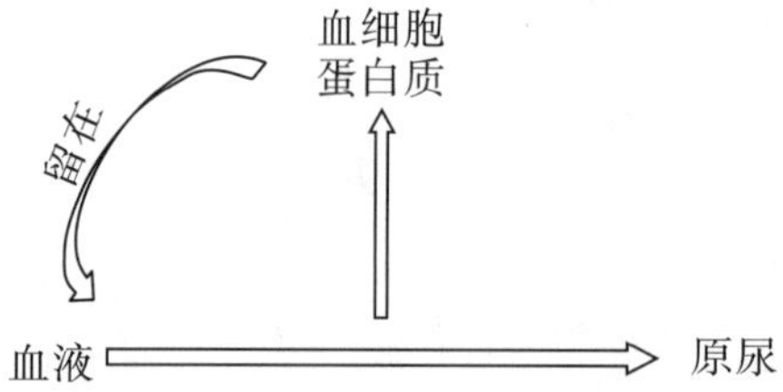<br><br>**图 4　肾小球的滤过作用**<br>**四、课后思考：**<br>举一个生活反例，培养学生的辩证思维，关注社会关爱生命的情怀以及培养搜索资料的能力。<br>课后思考题：<br>我们经常听到：卖肾求 iPhone；烧烤熬夜不伤肾。同学们对此有什么看法？<br>查阅资料：护肾方法，并传授给身边人。</td><td>归纳总结：知识学以致用，综合提高，检验学生的学习情况。<br>学生思考。</td><td>采用图示法进行归纳小结，巩固知识点，提高知识储存率。<br>举一个生活反例，培养学生的辩证思维，关注社会、关爱生命。</td></tr>
<tr><td>**板书设计**</td><td colspan="3">肾小球的滤过作用<br>1. 发生的场所：肾小球<br>2. 过程：血液⇨原尿<br>3. 结果：原尿</td></tr>
</table>

（续上表）

| | |
|---|---|
| 设计思路说明 | 秉承新课改倡导的以学生为主、启发式引导和科学思维的教学理论，引导学生在新冠肺炎疫情期间重视身体健康，养成主动科学就医的理念，所以在“尿液在肾单位中形成”的教学中，以探究式教学为主，结合多媒体、动画视频、自制模拟性实验与黑板画来讲解重难点，通过情境导入、引导思考、观察对比、得出结论的教学模式，实现师生互动，引起探究式学习。使学生理论联系实际，拉近生物学与生活的距离。<br>在授课中，我大胆地自制模拟性实验，培养类比的科学思维，主要体现在：运用学生已学过的实验原理（淀粉遇到碘液变蓝），通过类比的思维验证了肾小球膜有滤过工作机理。与此同时，我还和学生一起完成黑板画（肾小球滤过作用部分），使知识点更加连贯、清晰。<br>最后，课后思考题是学以致用的题目，不但能起到总结知识点的作用，而且能帮助学生树立正确的学习观，体验理论联系实验的乐趣。 |

## 课例评析

本教学设计围绕生物学学科核心素养目标，以探究式教学为主线，采用演示法、讲解法和提问法等教学方法展开教学。采用情境导入法导入新课，吸引学生的注意力，激发学生的科学思维和学习兴趣。教学模式上，通过自制模拟性实验观察和对比分析，进而得出结论，实现师生互动，引起探究式学习，使学生以理论联系实际，拉近生物学与生活的距离。新课讲授生动形象，板书设计简明扼要，突出重点。

在课堂的尾声，采用图示法进行归纳总结，巩固知识点，提高知识储存率。最后布置一道课后思考题，举一个生活反例，培养学生的辩证思维、关注社会关爱生命的情怀以及搜索资料的能力。这样的结课既合理又耐人寻味，较好地实现了社会责任目标。

整个教学过程做到：有效引导学生开展问题探究性学习，讲解科学，演示直观生动，重点突出，难点突破，较好地完成了教学目标。

（1）创新性。教学方法具有创新性。通过设置问题情境，引导学生开展探究活动，结合动画视频、自制模拟性实验与黑板画来讲解重难点，阐明肾小球的结构、功能相统一的观点，较好地突出和突破了教学重难点。

自制教具具有创新性。自制模拟性实验与黑板画用以直观形象说明肾小球的滤过作用。

（2）亮点。本教学的最大亮点是：教学过程以探究性教学为主线，用自制模拟性实验与黑板画来直观形象说明肾小球的滤过作用，体现了探究性教学理念。

（本教学设计荣获 2020 年第八届广东省本科高校师范生教学技能大赛优秀奖）

# 肺循环中的气体交换

谢艳雯

## 教学设计

| 姓　名 | 谢艳雯 | 学　校 | 嘉应学院 |
|---|---|---|---|
| 指导教师 | 刁俊明、温茹淑、潘望 | 重点展示技能类型 | 讲解技能 |
| 片段题目 | 肺循环中的气体交换 | | |
| 教材分析 | 本课是选自北师大版《初中生物》七年级下册第九章第二节的内容，主要讲述了肺循环中的气体交换，与前面血液的学习密切相关，也为后面学习“人体细胞获得氧气的过程”奠定基础，在知识结构上起到承上启下的作用。 | | |
| 学情分析 | 本课的授课对象为七年级的学生，他们具备一定的思考与分析问题的能力，但是自学能力相对薄弱，需要在教师的适当引导下才能更好地获得知识。为此在讲授的过程中，我会注重对学生的启发性引导，同时通过教具模拟演示和层层深入的提问，激发学生学习兴趣、提高学生观察分析问题的能力。 | | |
| 学科内容学习目标 | （1）生命观念目标（素养一）：<br>探究肺循环中的气体交换以及其过程、场所，认识血液循环在人体中的意义。<br>（2）科学思维和科学探究目标（素养二、素养三）：<br>通过探究肺循环中血液成分的变化，培养学生分析问题和总结知识的能力。<br>（3）社会责任目标（素养四）：<br>学生通过对肺循环气体交换进行探究，树立严谨的科学态度及不断探究的精神。 | | |
| 技能训练目标 | （1）讲授要符合科学性的要求。<br>（2）讲授要富有启发性与趣味性。<br>（3）讲解过程中语言应生动形象、富有感染力，能够调动学生学习的积极性。<br>（4）讲解和提问技能密切结合，引导学生积极思考问题。 | | |
| 教学方法 | 讲解法、提问法、演示法和探究学习法。 | | |
| 教学重点 | 肺循环中的气体交换过程、场所、结果。 | | |
| 教学难点 | 肺循环中物质交换的过程。 | | |

（续上表）

| 教学过程 | | | |
| --- | --- | --- | --- |
| 时　间 | 教师行为 | 预设学生行为 | 教学设计意图 |
| 30 秒 | **一、导入新课**<br>师：上节课我们主要讲述了血液循环，大家还记得血液循环分为几部分吗？肺循环的过程又是怎么样的？（引导学生说出肺循环的过程） | 学生回答：两部分：体循环、肺循环。血液从右心室流入肺动脉，再流经肺部毛细血管网，最后由肺静脉流回左心房。 | 教师采用问题复习法提出上节课的内容，进行知识重点的复习，一方面通过有针对性的复习为学生学习新知识做好铺垫；另一方面，在复习过程中提问，可激发学生的思维和学习积极性。 |
| 7 分钟 | **二、讲授新课**<br>环节一：引出物质交换。<br>师：这节课，我们就来学习“肺循环中的物质交换”，大家翻开课本第 42 页，阅读肺循环内容，并结合肺循环示意图，提出思考问题：肺循环的过程有什么样的特点？<br>板书：<br>肺循环中的气体交换<br>场所：<br>过程：<br>结果：<br>通过思考，大家发现肺循环的过程有什么特点呢？<br>大家仔细看肺循环示意图的颜色变化，我们可以发现肺循环的起点出发的血液是什么颜色的？肺循环终点回来的血液又是什么颜色？<br>在前面的学习中我们说过，在初中生物学学习阶段中，一般用蓝色的血液来代表什么血？红色的血液来代表什么血？由此，可以得出通过肺循环的过程，血液由静脉血变为动脉血。<br>刚刚我们知道了，通过肺循环之后，我们的血液由静脉血变为了动脉血，大家知道这是为什么吗，为什么静脉血和动脉血会发生互换？ | 学生翻书阅读、思考。<br>学生回答：出发的是蓝色、回来的是红色的血液。<br>学生回答：静脉血，动脉血。<br>同学们纷纷摇头，面露难色。 | 设置问题情境，激发学生的科学思维和学习兴趣，吸引学生的注意力。训练学生的科学思维。（素养一、素养二） |

（续上表）

| 教学过程 | | | |
|---|---|---|---|
| 时　间 | 教师行为 | 预设学生行为 | 教学设计意图 |
| | 看大家纷纷摇头，看来大家是不知道，那大家就跟着老师来逐步分析一下原因，要知道为什么会发生变化，首先我们肯定要知道这两者之间的区别，我们在上一节的学习中知道静脉血和动脉血最大的区别是什么？<br>对，我们知道静脉血的二氧化碳量多，氧气含量少，动脉血则是氧气含量丰富，二氧化碳量少。（在黑板上贴静脉血和动脉血成分示意图。）<br>那么静脉血和动脉血之间要发生互换，就意味着什么在发生改变？<br>是血液中的氧气和二氧化碳的含量发生交换。我们可以看一下，如果静脉血中由二氧化碳量多变为氧气含量多，则血液从静脉血变为了什么？同理，如果动脉血中由氧气量多，变为二氧化碳量多，则血液会从动脉血变为什么？回答：静脉血。<br>是的，当我们说静脉血和动脉血之间要发生互换，也就是血液中氧气和二氧化碳的含量要发生交换，也就是物质和物质进行交换，即发生物质交换。<br><br>环节二：物质交换场所。<br>师：现在我们知道了在肺循环的过程中会发生物质交换，那同学们思考一下，肺循环中发生物质交换的场所在哪里呢？<br>我们可以观察肺循环示意图，我们可以发现，血液是在经过肺部毛细血管时，颜色发生变化，由蓝色变为红色，说明物质交换的场所在肺部毛细血管。<br>展示模型：<br>今天老师刚好带来了肺泡放大模型和自制肺泡模型（如图 1），大家观察模型可以看出来，肺泡外缠绕着丰富的毛细血管，血液通过肺部毛细血管之后，血液由蓝色的静脉血变为了红色的动脉血，所以也可以进一步说明发生物质交换的场所在肺部毛细血管。（贴上板书。） | 学生回答：静脉血和动脉血最大的区别是氧气和二氧化碳的含量不同。<br><br>学生回答：血液中氧气和二氧化碳的含量发生交换。<br><br>学生回答：动脉血；静脉血。<br><br>学生观察图片和自制肺泡模型后回答：肺部毛细血管。 | 通过学习，学生可以用获得的知识和回忆过去所学的知识来解决新的问题。锻炼学生整理归纳知识的能力，达到透彻理解和掌握。（素养二、素养三）<br><br>采用观察示意图和自制肺泡模型模型的形式来进一步讲解物质交换的场所在肺部毛细血管。 |

（续上表）

| 教学过程 | | | |
| --- | --- | --- | --- |
| 时　间 | 教师行为 | 预设学生行为 | 教学设计意图 |
| | <br>**图 1　自制肺泡模型**<br><br>环节三：物质交换的过程。<br>师：现在我们知道了发生物质交换的场所是肺部毛细血管，那大家知道肺循环的过程是怎样的吗？大家先观看这个视频，然后总结肺循环中物质交换的过程。<br>播放肺泡中物质交换的视频（15 秒，在播放视频的同时，对视频的内容进行对应的讲解），然后观看完之后，大家来描述一下物质循环的过程。是的很好，我们可以在视频中看到，物质交换是发生在血液和肺泡之间，交换的物质分别是氧气和二氧化碳，即血液中的二氧化碳进入肺泡，肺泡中的氧气进入血液。 | 学生观看视频。<br>学生回答：血液中的二氧化碳进入肺泡，肺泡中的氧气进入血液。 | 通过观看视频演示肺循环物质交换的过程，引导学生归纳总结出物质交换的过程，使整个过程直观清晰，让学生们能够更加直观、形象地得出结论。 |
| 30 秒 | **三、归纳总结**<br>师：通过学习肺循环中的物质交换，我们得出结论：<br>（1）肺循环中物质交换的场所是肺部毛细血管。<br>（2）物质交换的的过程是：血液中的氧气进入肺泡，肺泡中的二氧化碳进入血液。<br>（3）通过肺循环的物质交换，由静脉血变为动脉血。<br>肺循环就相当于我们人体血液的“加油站”，将含氧量低、含二氧化碳多的静脉血，变成了含氧量高、含二氧化碳低的动脉血。维持着人体正常的生命活动。<br><br>**四、布置课后思考**<br>采用提出问题的方法，引发学生思考。<br>师：我们知道血液循环分为肺循环和体循环两部分，这节课我们学习了肺循环中的物质交换，那大家在课后思考一下：体循环中是否会发生物质交换呢？如果会的话，那它的过程又是怎么样的？请同学们在课后认真思考，我们下节课再一起进行探讨，下课，谢谢。 | 学生思考。 | 采用填空练习方式，总结以上所学的知识，加深印象，得出结论。（素养一）<br><br>提出问题，引发学生思考，激发学习兴趣，做出科学解释。（素养四） |

（续上表）

| | |
|---|---|
| 板书设计 | 肺循环中的气体交换<br>场所：肺部毛细血管<br>氧气<br>过程：肺泡 ⇄ 血液<br>二氧化碳<br>结果：由静脉血变为动脉血 |
| 设计思路说明 | 本教学设计围绕生物学学科核心素养目标，基于“以学生为主”和“启发引导”的教学理念，采用讲解法和提问法等教学方法开展教学。肺循环中的物质交换是建立在血液循环的过程中来讲解学习的，且血液循环的过程对中学生来说相对复杂和烦琐，因此教师在讲解物质交换之前一定要耐心仔细地复习血液循环的过程，在此基础上讲解气体交换的过程，阐明肺循环为血液补充氧气，收集血液中的二氧化碳，肺部是血液的“加油站”。<br>整个教学过程做到：教学提问环环相扣，讲解直观生动，重点突出，难点突破，较好地完成了教学目标。<br>本教学设计合理、完整，能较好地实现核心素养教学目标。 |

## 课例评析

本教学设计围绕生物学学科核心素养目标，基于以学生为主和启发引导的教学理念，采用讲解法、提问法和演示法等教学方法展开教学。采用复习法导入新课，一方面，通过有针对性的复习为学生学习新知识做好铺垫；另一方面，在复习过程中提问，可激发学生的思维和学习积极性。在讲授新课的过程中，采用传统教学媒体和现代教学媒体教学优化组合的手段，对学生进行层层提问，并逐步去引导学生去观察现象、思考与分析问题，引导学生自主的去发现知识，获得知识，掌握知识，体现以学生为主的新教育教学理念。新课讲授生动形象，板书设计清晰简洁，重点突出。

在课堂的尾声，采用填空练习的方式对知识点进行梳理总结，以便学生记忆学习。最后布置一道课后思考题，让学生在课后联系本节课学习的内容去思考新的问题，开拓学生的思维，提高学生的自主探究学习能力，并进一步巩固知识。这样的结课既合理又有深度，较好地实现了社会责任目标。

整个教学过程做到：教学提问环环相扣，讲解直观生动，重点突出，难点突破，较好地完成了教学目标。

（1）创新性。教学方法具有创新性。在讲授过程中充分利用自制教具演示、视频讲解、学生小组对教具进行探究以及层层提问的形式来突破教学重难点。

自制教具具有创新性。能够用环保又简单的材料自制肺泡模型教具，直观形象，有助于学生理解肺循环中气体交换的场所是肺部毛细血管。

（2）亮点。本教学的一大亮点是：在教学中能够做到把传统教学媒体和现代教学媒体教学优化组合，从而很好地调动了学生学习积极性，有利于重点突出，难点突破，较好地完成了教学目标。

（本教学设计荣获2019年第七届广东省本科高校师范生教学技能大赛一等奖和第九届“华文杯”全国生物学教学技能大赛一等奖）

# 小肠结构与吸收功能的关系

张　荣

## 教学设计

| 姓　名 | 张荣 | 学　校 | 嘉应学院 |
| --- | --- | --- | --- |
| 指导教师 | 廖富林、董婉未 | 重点展示技能类型 | 演示技能 |
| 片段题目 | 小肠结构与吸收功能的关系 | | |
| 学科内容学习目标 | （1）生命观念目标（素养一）：<br>学生通过本节课的学习，理解小肠的功能与结构是相适应的，认同结构与功能是统一的。<br>（2）科学思维目标（素养二）：<br>学生通过对小肠结构的观察，以及结构与吸收功能关系的讨论与分析，归纳和总结小肠的结构特点，并推理这些结构与吸收功能的关系。<br>（3）科学探究目标（素养三）：<br>学生在问题情境中，能够正确运用工具观察小肠实物，并基于观察的结果和疑问，与小组成员展开交流。<br>（4）社会责任目标（素养四）：<br>学生通过本节课的学习，学生能够在生活中关注自己和家人朋友的健康，提出健康生活的建议。 | | |
| 技能训练目标 | （1）能够根据教学目标以及学生的认知特点选择教具。<br>（2）演示教具应在最佳时机出现。<br>（3）演示教具时应配合指导性语言。<br>（4）教具要具有直观性、实践性、典型性和科学性。<br>（5）演示教具时，要面向全体学生。 | | |
| 教学方法 | 演示法、讲解法和探究学习法。 | | |
| 教学重点 | 小肠的结构与吸收功能的关系。 | | |
| 教学难点 | 探究小肠的结构与吸收功能相适应的特点。 | | |

（续上表）

<table>
<tr><th colspan="4">教学过程</th></tr>
<tr><th>时　间</th><th>教师行为</th><th>预设学生行为</th><th>教学设计意图</th></tr>
<tr><td>1 分钟</td><td>一、导入新课<br>教师在讲解新课前，展示鸡的脏器的图片与鸡小肠的实物，引出小肠，体现小肠与系统之间的关系。然后直接引入本节课的主题：探究小肠结构与吸收功能的关系。</td><td>学生观察图片以及鸡小肠实物。</td><td>学生通过教师的引导，对小肠的结构和吸收功能产生好奇心，进而更加积极融入课堂，激发自主探究欲望。</td></tr>
<tr><td>5 分钟</td><td>二、讲授新课<br>（1）学生观察实物和模型。<br>①特点一：小肠细长。<br>教师向学生展示鸡小肠实物，学生通过观察，可以发现鸡小肠细长且盘曲在腹腔中。<br>引出特点及作用：小肠细长，能够使食糜在小肠中停留的时间更长，更加充分地吸收营养物质。<br>②特点二：有环形皱襞、小肠绒毛和微绒毛。<br>探究活动：看一看，将培养皿放在黑纸片上，用放大镜或解剖镜观察小肠内外壁，特别是边缘部分，说说内外有何不同。摸一摸，让学生用手分别触摸小肠的内外壁，说说内外分别是平整的还是凹凸不平的。<br>把观察结果填在教师事先设计好的表格上。<br><br>表 1　观察结果<br><table><tr><th>鸡小肠</th><th>你的观察结果</th></tr><tr><td>外壁</td><td></td></tr><tr><td>内壁</td><td></td></tr></table><br>学生思考：这些结构与它的吸收功能有什么关系？<br>通过观察实物，可以发现小肠内表面有环形皱襞和小肠绒毛（如图 1）。再让学生用手触摸小肠的内外壁，感受小肠内外壁的不同。</td><td>学生观察鸡小肠，说出自己观察的现象，再由结构特点得出此特点的功能。<br><br>学生利用放大镜或解剖课观察鸡小肠，组内成员合作探究，并思考问题，把观察结果写下来，再派代表回答问题。</td><td>学生运用工具观察实物，描述自己所观察到的现象，并基于这些现象，能够与小组成员交流讨论，揭示生物学规律。提高小组合作意识和探究能力。（素养二、素养三）</td></tr>
</table>

（续上表）

| 教学过程 | | | |
|---|---|---|---|
| 时　间 | 教师行为 | 预设学生行为 | 教学设计意图 |
| 5 分钟 | 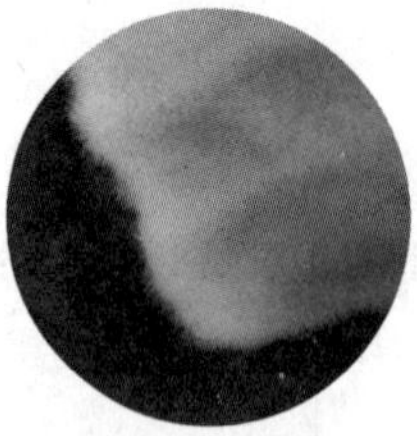<br>图 1　小肠内表面<br>教师再展示小肠绒毛放大模型图，让学生仔细观察，发现小肠黏膜上皮细胞表面还有微绒毛。<br>进而得出环形皱襞、小肠绒毛和微绒毛的存在能够使小肠内表面积扩大，有利于吸收营养物质的结论。<br>（3）特点三：小肠绒毛和毛细血管壁很薄，只由一层上皮细胞构成。<br>学生通过观察小肠绒毛放大模型可以发现，小肠绒毛只由一层上皮细胞构成，还可以发现小肠绒毛内含有丰富的毛细血管。<br>教师播放 PPT 动画，让学生更好地理解营养物质的吸收，了解小分子营养物质通过消化管黏膜上皮细胞进入血液的过程。因此，小肠绒毛壁很薄，能使营养物质更容易被吸收而进入血液。<br>（2）归纳总结小肠的结构特点与功能。<br>基于学生所观察的几个特点，总结后得出：小肠的结构与功能是相适应的。 | 学生观察小肠绒毛放大模型并回答教师的问题，小肠绒毛只一层上皮细胞构成，并且含有丰富的毛细血管。<br>通过观看小动画，理解营养物质的吸收，并自然而然地得出小肠绒毛壁薄的作用。<br>学生总结归纳小肠的结构。 | 学生通过观察模型和动画，能够直观地认识小肠绒毛的结构和理解营养物质的吸收。学生认识到小肠结构的特殊性。感受到小肠的结构是与功能相适应的。（素养一）<br>学生理解小肠的结构是如何与吸收功能相适应的。（素养一） |
| 1 分钟 | **三、回归生活，学以致用**<br>利用生活中有些人吃饭时狼吞虎咽这一现象，让学生根据自己所学知识，解释这种行为会给小肠的消化和吸收带来什么不良影响，从而引导学生养成细嚼慢咽的良好习惯。 | 学生根据已学知识，回答狼吞虎咽吃食会给小肠的消化和吸收带来不利影响，并对此提出建议。 | 利用本节课的知识对“狼吞虎咽不利于消化吸收”做复习性的解答，以此来巩固本节课知识。学生能够在生活中更加关注自己和家人朋友的健康，提出健康生活的建议。（素养四） |

（续上表）

| 教学过程 | | | |
|---|---|---|---|
| 时　间 | 教师行为 | 预设学生行为 | 教学设计意图 |
| 1 分钟 | **四、课后活动**<br>在课堂的尾声，教师布置课后活动，让学生在课后动手制作纸质小肠结构模型，用两张纸分别代表小肠的外壁和内壁，内壁上的皱褶代表小肠皱襞，计算小肠外壁和内壁表面积的比值。让学生直观地感受到由于小肠皱襞等结构的存在，内表面积增大了 600 倍。 | 学生在课后制作纸质小肠结构模型，计算外壁和内壁表面积的比值。 | 学生通过制作纸质小肠结构模型，提高动手能力，模型建立能力。 |
| **设计思路说明** | 使每个学生学会健康生活是义务教育阶段培养的目标之一，在本节课中，综合考虑了学生发展需要以及社会需求等方面的问题，在“小肠的结构特点与吸收功能”的教学中，以课标为依据，以教师教学用书为参考，能立足且不拘泥于教材，通过创造性地重组教材，实现对课堂教学内容的优化。<br>在本教学设计中，教师引导，学生主动参与，小组共同观察一段小肠实物，并且讨论小肠结构与吸收功能的关系，得出结论，使学生从被动学习转变为主动参与，从而达到预期的教学目标。本教学设计紧密联系实际生活，先从学生的生活出发，再回归生活，让学生认同健康饮食的重要性，能够提出健康饮食的建议，使学生在掌握新知识的同时提高生物学科素养。这种亲身探究、师生互动的教学模式、学习方式正是新课程改革所倡导的。 | | |





## 课例评析

本教学设计围绕生物学学科核心素养目标，以探究式教学为主线，采用演示法、讲解法和提问法等教学方法展开教学。首先展示鸡的脏器的图片与鸡小肠的实物，引出小肠。引导学生对小肠的结构和吸收功能产生好奇心，进而更加积极地融入课堂，激发自主探究欲望。接着组织学生观察一段小肠实物和小肠绒毛放大模型，讨论小肠结构与吸收功能的关系，从而得出结论，使学生从被动的学习转变为主动的参与。本教学设计紧密联系实际生活，先从学生的生活出发，再回归到生活，让学生认同健康饮食的重要性，能够提出健康饮食的建议，使学生在掌握新知识的同时提高生物学科素养。这种亲身探究、生生互动的教学模式、学习方式正是新课程改革所倡导的。

整个教学过程做到：有效引导学生开展实验探究性学习，讲解科学，演示直观生动，重点突出，难点突破，较好地完成了教学目标。

（1）创新性。教学方法具有创新性。在讲授过程中充分利用一段小肠实物和小肠绒毛放大模型进行直观教具演示运用视频辅助讲解和组织学生分组观察讨论，探究小肠结构与吸收功能的关系。

自制教具具有创新性。能够采用一段小肠实物和小肠绒毛放大模型进行直观教具演示，运用视频辅助讲解和组织学生分组观察讨论，探究小肠结构与吸收功能的关系。

（2）亮点。本教学的一大亮点是：在教学中能够做到紧密联系实际生活，先从学生的生活出发，再回归到生活，让学生认同健康饮食的重要性，能够提出健康饮食的建议，使学生在掌握新知识的同时提高生物学科素养。

（本教学设计荣获2019年第七届广东省本科高校师范生教学技能大赛一等奖和第九届“华文杯”全国生物学教学技能大赛一等奖）

# 种子的结构

朱小依

## 教学设计

| 姓　名 | 朱小依 | 学　校 | 嘉应学院 |
|---|---|---|---|
| **指导教师** | 刁俊明、温茹淑、郑清梅 | **重点展示技能类型** | 讲解技能 |
| **片段题目** | 种子的结构 | | |
| **教材分析** | 本课是选自人教版《初中生物》七年级上册第一章第二节的内容，主要是认识种子的结构以及相应的功能。“种子的结构”与前面“植物体的结构层次”的内容相呼应，并为后面学习“被子植物的一生”奠定基础，在知识结构上起到承上启下的作用。 | | |
| **学情分析** | 本次授课的对象为七年级的学生，他们具备一定的观察和分析思考的能力，但是生物学知识积累不多，动手能力差，需要在教师的适当引导下才能更好地完成探究实验。因此，在教学过程中，我会注重启发式引导，鼓励学生大胆猜想，从学生的生活经验出发，引导学生提出问题，通过教具演示和层层深入的提问，激发学生的学习兴趣和提高学生观察分析问题的能力。 | | |
| **学科内容学习目标** | （1）生命观念目标（素养一）：<br>探究种子的结构以及相应的功能。<br>（2）科学思维和科学探究目标（素养二、素养三）：<br>通过探究种子的结构，培养学生动手实验、观察和独立思考的能力。<br>（3）社会责任目标（素养四）：<br>通过探究种子的结构，培养学生热爱劳动、积极探索和求知的精神。 | | |
| **技能训练目标** | （1）讲解过程要符合有目的性的要求，做到环环相扣，要做到目标明确，内容正确。<br>（2）讲解要有针对性，符合学生的年龄特点、知识水平和认知能力，切中学生学习中的薄弱点。<br>（3）讲解要有艺术性，善于启发学生思考，同演示、提问、板书等其他技能有机配合。 | | |
| **教学方法** | 讲解法、演示法、提问法和探究学习法。 | | |
| **教学重点** | 解剖和观察菜豆种子和玉米种子的结构以及各部分功能。 | | |
| **教学难点** | 单、双子叶植物种子结构的区别。 | | |

（续上表）

| 教学过程 | | | |
| --- | --- | --- | --- |
| 时　间 | 教师行为 | 预设学生行为 | 教学设计意图 |
| 30 秒 | **一、导入新课**<br>师：在学习新课之前，我们先来回顾一下绿色开花植物的六大器官是哪些？<br>那么同学们，你们知道植物是首先由哪个器官发育而来的吗？ | 学生回答：根、茎、叶、花、果实、种子。<br>学生回答：种子。 | 教师采用问题复习法引出前面所学过的内容，进行知识重点的复习，通过有针对性的复习为学生学习新知识做好铺垫。 |
| 6 分钟 | **二、讲授新课**<br>环节一：引出种子萌发成植物的主要结构。<br>师：同学们可以看到，这些种子的颜色，形态和大小都是不一样的，但是它们有一个共同点，就是都能萌发成幼苗。那么种子萌发成幼苗可能与什么因素有关呢？怎么知道种子里面有什么？下面我们带着问题一起来看一下课本第 79—80 页的内容。<br>板书：<br><br>第二节　种子植物<br>种子的结构<br><br>环节二：观察种子的形态结构。<br>师：同学们看完了课本有没有发现种子萌发成幼苗的结构是整个种子还是其中的某个结构呢？<br>引导学生观察菜豆种子：同学们以小组为单位观察手里的种子，用手捏一捏干燥的菜豆种子和浸泡过的菜豆种子，发现浸泡过的菜豆种子膨胀，用镊子可以撕下一层皮，这层皮是属于种子的什么结构？<br>师：没错，这个是种子的种皮，浸泡后的种子种皮变软。种皮可以保护里面的胚。胚就是新植物的幼体，它由胚芽、胚轴以及胚根和子叶组成。同学们在生活中可能会发现，农民伯伯收割完稻谷之后会把稻谷晒干再进行储存，同学们有想过这样做的原因是什么吗？<br>那么为什么种子晒干了以后可以储藏得更久呢？ | 学生翻书阅读、思考。<br><br>学生回答：整个种子。<br>学生以小组为单位观察菜豆种子。<br><br>学生回答：种皮。<br><br>学生回答：为了放得更久。<br>学生纷纷摇头。 | 教师采用实物演示和问题引出课本内容，激发学生的学习积极性。设置问题情境，激发学生的科学思维和学习兴趣，吸引学生的注意力。<br><br>通过联系生活实际经验，帮助学生更好地理解知识和锻炼学生运用知识的能力。 |

（续上表）

| 教学过程 | | | |
|---|---|---|---|
| 时　间 | 教师行为 | 预设学生行为 | 教学设计意图 |
| | 看大家纷纷摇头，看来大家是不知道，那是因为种子在温暖潮湿的地方很容易萌发，为了让种子不萌发，存放的时间更久，就要让种子干燥，处于休眠状态，等到气候适宜时种子再萌发。这也是种子植物比苔藓植物和蕨类植物更能适应陆地环境，产生种子的重要原因之一。<br>组织学生动手操作观察解剖种子：说到这里，同学们是不是已经迫不及待想要看看种子里面到底长什么样，那么大家一起来动手做做试验，解剖手里的菜豆种子和玉米种子，观察种子的各个结构并且留意一下这两种种子的结构有什么异同？注意了，在解剖之前同学们先观察种子的外形、颜色、大小。<br>板书：<br>单子叶植物和双子叶植物的异同。<br>环节三：引出单子叶植物和双子叶植物的区别。<br>师：我们可以首先观察到菜豆种子呈肾形，在凹陷的一侧我们会发现呈半月形的种脐，于种脐相对的一侧我们用解剖刀采用纵切的方式切开种子，打开解剖后的菜豆种子，我们可以观察到里面两瓣子叶，像这样含有两片子叶的植物就叫作双子叶植物。那么同学们思考一下单子叶植物含有几片子叶呢？<br>单子叶植物和双子叶植物的区别就在于子叶的数量。接着我们继续观察，露出子叶部分的就是胚根，长有两片幼叶的就是胚芽，胚芽和胚根连接的部分就是胚轴。 | 学生动手操作观察解剖手里的菜豆种子和玉米种子：外部形态和内部结构。<br>菜豆种子含有两片子叶，玉米种子含有一片子叶。 | 采用引导学生动手操作观察解剖种子、实物演示和提问相结合的形式来认识单子叶植物和双子叶植物在结构上的区别，培养学生推理和归纳总结的能力。 |
| 40 秒 | 环节四：组织学生解剖玉米种子和滴加碘液观察实验。<br>师：我们取一粒玉米种子观察外形，同学们会发现玉米种子的两面是不同的，其中一面为白色，这个白色部分就是玉米胚的位置，解剖时将胚的部分朝上，然后纵向切下，我们把碘液滴加在玉米切面上，用放大镜观察，玉米最外面是果皮和种皮，我们会发现种子一部分变成了蓝色，变蓝的部分就是胚乳。与胚乳相对的黄色部分则是整个胚，与胚乳紧紧相连的则是子叶，我们同样可以观察到玉米种子上有胚芽、胚轴和胚根。同学们小组内进行讨论，为什么胚乳会被染成蓝色呢？ | 学生小组讨论：为什么胚乳会被染成蓝色呢？ | |

（续上表）

| 教学过程 | | | |
| --- | --- | --- | --- |
| 时　间 | 教师行为 | 预设学生行为 | 教学设计意图 |
| | 请一个小组的同学回答一下你们讨论的结果。<br>回答得非常正确，种子里面的子叶和胚乳含有丰富的淀粉等营养物质，能够为种子萌发成幼苗提供养分，使它能够适应各种环境条件。<br>通过解剖菜豆种子和玉米种子我们已经了解了种子的形态结构，那么我们一起来总结一下以菜豆种子和玉米种子为代表的单子叶植物种子和双子叶植物种子的异同之处。<br>单子叶植物和双子叶植物的相同之处在于都有什么结构？单子叶植物有几片子叶？双子叶植物有几片子叶？<br>双子叶植物无胚乳，营养物质贮存在子叶中。双子叶植物有胚乳，营养物质贮存在胚乳中。 | 学生回答：那是因为种子的胚乳里面含有大量的淀粉等营养物质，淀粉遇到碘液就变成了蓝色。<br>学生回答：种皮和胚，一片，两片。 | 组织学生解剖玉米种子和滴加碘液观察实验，通过提问和小组讨论的形式，培养学生的科学思维能力，激发学生的学习兴趣和团队精神。 |
| 50 秒 | **三、总结归纳**<br>师：同学们，我们一起来梳理一下我们这节课的内容：通过今天的学习我们知道：什么是新植物的幼体，由____、____和____组成。<br>双子叶植物和单子叶植物种子的区别是什么呢？<br>**四、布置课后思考题**<br>采用提出问题的方法，引发学生思考。<br>师：回答得非常好。看来大家对这节课的内容掌握得很不错，在最后，老师给你们布置一道思考题，请同学们课后观察一下日常食用的苹果和学校栽种的苏铁的种子，它们都是种子植物，比较一下这两者之间有什么区别？<br>与它们属于同一类型的还有哪些植物呢？ | 学生回答：胚芽、胚根、胚轴。<br>学生回答：单子叶植物只有一片子叶，有胚乳，营养物质贮存在胚乳中，而双子叶植物有两片子叶，无胚乳，营养物质贮存在子叶中。<br>学生思考。 | 采用填空练习方式，对本节课的重点和难点进行梳理，使学生在头脑中形成清晰的结构网络。（素养一）<br>提出问题，引发学生思考，激发学生的好奇心和求知欲，为下节课做铺垫。（素养四） |

（续上表）

| 教学过程 | | | |
|---|---|---|---|
| 时　间 | 教师行为 | 预设学生行为 | 教学设计意图 |
| 板书设计 | 第二节　种子植物——种子的结构<br>一、观察种子的形态结构<br>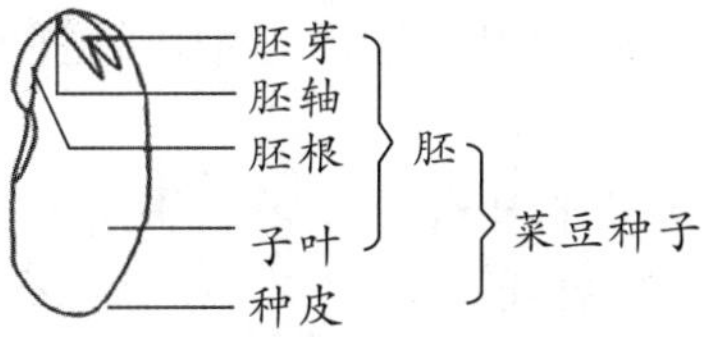<br>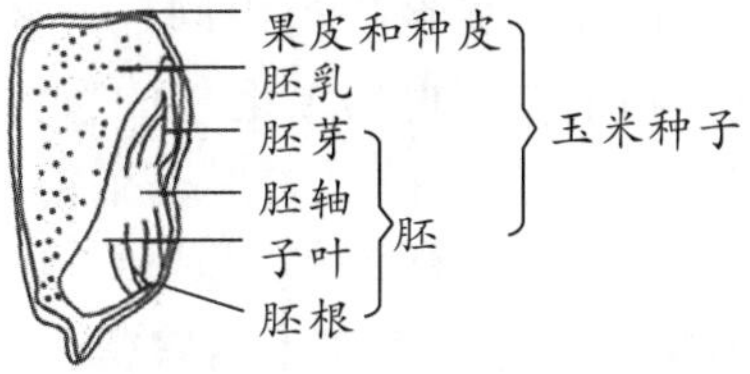<br>二、胚是新植物的幼体<br>三、单子叶植物和双子叶植物的异同 | | |
| 设计思路说明 | 本教学设计围绕生物学学科核心素养目标，基于以学生为主和启发引导的教学理念，采用演示法、讲解法和提问法等教学方法开展教学。首先采用问题复习法导入新课，通过引导学生说出绿色开花植物的6种器官，导入植物的生长发育过程总是由种子发育成幼苗，再以此长出其他器官，导入新课，激发学生的科学思维和学习兴趣。为了突破教学难点，本节课的内容看似简单，内容宽泛，实际上各部分的关系复杂、内涵深刻，内容与生活联系密切。本节课安排了学生亲自动手进行实验操作观察，培养学生动手实验、观察和独立思考的能力。本节课在设计时，注重知识上的重难点的合理安排，学生形象思维和抽象思维的合理安排，还注重学生课堂上的心理变化和反应，适当地与学生进行互动交流，调动了学生学习的积极性和发挥了学生学习的主动性，使整个教学过程张弛有度，详略得当。最后布置课后观察食用的苹果和学校栽种的苏铁种子的思考题，可以加深学生对本节课知识的印象，从而联系生活实际，将知识运用到生活当中。<br>整个教学过程做到：教学提问环环相扣，演示和讲解直观生动，重点突出，难点突破，较好地完成了教学目标。 | | |





## 课例评析

本教学设计围绕生物学学科核心素养目标，以探究式教学为主线，采用实验法、讲解法和提问法等教学方法展开教学。采用问题复习法导入新课，引出植物的生长发育过程总是由种子发育成幼苗，导入新课，激发学生的学习兴趣。采用“实验法提出问题→学生动手操作实验→学生观察思考与讨论→教师演示讲解→归纳总结得出结论”的教学模式展开新课。为了突破教学难点，注重知识上的重难点的合理安排，学生形象思维和抽象思维的合理安排，合理地开展了师生之间的互动交流，调动了学生学习的积极性和发挥了学生学习的主动性，在教师的组织指导下，学生小组合作，进行操作实验，将教学内容与生产生活紧密联系，获取种子的形态结构的知识，从而培养了科学思维能力，激发了学习兴趣和团队精神。新课讲授生动形象，板书设计简明扼要，突出重点，图文并茂。采用填空练习方式对本节课的重点和难点进行梳理，归纳总结知识点。最后布置课后观察食用的苹果和学校栽种的苏铁的种子的思考题，可以强化本节课的知识点，从而联系生活实际，将知识运用到生活当中。这样的结课既合理又耐人寻味，较好地实现了社会责任目标。

整个教学过程做到：有效引导学生开展实验探究性学习，讲解科学，演示直观生动，重点突出，难点突破，较好地完成了教学目标。

（1）创新性。教学方法具有创新性。采用“实验法提出问题→学生动手操作实验→学生观察思考与讨论→教师演示讲解→归纳总结得出结论”的教学模式展开新课。将教学内容与生产生活紧密联系，通过实验探究获取种子的形态结构的知识，从而培养学生的科学思维能力，激发学生的学习兴趣和团队精神。

（2）亮点。本教学的最大亮点是：将教学内容与生产生活紧密联系，通过实验探究获取种子的形态结构的知识，从而培养学生的科学思维能力。体现了以学生为主的探究性教学的理念。

（本教学设计荣获2021年嘉应学院本科师范生教学技能大赛优秀奖）

# 心脏的结构和特点

姚燕燕

## 教学设计

| 姓　名 | 姚燕燕 | 学　校 | 嘉应学院 |
|---|---|---|---|
| 指导教师 | 刁俊明、温茹淑、郑清梅 | 重点展示技能类型 | 讲解技能 |
| 片段题目 | 心脏的结构和特点 | | |
| 教材分析 | 本节内容是人教版《初中生物》七年级下册第四章“人体内物质的运输”第三节“输送血液的泵——心脏”第一课时“心脏的结构和特点”。主要学习“心脏的结构和特点”“各腔室连通的血管”两大部分。心脏是人体的重要器官之一，是输送血液的“泵”，其特殊性在于它能够自动地、有节律地收缩和舒张，推动血液按照一定的方向流动。学好本节课，为学生学习下一节“血液循环”起到了铺垫的作用。 | | |
| 学情分析 | 七年级学生无论从生理还是智力等方面来说，都处于发展的黄金时期，他们对外界事物都有着非常浓厚的兴趣，但尚处于一种懵懂阶段，对于人体结构和生理功能都不甚了解，也无法解释现实生活中的一些现象。我们应该充分利用每个时机，在引导学生分析具体问题的同时，树立积极锻炼的健康生活观念。 | | |
| 学科内容学习目标 | （1）生命观念目标（素养一）：<br>通过对心脏结构和特点学习，认识心脏在人体中的重要意义。<br>（2）科学思维和科学探究目标（素养二、素养三）：<br>通过探究心脏各腔室连通的血管，培养学生分析问题和总结知识的能力。<br>（3）社会责任目标（素养四）：<br>学生通过心脏内部结构和特点进行探究，树立积极锻炼的健康生活观念。 | | |
| 技能训练目标 | （1）讲解的过程要符合科学性探究的要求，讲解时做到严谨，要富有启发性和趣味性。<br>（2）讲解要和演示技能配合得当，善于启发引导，调动学生学习积极性。<br>（3）能根据教学任务和中学生的特点把各种技能应用于教学实践。 | | |
| 教学方法 | 讲解法、演示法、提问法和探究学习法。 | | |
| 教学重点 | 心脏的结构及相适应的特点。 | | |
| 教学难点 | 心脏各腔室连通的血管。 | | |

（续上表）

| 教学过程 | | | |
|---|---|---|---|
| 时　间 | 教师行为 | 预设学生行为 | 教学设计意图 |
| 30 秒 | **一、导入新课**<br>师：上节课我们学习了物质运输的载体和管道，分别是什么？我们知道血液只有在血管中不停地流动，才能起到物质运输的作用。那么，血液流动的动力到底来自哪里呢？（引导学生思考）那么心脏又是如何来提供动力的呢？本节课，我们就一起来学习心脏的结构和特点。 | 学生回答：①血液和血管；②心脏。<br>学生思考问题，带着问题进入学习情境。 | 教师采用复习导入，提出上节课的内容，进行知识重点的复习，一方面通过有针对性的复习为学生学习新知识做好铺垫；另一方面，在复习过程中提问，可激发学生的思维和学习积极性。 |
| 6 分<br>30 秒 | **二、讲授新课**<br>环节一：认识心脏。<br>（1）展示心脏图片。<br>指导学生仔细观察心脏的位置、形状和大小。（这里需要注意的是，我们看到的图片与我们身体的方向是相反的，也就是说，图片上的左侧对应身体的右侧，而图片上的右侧则对应我们身体的左侧），并请学生回答心脏的具体位置在哪？大小如何？<br>让学生通过观察回答出心脏的具体位置在哪？形状像什么？大小如何？<br>（2）做一做，想一想。<br>师：将右手放在胸腔中部偏左侧，体会一下，有什么感觉？<br>那我们思考一下心脏的跳动有什么作用呢？我们通过看一张动图来进一步了解。（心脏的跳动是将血液泵出心脏。可见，心脏是血液运输的动力器官。）<br>那么心脏为什么能不停地跳动呢？<br>师：这就与它的结构有关。<br>环节二：观察心脏的结构。<br>演示讲解心脏的模型和新鲜猪心。<br>师：下面我们通过观察心脏模型和新鲜猪心（见图1），用手捏一捏，比较心脏不同的腔的壁的厚度。并在此基础上理解心脏的特点。 | 学生回答：心脏在胸腔中部偏左，在左右两肺之间，形状像桃子，大小与普通人的拳头差不多。<br>学生回答：心脏强有力地跳动。<br>观看动图，活动实践，认真思考 | 设置问题情境，结合图片的展示激发学生的科学思维和学习兴趣，吸引学生的注意力。训练学生的科学思维。（素养一、素养二）<br>做一做，想一想活动：将右手放在胸腔中部偏左侧，体会一下有什么感觉？心脏为什么能不停地跳动呢？激发学生的科学思维和学习兴趣。 |

（续上表）

| 教学过程 | | | |
| --- | --- | --- | --- |
| 时　间 | 教师行为 | 预设学生行为 | 教学设计意图 |
| | 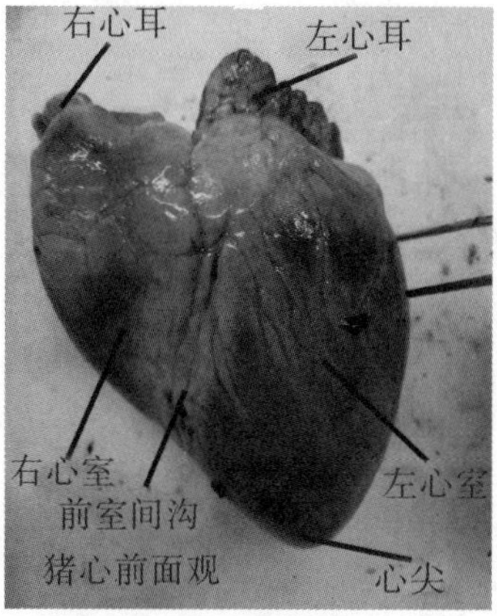<br><br>**图 1　新鲜猪心**<br><br>思考：<br>①心脏共有几个腔？分别是什么？<br>②在这些腔中，哪些是相通的？哪些是不通的？<br>③心脏不同腔的壁的厚度是否一样？若不同，哪些厚一些，哪些薄一些？最厚的是哪个腔？<br>④确认房室瓣与动脉瓣的形态、位置和开放的方向（见图 2）。<br>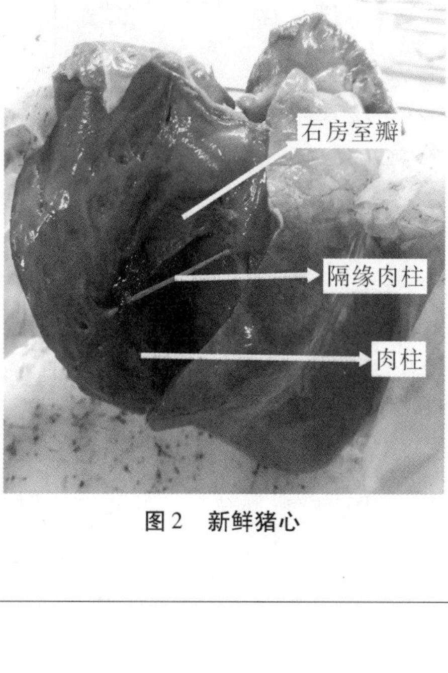<br><br>**图 2　新鲜猪心** | 阅读课本第 72 页内容，观察心脏模型和新鲜猪心并自主学习。<br><br>学生回答：心脏有四个腔。分别是左心房、左心室、右心房、右心室。<br>学生回答：同侧心房心室相通；左右心房心室不相通。<br><br>学生回答：心脏不同的腔的壁的厚度是不一样的。通过观察，用手捏一捏，可以得出心室的壁要比心房的壁更厚一些，且左心室的壁最厚。 | 学生通过观看动图和观察心脏模型与新鲜猪心，培养学生观察的能力和分析、回答问题的能力，做到对心脏内部结构特点进一步的认识学习。（素养二、素养三） |

（续上表）

| 教学过程 | | | |
|---|---|---|---|
| 时　间 | 教师行为 | 预设学生行为 | 教学设计意图 |
| 30 秒 | 师：通过本课的学习，我们知道了心脏主要是由肌肉组织组成的中空器官，内部有一道厚厚的肌肉壁，将心脏分隔成左右不相通的两部分。这就造成了心脏的左右心房和左右心室不相通。心脏的跳动是因为心脏内有一种具有自律性的心肌细胞，它能不断产生兴奋，也就使得我们的心脏能够不停地跳动。<br>我们要按照从左往右、从上到下的顺序来学习，我们先来看，左边偏上的这个腔室，我们把它称为左心房，左心房下方的腔室我们称之为左心室；右上方的腔室我们称之为右心房，右下方的腔室我们称之为右心室。我们再来确认房室瓣与动脉瓣。与左心房相连的是肺静脉；与左心室相连的是主动脉；与右心房相连的是上、下腔静脉；与右心室相连的是肺动脉。<br>环节三：各腔室连通的血管。<br>观看动图和心脏模型并填空。<br>师：我们再观看一张血液在心脏流动的动图，通过观看动图填空，每一个腔室分别连接哪些血管？（心脏模型教具：左心房——肺静脉；左心室——主动脉；右心房——上、下腔静脉；右心室——肺动脉）<br>**三、归纳总结**<br>通过学习心脏的结构和特点，得出以下结论：<br>（1）心脏位于我们胸腔中部偏左，在左右两肺之间，形状如桃子，大小与我们的拳头差不多。<br>（2）心脏可以分为四个腔，分别是：左心房、左心室、右心房、右心室。<br>板书：<br>心脏共有四个腔，上房下室紧相连。<br>（3）左心房与肺静脉相连通；右心房与上、下腔静脉相连通；左心室与主动脉相连通；而右心室则与肺动脉相连通。<br>板书：<br>房连静来室连动<br>（4）有房室瓣与动脉瓣。 | 通过观看动图和心脏模型，学生回答：分别为：左心房与肺静脉相连通；右心房与上、下腔静脉相连通；左心室与主动脉相连通；而右心室则与肺动脉相连通。<br>学生一起总结。 | 采用观看动图和心脏模型与板书（卡片）的形式来进一步讲解各腔室连通的血管分别是什么。通过动图的形式使教学过程直观清晰，让学生们能够更加直观、形象地得出结论。<br>采用填空练习方式，使用口诀总结以上所学的知识，加深印象，得出结论。（素养一） |

（续上表）

<table>
<tr><th colspan="4">教学过程</th></tr>
<tr><th>时　间</th><th>教师行为</th><th>预设学生行为</th><th>教学设计意图</th></tr>
<tr><td>30 秒</td><td>四、树立积极锻炼的健康生活观念<br>心脏不停地收缩舒张，才能不断地推动血液循环流动。所以我们在日常生活中应该要多锻炼才能让我们的心脏更健康。<br><br>五、课后习题<br>采用提出问题的方法，引发学生思考。<br>师：通过学习本课我们知道了，血液是在血管中流动的，那么血液是如何从我们的心脏流向身体各个部位，又是如何从身体各部位流回心脏的呢？它们的途径是怎样的呢？带着这个问题请同学们预习下节课的内容。</td><td>学生思考。</td><td>树立正确的生命观念，让学生认识心脏在人体中的重要性。（素养一）<br><br>提出问题，引发学生课后思考，激发学习兴趣。（素养四）</td></tr>
<tr><td>板书设计</td><td colspan="3">心脏的结构和特点<br>（1）心脏的位置、形状和大小。<br>（2）心脏的结构和特点。<br>口诀：心脏有四个腔，上房下室紧相连。<br>（3）各腔室连通的血管。<br>口诀：房连静来室连动。<br>（4）有房室瓣与动脉瓣。<br>口诀：脉瓣保证血循环。</td></tr>
<tr><td>设计思路说明</td><td colspan="3">本教学设计围绕生物学学科核心素养目标，基于以学生为主和启发引导的教学理念，采用演示法、提问法和讲解法等多种教学方法开展。心脏各腔室壁、瓣膜的作用对中学生来说相对比较复杂，需要教师耐心讲解并慢慢引导。通过组织学生对心脏模型和猪的新鲜心脏的观察，培养学生观察、思考和分析问题的能力；通过对知识的回顾，培养学生总结知识的能力。<br>整个教学过程做到：教学提问环环相扣，演示讲解直观生动，重点突出，难点突破，较好地完成了教学目标。<br>本教学设计合理、完整，能较好地实现核心素养教学目标。</td></tr>
</table>

## 课例评析

本教学设计围绕生物学学科核心素养目标，以探究式教学为主线，采用观察法、演示法、讲解法和提问法等教学方法展开教学。采用复习导入法，一方面，通过有针对性的复习为学生学习新知识做好铺垫；另一方面，通过提出问题，激发学生的思维和学习积极性。采用“观察法提出问题→学生动手操作观察心脏→学生观察思考与讨论→教师演示讲解→归纳总结得出结论”的教学模式展开新课。为了突破教学难点，将传统媒体和现代媒体相结合，通过组织学生对心脏模型和猪的新鲜心脏的观察，学习心脏结构和特点，认识心脏在人体中的重要性，培养学生观察、思考和分析问题的能力。新课讲授生动形象，板书设计简明扼要，采用口诀，突出重点，突破难点。采用填空练习方式对本节课的重点和难点进行归纳总结知识点。最后提出要树立积极锻炼的健康生活观念，布置课后思考题，激发学习兴趣。这样的结课既合理又有深度，较好地实现了社会责任目标。

整个教学过程做到：有效引导学生开展实验探究性学习，讲解科学，演示直观生动，重点突出，难点突破，较好地完成了教学目标。

（1）创新性。教学方法具有创新性。采用“观察法提出问题→学生动手操作观察心脏→学生观察思考与讨论→教师演示讲解→归纳总结得出结论”的教学模式展开新课。为了突破教学难点，将传统媒体和现代媒体相结合，通过组织学生对心脏模型和猪的新鲜心脏的观察，学习心脏结构和特点，认识心脏在人体中的重要意义，培养学生观察、思考和分析问题的能力。

教具具有创新性。能够运用心脏模型和新鲜猪心来直观形象说明心脏结构特点。

（2）亮点。本教学的最大亮点是：将传统媒体和现代媒体相结合，通过组织学生对心脏模型和猪的新鲜心脏的观察，板书设计采用口诀来突出重点，突破难点，有利于学习心脏结构和特点，认识心脏在人体中重要的意义，培养学生观察、思考和分析问题的能力。体现了以学生为主的探究性教学理念。

（本教学设计荣获2021年嘉应学院本科师范生教学技能大赛优秀奖）

# 根尖的结构及功能

严盈滢

## 教学设计

| 姓　名 | 严盈滢 | 学　校 | 嘉应学院 |
|---|---|---|---|
| **指导教师** | 刁俊明、温茹淑、潘望 | **重点展示技能类型** | 讲解技能 |
| **片段题目** | 根尖的结构及功能 | | |
| **教材分析** | “根尖的结构及功能”是人教版《初中生物》七年级上册第三单元第二章第二节第一课“幼根的生长”的重点内容，主要讲述了根尖的结构及功能，与前面“种子的萌发”的学习密切相关，也为后面“植物生长需要营养物质”奠定基础，在知识结构上起到承上启下的作用。只有掌握了根尖各部分结构和功能，才能更好地了解根和根的功能，为后续知识的掌握打下良好基础。 | | |
| **学情分析** | 本课的授课对象为七年级的学生，他们已经认识了种子的萌发，初步感知了根的发育，但对于根的生长和根系在地下的分布情况了解甚少，对于根尖更是陌生，在现实生活中也很少观察到根的动态生长过程。他们具备一定的思考与分析问题的能力，但是自学能力相对比较薄弱，需要在教师的适当引导下才能更好地获得知识。为此在讲授的过程中，我会注重对学生的启发性引导，通过图片、视频、实物与模型观察相结合和层层深入的提问，激发学生学习兴趣和提高学生观察分析问题的能力。引导学生将观察到的根的动态变化过程与根尖的结构、功能相联系，形成一个整体观念。同时将生物科学知识联系实际，激发学生的求知欲和好奇心，让学生在学习过程中了解根对植物的重要性，认同生物结构与功能相适应的观点。 | | |
| **学科内容学习目标** | （1）生命观念目标。（素养一）学生通过观察实物蚕豆幼根，识别根尖的基本结构；说出各部分的主要功能；描述植物根生长的部位及生长原因。<br>（2）科学思维和科学探究目标。（素养二、素养三）通过观察植物根的生长现象，使用放大镜观察根尖，培养学生的观察探究能力和科学思维能力。<br>（3）社会责任目标。（素养四）通过探究学习，让学生了解根对植物的重要性，认同生物结构与功能相适应的观点。培养学生勇于探索、实践创新的精神。 | | |
| **技能训练目标** | （1）讲解要符合科学性的要求，讲解时做到直观生动，富有启发性和趣味性。<br>（2）讲解技能要与提问技能相结合，善于启发学生思维，调动学生学习的积极性。<br>（3）讲解要做到连贯、清楚，应具有较强的系统性和逻辑性。 | | |
| **教学方法** | 讲解法、实验观察法、提问法和探究学习法。 | | |
| **教学重点** | 根尖的各部分结构和主要功能、根的生长的原因。 | | |
| **教学难点** | 根尖的发展变化规律。 | | |

（续上表）

| 教学过程 | | | |
|---|---|---|---|
| 时　间 | 教师行为 | 预设学生行为 | 教学设计意图 |
| 30 秒 | **一、导入新课**<br>师：俗话说“根深才能叶茂”，如果要移植校园里的一颗大树，我们该怎么做呢？直接拔起是错误的，我们需要像这样挖起较大的土球以保护根。那根的生长又与谁有关？现在走进今天的课堂——根尖的结构的功能。 | 通过设置移植植物的情境，使学生明白保护根对植物的重要性，引导学生探究。 | 导入技能（情境设置导入）：设置问题情境，激发学生的学习兴趣，吸引学生的注意力。 |
| 6 分<br>30 秒 | **二、讲授新课**<br>环节一：蚕豆发芽生根的观察。<br>师：在一个星期前老师布置了一个动手小实验：用水培养蚕豆并制作观察日记。<br>学生小组活动：现在请学生与前后桌同学为一组，与同学说说蚕豆的根发生了什么奇妙变化。<br><br>**图 1　水培蚕豆**<br>板书：<br>根尖的结构与功能<br>观察——根的生长<br>教师板书后走下讲台观察，倾听学生。<br>师：看来大家的蚕豆都在茁壮成长。黑板上是老师制作的观察日记。<br>展示蚕豆生长图片：<br><br>第一天　第三天　第五天<br>**图 2　蚕豆生长过程** | 学生探究：学生小组合作探究蚕豆生根的现象发生。<br>学生通过课前与课上的实物观察，认识根的形态。 | 在一个星期前布置一个动手小实验：用水培养蚕豆并制作观察日记。通过课前实验与课堂小组探究相联系，激发学生的科学思维和学习兴趣。在实践观察过程中，培养学生的创新能力和科学思维能力。 |

（续上表）

<table>
<tr><th colspan="4">教学过程</th></tr>
<tr><th>时　间</th><th>教师行为</th><th>预设学生行为</th><th>教学设计意图</th></tr>
<tr>
<td>6分<br>30秒</td>
<td>师：从观察中我们可以看到根的生长是一个动态变化的过程，联系前面的知识，蚕豆种子是怎么长出根的？然后幼根不断地长，变粗还长出了很多的侧根。根的生长方向是怎样的？<br>学生先用肉眼再用放大镜观察一下老师准备好的长有幼根的蚕豆，看看有什么新发现。<br>师：我们肉眼看起来蚕豆幼根其实是毛茸茸的，那放大后看到这部分是怎样的？<br><br>图3　蚕豆幼根细节图<br>是的，而且它数量多且密集，它就是根毛。然后可以观察到幼根顶端是不是淡黄色、尖尖的？我们将从尖尖的顶端到长有根毛的部分就叫作根尖。<br>在根动态生长的过程中最活跃的部分就是根尖。<br>环节二：根尖的结构及功能。<br>提问：<br>（1）根尖的内部结构是怎样的？<br>（2）根尖各部分结构有什么功能？<br>表1　根尖的结构及功能<br><table><tr><th>部位</th><th>功能</th></tr><tr><td></td><td></td></tr><tr><td></td><td></td></tr><tr><td></td><td></td></tr><tr><td></td><td></td></tr></table><br>师：根尖为什么能发育成根，这与其结构紧密相关。大家在预习时都完成这节课的导学案表格了吗？好的，那现在哪位同学可以上来利用卡片告诉我们这两个问题的答案。<br>同学们都找出问题的答案了吗？很好，那么请一位同学来告诉我们根尖的结构分为哪几部分。</td>
<td>学生回答：胚根突破种皮发育成了根。根向下生长。<br>学生观察：先用肉眼再用放大镜观察长有幼根的蚕豆。<br>学生回答：有很多一根根的毛。<br>学生通过课前预习与自主阅读课本，完成知识表格。</td>
<td>通过引导学生动手实践观察发现现象，解决问题，激发学生的学习兴趣与好奇心，对即将学习的知识有基本的认识。<br>学生通过课前预习、完成表格，对知识有一定的基础，为后面引导学生获得根尖各部分的作用的知识做铺垫。</td>
</tr>
</table>

（续上表）

| 教学过程 | | | |
| --- | --- | --- | --- |
| 时　间 | 教师行为 | 预设学生行为 | 教学设计意图 |
| 6 分<br>30 秒 | 这位同学对结构的回答很好，根尖的结构可以分成四部分：根冠、分生区、伸长区、成熟区。<br>结构与其功能相适应。下面我们一起从根的动态变化中探究根尖各部分的功能。再来看看这位同学的回答正不正确。<br>根冠：我们可以观察到根冠在根尖的顶端，是不是像个帽子，套在了分生区外部。根在向下生长时，根冠部分首先与土地接触并摩擦，这样根冠的一部分细胞会受损，起着什么作用？<br>随着根向下生长，根冠会变得越来越薄吗？没错，为了保护幼嫩的分生区，那么根冠得维持一定厚度。<br>分生区：此时在它上一部分的分生区不断地进行什么变化？产生的新细胞一部分向下补充根冠细胞数量，保持根冠的厚度，那另一部分向上补充伸长区，细胞逐渐停止分裂。<br>伸长区：所以可以观察到伸长区细胞由下至上体积是怎么变化的？<br>很好，停止分裂的细胞在伸长区开始迅速纵向伸长，所以伸长区是根伸长最快的地方。<br>成熟区：植物和人一样也需要“喝水”，根尖哪部分是主要吸收水的呢？<br>很好，成熟区表皮细胞向外凸起形成根毛，扩大了根与土壤的接触面积，能吸收更多的水和无机盐。同时成熟区内部形成的疏导组织——导管吸收的无机盐运输到植物的上部？供给植物生长。总结起来，成熟区是根吸收水和什么养分的主要部位？形成了根毛是成熟区的显著特点。<br>环节三：根生长的原因。<br>展示根的生长图片进行情境对比，图中相同时间、条件下培养的蚕豆长出的根不一样长，原因是根尖受损。 | 学生上台边贴卡片边回答：由下至上分为根冠、分生区、伸长区、成熟区；作用分别是吸收、分裂、伸长、保护。<br>学生回答：保护作用。<br>学生回答：不会。<br>学生回答：细胞分裂。<br>学生回答：由小变大。<br>学生回答：根毛。<br>学生回答：吸收水和无机盐。 | 通过视频，更形象生动，更直观地引导学生对根的动态生长变化与根尖的结构及功能的联系与思考，激发学生的学习兴趣。<br>教师将根尖的四部分作为整体来讲解，引导学生探究和想象：将观察到根的生长现象联系这部分知识，形成整体观念，更好掌握知识。<br>在结构与功能的基础上引导学生认同“结构与功能相适应”的观点。 |

（续上表）

<table>
<tr><th colspan="4">教学过程</th></tr>
<tr><th>时　间</th><th>教师行为</th><th>预设学生行为</th><th>教学设计意图</th></tr>
<tr><td>6 分<br>30 秒</td><td>提问：根尖哪部分与根的生长直接相关？<br>（1）分生区细胞分裂增加细胞数量。<br>（2）伸长区细胞体积的增大。<br>因此没有了根尖，根就无法生长。<br>从整体上看，根尖四部分的是由分生区细胞经过细胞分裂、生长、分化形成的。它们不是独立存在的，既密切联系，又分工明确。</td><td>观察根的生长对比图片并回答：分生区、伸长区。</td><td>设置根的生长图片对比情境，对比相同时间、条件下培养的蚕豆长出的根不一样长，提出问题：根尖哪部分与根的生长直接相关？从而激发学生的科学思维。</td></tr>
<tr><td>45 秒</td><td>三、归纳总结，知识巩固<br>师：同学们，这节课我们通过蚕豆发芽生根的观察，学习了根尖的结构及功能。请同学们认真思考这道题目，巩固这节课所学知识。<br>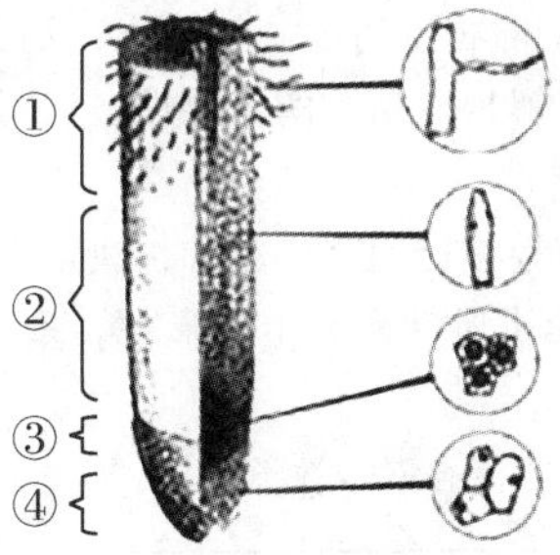<br><br>图 4　根尖结构图<br>如图是根尖结构图，据图回答。<br>（1）具有根毛的区域是____，根毛向外突起，可以增加吸收____的面积。<br>（2）根在生长过程中，不会被土壤等磨伤，是因为有图中____的保护。<br>（3）幼根的生长主要与____区域有关。</td><td>学生巩固课堂知识点，锻炼知识总结能力。</td><td>通过完成课后习题，学生巩固本节课所掌握的知识。</td></tr>
<tr><td>15 秒</td><td>四、课后作业<br>继续观察蚕豆发芽的生长，下节课与小伙伴分享植物茎的生长。</td><td>学生进行自主探究。</td><td>结束技能：概括总结知识并回顾课本前文、联系生活实际，引导学生发散思考，学会举一反三，对知识进行迁移和拓展。</td></tr>
</table>

（续上表）

| | |
|---|---|
| 板书设计 | 根尖的结构及功能<br>一、观察：根的生长  ↓<br>二、根尖：<br>1. 结构<br>2. 功能<br>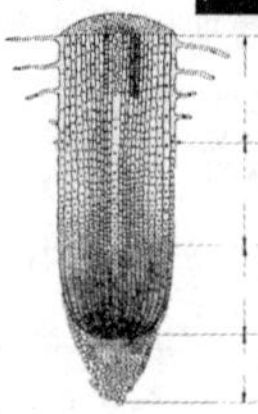<br>成熟区　吸收<br>伸长区　伸长<br>分生区　分裂<br>根　冠　保护 |
| 设计思路说明 | 本教学设计围绕生物学学科核心素养目标，基于“以学生为主”和“启发引导”的教学理念，采用观察法、讲解法、提问法和演示法等教学方法开展教学。这一部分内容，知识点较简单，但根的生长过程的功能在记忆的基础上，更重要的是联想和理解。根的生长是植株的生长中的一个部分，设置生长观察的课外实验，与课前实践、课堂教学相结合。以学生为主体，让学生通过分享课前观察日记，从动手观察“蚕豆的发芽生根”的现象中发现并合作探究解决问题，讲解时引导学生将观察到根的动态变化过程与根尖的结构和功能相联系，明白“根尖各部分结构都是由分生区细胞的细胞分裂、生长、分化形成的”，让学生形成一个整体观念。同时将生物科学知识联系实际，激发学生的求知欲和好奇心，让学生在学习过程中能够了解根对植物的重要性，认同生物结构与功能相适应的观点。<br>整个教学过程采用启发式引导，做到教学提问环环相扣，注重学生的学习体验，采用实物与模型及动画相结合的方式，科学讲解演示，生动形象，重点突出，难点突破，较好地完成了教学目标。<br>本教学设计合理、完整，能较好地实现核心素养教学目标。 |

## 课例评析

本教学设计围绕生物学学科核心素养目标，以探究式教学为主线，采用观察法、讲解法、提问法和演示法等教学方法展开教学。采用情境导入法：设置问题情境，激发学生的学习兴趣，吸引学生的注意力。采用“课前实验与课堂小组观察探究相结合提出问题→学生动手操作观察蚕豆发芽根的生长现象→学生观察思考与讨论→教师演示讲解→归纳总结得出结论”的教学模式展开新课。为了突破教学难点，采用实物、模型、卡片及动画相结合的方式，学生通过分享课前观察日记，从动手观察“蚕豆的发芽生根”的现象中发现并合作探究解决问题。讲解时引导学生将观察到的根的动态变化过程与根尖的结构与功能相联系，明白“根尖各部分结构都是由分生区细胞的细胞分裂、生长、分化形成的”，让学生形成一个整体观念，从而培养学生观察、思考和分析问题的能力。新课讲授生动形象，板书设计简明扼要，突出重点，图文并茂。采用看图填空练习方式对本节课的重点和难点进行归纳总结。最后提出继续观察蚕豆发芽的生长，在下节课与学生分享植物茎的生长的课后作业，培养学生勇于探索的精神。

这样的结课既合理又耐人寻味，较好地实现了社会责任目标。

整个教学过程做到：有效引导学生开展实验探究性学习，讲解科学，演示直观生动，重点突出，难点突破，较好地完成了教学目标。

（1）创新性。教学方法具有创新性。采用“课前实验与课堂小组观察探究相结合提出问题→学生动手操作观察蚕豆发芽根的生长现象→学生观察思考与讨论→教师演示讲解→归纳总结得出结论”的教学模式展开新课。采用实物、模型、卡片及动画相结合的方式，学生从观察、记录“蚕豆的发芽生根”的现象中发现并合作探究解决问题。培养学生观察、思考和分析问题的能力。

教具具有创新性。能够运用蚕豆的发芽生根实物与根尖模型及卡片直观形象说明根尖各部分结构特点。

（2）亮点。本教学的最大亮点是：将传统媒体和现代媒体相结合，采用实物、模型、卡片及动画相结合的方式，让学生从观察、记录“蚕豆的发芽生根”的现象中发现并合作探究解决问题。体现了以学生为主的探究性教学理念。

（本教学设计荣获2022年嘉应学院本科师范生教学技能大赛优秀奖）

# 馒头在口腔中的变化

陈　奕

## 教学设计

| 姓　名 | 陈奕 | 学　校 | 嘉应学院 |
|---|---|---|---|
| 指导教师 | 廖富林、刁俊明 | 重点展示技能类型 | 讲解技能 |
| 片段题目 | 馒头在口腔中的变化 | | |
| 教材分析 | “探究馒头在口腔中的变化”选自人教版《初中生物》七年级下册第四单元第二章第二节的重要内容，本节是前面“食物中的营养物质”知识的延伸和进一步理解，也是学生学习后面的“食物消化与营养物质吸收”的基础，起承上启下的作用。该探究活动也是课标建议的必做探究实验之一。 | | |
| 学情分析 | 本课的教学对象是七年级学生。由于消化系统与学生的健康联系密切，学生的学习兴趣和欲望比较强烈。学生在上一节已经学习了“食物中的营养成分”，对淀粉已有一定的了解，并且知道可用碘液检验淀粉的存在（知识基础）。学生已具备了一定的逻辑推理能力与实验操作技能（能力基础），但严谨性不足，且本节课内容具有一定的抽象性，学生对此缺乏感性认识，不易理解和掌握（思维特点）。 | | |
| 学科内容学习目标 | （1）生命观念目标。（素养一）能描述淀粉在口腔中的变化，说出口腔内牙齿和舌对食物消化的作用。<br>（2）科学思维目标。（素养二）通过“馒头在口腔中的变化”探究实验，培养尊重事实与证据、运用科学的思维方法认识事物、解决实际问题的思维习惯。<br>（3）科学探究目标。（素养三）通过设计实验，发展科学探究、观察分析的能力，提高实验操作以及交流合作能力。<br>（4）社会责任目标。（素养四）养成良好的饮食习惯，形成关注自身和他人健康，用科学知识指导健康生活的科学态度。 | | |
| 技能训练目标 | （1）讲解时必须从学情出发，做到由浅入深、由易到难、条理清楚、层次分明、逻辑性强地讲解，使学生不仅获得系统的知识，还能从教师的讲解中得到启迪，学会逻辑的思维方法。<br>（2）讲解过程中语言应生动形象、富有启发性和趣味性，能够调动学生学习的积极性。<br>（3）讲解要和提问技能密切结合，引导学生思维方式的转变。 | | |
| 教学方法 | 讲解法、实验观察法、提问法和探究学习法。 | | |
| 教学重点 | 探究唾液对淀粉的消化作用。 | | |
| 教学难点 | 馒头在口腔中初步消化的实验结果的分析。 | | |

（续上表）

| 教学过程 | | | |
|---|---|---|---|
| 时　间 | 教师行为 | 预设学生行为 | 教学设计意图 |
| 1 分钟 | **一、亲身体验　引入新课**<br>学生咀嚼馒头。通过让学生亲身体验咀嚼馒头引入新课，提前购买小馒头，在上课时每人分发一个，让学生细细咀嚼馒头，体会馒头在口腔里的变化。<br><br>**图 1　小馒头**<br>板书：<br>馒头在口腔中的变化 | 学生品尝并说出馒头在口腔中的变化。 | 结合学生自身体会，并通过一系列的问题激发学生探究的兴趣。引出本课的探究内容：馒头在口腔中发生了变化。 |
| 55 秒 | 教师提问：<br>（1）馒头的主要成分是什么？馒头刚放进嘴里还没咀嚼的时候有什么味道吗？<br>（2）刚刚的馒头放在嘴里细细咀嚼的时候，你能品尝到什么味道呢？<br>（3）那为什么会发生味道的变化呢？<br>师：带着这些问题，跟着老师进行今天的探究学习。 | 学生根据先前已知的知识说出馒头的主要成分，思考为什么会发生味道的变化？<br>学生回答：（1）主要成分是淀粉；没有甜味。（2）甜甜的。（3）不知道。 | 巧设问题链，质疑解难唤醒学生思维的严谨性。 |
| 1 分<br>30 秒 | **二、提出问题　设计方案**<br>教师举证，引导学生进行推测。<br>举证 1：我们知道吃馒头时没有牙齿与舌的参与，感觉不到甜味，细嚼却有甜味。<br>引导学生推测 1：馒头变甜可能与牙齿的咀嚼、舌的搅拌有关。<br>举证 2：淀粉没有甜味，唾液中会不会有特殊物质使馒头中淀粉变甜？<br>引导学生推测 2：馒头变甜可能与唾液有关。<br>推测 3：馒头变甜可能与上述因素都有关。 | 教师提出问题，通过小组讨论，引导学生大胆推测。 | 让学生思考“馒头变甜可能与口腔中哪些结构和物质有关”的时候，不仅让学生说出推测，还要说出相关证据，这样有助于学生多元推理思维能力的锻炼和发散思维的培养。 |

（续上表）

| 教学过程 | | | |
|---|---|---|---|
| 时　间 | 教师行为 | 预设学生行为 | 教学设计意图 |
| 1 分<br>30 秒 | **三、做出假设 制订方案**<br>根据上面的推测，教师做出假设：<br>馒头变甜与牙齿的咀嚼有关。<br>馒头变甜与舌的搅拌有关。<br>馒头变甜与唾液的分泌有关。<br><br>探究前思考：<br>师：接下来请同学们阅读课本第 27 页，根据实验中的提示，我们可以知道：<br>①实验中可以有多个实验变量，但每组实验之间遵循单一变量原则。<br>②牙的咀嚼和舌的搅拌是相互配合作用的，可以看作一个变量。<br>③检测原理：<br>淀粉遇碘→变蓝；<br>麦芽糖遇碘→不变蓝。<br>④ 牙齿的咀嚼、舌的搅拌和唾液的混合都是在口腔中进行的。口腔的温度大约是 37℃。 | 阅读“提示”，根据的教师引导进行思考、讨论和回答各个问题。 | 通过展示提示，让学生对自变量和因变量的概念进行复习。引导学生对已有知识的回忆和应用，从而促使学生自主得出答案。<br><br>把两个变量、两组对照排列在一起对比分析，引导学生找出对照组，使学生轻松掌握了“多个变量多组对照”探究方案的设计规律，注重探究思路和理性思维的培养。 |
| 2 分<br>10 秒 | **四、实施计划 得出结论**<br>（1）教师选取一个小组设计的方案进行实验。<br>（2）取三支试管，标号①、②、③。<br>步骤一：往试管①中加入馒头碎屑与 2 毫升清水搅拌混合；往试管②中加入馒头碎屑与 2 毫升唾液搅拌混合；往试管③中加入馒头块与 2 毫升唾液搅拌混合。<br>步骤二：在 37℃水浴加热 5 ~ 10 分钟。<br>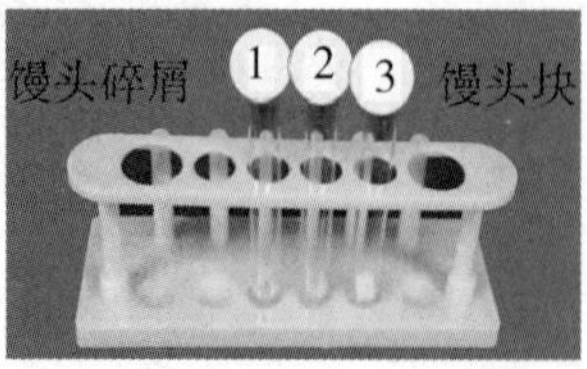<br>**图 2　实验图片** | | 让学生通过体验实验过程，加强实验操作能力，培养学生自主探索实验，促进学生学科核心素养的发展。<br><br>观察和分析，发展学生观察现象和分析处理问题的能力，得出实验结论。 |

（续上表）

| 教学过程 | | | |
|---|---|---|---|
| 时　间 | 教师行为 | 预设学生行为 | 教学设计意图 |
| 1 分<br>30 秒 | 步骤三：然后在三支试管中滴入两滴碘液，观察现象。<br>（步骤一和步骤二，教师已经提前准备，请第一组派学生代表上台和老师共同操作演示。）<br>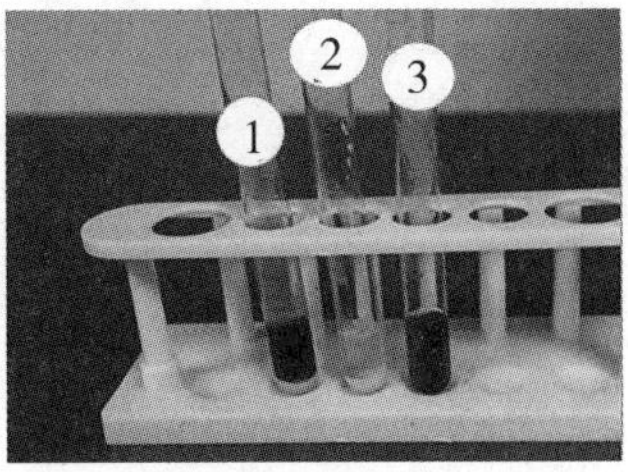<br><br>（3）观察实验现象。<br>师：请同学们认真观察，哪一支试管溶液变蓝？哪一支试管不变色？<br>组织学生小组合作，共同探讨实验试管颜色的变化情况，完成导学案上“活动 2”的内容。 | 小组讨论激烈，兴趣十足，纷纷想尝试探索。学生上台动手操作并演示实验步骤三。<br>学生通过观察，能准确说出实验现象的前后变化，并尝试分析产生这个实验结果的原因。 | 引导学生梳理知识，强化馒头在口腔中发生的变化过程。 |
| 1 分钟 | **五、总结归纳　知识升华**<br>（1）总结归纳馒头变甜与牙齿的咀嚼、舌的搅拌以及唾液的分泌都有关。<br>（2）学以致用。<br>小朋友吃饭“狼吞虎咽”总是被大人劝说“细嚼慢咽身体好”。<br>通过上述实验分析得出：①咀嚼食物能促进消化液的分泌，消化液分泌减少，进而影响对食物的消化吸收。②未经充分咀嚼的食物与消化液接触的表面积会大大缩小，人体从食物中吸收的营养物质也大大减少。 | 学生归纳总结馒头变甜的原因。<br>学生根据所学知识，由此认识到，大家在吃饭时要养成细嚼慢咽的习惯，进而让口腔中的咀嚼、搅拌和唾液充分地发挥其作用。 | 引导学生形成健康的生活方式，培养其健康生活的意识。 |
| 板书设计 | 馒头在口腔中的变化<br>牙齿与舌：淀粉与唾液充分混匀<br>唾液淀粉 $\xrightarrow{唾液淀粉酶}$ 麦芽糖<br>结论：馒头在口腔口变甜，与唾液的分泌、牙齿的咀嚼、舌的搅拌都有关 | | |

(续上表)

<table>
<tr>
<td>设计思路说明</td>
<td>本课的教学设计通过让学生亲身体验咀嚼馒头引入新课，教师提前到市场上购买小馒头，在上课时每人分发一点，让学生细细咀嚼馒头，体会馒头在口腔里的变化。在设计实验的环节，注重学生对已有知识的回忆和应用，按照先易后难的原则，设计需要控制实验变量的对照实验。以事实为出发点，学生在教师的指导下，通过探究实验，围绕实验结果，自主构建馒头在口腔中初步消化的过程。通过对实验现象的观察和对实验结果的分析，培养学生严谨求实的科学态度；使学生养成良好的饮食习惯，形成关注自身和他人健康，用科学知识指导健康生活的科学态度。<br><br>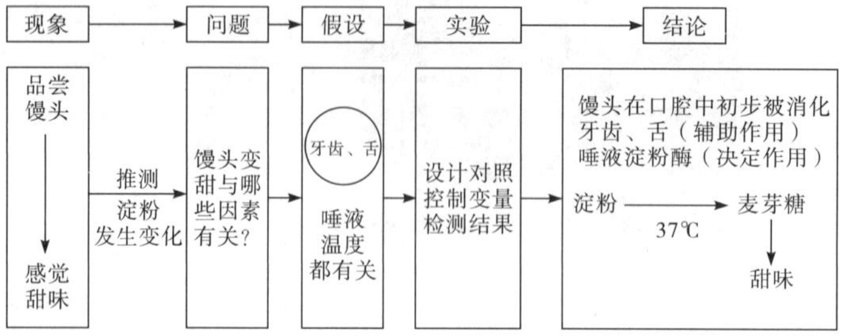<br><br><br>整个教学过程采用问题启发式引导，做到教学提问环环相扣，注重学生的学习体验，引导学生开展探究实验活动来得出结论。讲解演示科学，生动形象，突出重点，突破难点，较好地完成了教学目标。<br>本教学设计合理、完整，能较好地实现核心素养教学目标。</td>
</tr>
</table>



## 课例评析

本教学设计围绕生物学学科核心素养目标，以探究式教学为主线，采用问题驱动法、引导讨论法和讲解法等教学方法展开教学。通过让学生亲身体验咀嚼馒头引入新课，让学生细细咀嚼馒头，体会馒头在口腔里的变化。并通过一系列的问题激发学生探究的兴趣。采用“亲身体验→提出问题，设计方案→学生动手操作实验→学生小组合作观察与讨论，分析实验结果→教师演示讲解→归纳总结得出结论”的教学模式展开新课。为了突破教学难点，引导学生提出问题并做出假设，引导学生找出对照组，设计出“多个变量多组对照”的探究实验方案，通过实施方案及结果的讨论交流，得出结论，从而培养学生的科学探究能力，以达成生物学学科核心素养目标。新课讲授生动形象，板书设计简明扼要，突出重点，图文并茂。最后进行总结归纳和采用学以致用的方式对知识进行升华，使学生养成良好的饮食习惯，形成关注自身和他人健康，用科学知识指导健康生活的科学态度。这样的结课既合理又学以致用，较好地实现了社会责任目标。

整个教学过程做到：有效引导学生开展实验探究性学习，讲解科学，演示直观生动，突出重点，突破难点，较好地完成了教学目标。

(1) 创新性。教学方法具有创新性。采用“亲身体验→提出问题，设计方案→学生动手操作实验→学生小组合作观察与讨论，分析实验结果→教师演示讲解→归纳总结得出结论”的教学模式展开新课，培养学生设计实验方案，观察、思考和分析问题的能力。

教具具有创新性。能够运用馒头和科学的实验装置来直观形象说明馒头变甜与牙齿的咀嚼、舌的搅拌以及唾液的分泌都有关。

（2）亮点。本教学的最大亮点是：从学生的生活经验出发，设计体验情境，激趣诱思、举证推测做出假设，通过巧设问题链来质疑解难，最后化繁为简破除定势思维，变学生被动接受式学习为主动探究式学习。体现了“以学生为主”的“探究性教学”理念。

（本教学设计荣获2022年第十届广东省本科高校师范生教学技能大赛参赛资格和2022年嘉应学院本科师范生教学技能大赛一等奖）